古埃及史

The History of Ancient Egypt

（英）乔治·罗林森 著

马小燕 译

应急管理出版社

·北京·

目　录

01　如花绽放的埃及

　　古埃及的地理形状看上去像是一朵弯着腰的百合花。大大的花朵绽放在花茎顶部，一枚小芽从花柄左边冒了出来。尼罗河三角洲地区正是那绽放的"花朵"，自阿布斯尔一直延伸至缇奈赫，两端相距180英里；位于海岸线附近的呈扇形的地区——悠然凸出的花瓣——又向外延伸了230英里。尼罗河西面的法尤姆则是"小芽"，那里是丘陵环绕下的一处洼地。在上下几千年的时间里，在"巴哈尔尤瑟夫"运河的传送下，尼罗河之水源源不断地流入了法尤姆，因为有了充足的水分，这片蛮荒之地逐渐变成了丰腴的耕地。尼罗河河谷是细长的花柄，那是一道穿过巨岩，附着泥土的峡谷，自第一条飞流直下的瀑布，到尼罗河三角洲地区的尾部，总长大概为700英里，最宽的地方只有10英里，有些地方的宽度只有1英里左右。我们很难在其他国家看到这种奇形怪状的河流，长度与宽度不成比例，看上去又细又长，流经的区域又很广。在这种情况下，如果只有一个政治中心，就很难对尼罗河河谷进行治理。

　　在原住民们最初的记忆中，古埃及被划分成了截然不同的两个区域。在遥远的过去，古埃及人将古埃及称为"两地"，并造出了表达"两地"之意的象形文字；这一象形文字还被用来表达"土地"之意。古埃及人称法老为"两地的王"；法老头戴两顶皇冠，寓意为他掌管着两个区域。在希伯来文化中，我们可以看到"两地"这种说法，虽然希伯来人有的时候会用单数形式的"马泽尔"（Mazor）指代埃及，不过他们更常用复数形式的"麦西"（Mizraim）指代埃及。"麦西"意指"两个马泽尔"。"两个马泽尔"，或者说"两个埃及"，又或者说"两地"，构成了花朵与花柄。人们口中的"尼罗河三角洲地区"或"上埃及"指的是地中海附近的大部分地区；"赛德"（Said）或"下埃及"指的是南方峡谷，也就是那条像蛇一样蜿蜒的绿色谷地。"两地"果真截然不同。经由地中海地区前往埃及，在穿越茫茫大漠后将看到一片无垠的平原，而且这座平原几乎没有一丝一毫的海拔落差。田地里绿意盎然，湿地中水草丛生。碧空如洗，天地相接；环顾四周，风光"大同小异"：平原尽头见不到高地，草地那端望不见山林，与缓坡相连的也不是山峦，我们在此处也不会看到参天的大树、陡峭的山谷、隐秘的峡谷、飞坠的瀑布、慢悠悠的小溪、急匆匆的河流……不管看向何处，所见到的都是无边无际的冲积平原。要说有什么不一样的风光，那么就是有的地方是农田，有的地方是沙漠。在看够了单调的平原风光之后，可以向南进发，在海边走上 100 英里之后就能看到新的景象，而不再是一览无余的模样。这里有一道狭长山谷，映入眼帘的虽然依旧是宽广的平原，不过左右两侧却挤满了岩石质地的山丘，忽远忽近地蜿蜒了好几英里。这些石山有白色的，有黄色的，也有茶色的。它们有的就立在河道两旁，增加了河道堵塞的风险；有的退守远处，给溪流让出了一条路，从而孕育出了几平方英里的良田。走到近处再看，那道山岭竟是如此险要：大部分山峦都很高大雄壮，崖壁又陡又滑，丝毫不见苔藓、石楠等植物的影子。无异于簇拥着拉塞勒斯的群山，这里的山峦以狭长姿态禁锢着谷地居民，人们无法与外界取得联系，更无法发展商业贸易。

这便是令人难以忘怀的埃及的"两地"。随着时间的流逝，为人熟知的"两地"又变身为"三地"。和上埃及地区不同，下埃及地区内有一处地方始终存在争议。在那里，平原与谷地平分秋色；耕地面积甚广，群山环绕，仿佛远在天边。总而言之，在上埃及地区和下埃及地区之间有一片占地400平方英里，最宽处有50英里的广阔地带，而法尤姆就坐落其间。对于一部分侵占埃及的人来说，"三地"划分更为有利。希腊人口中的"海普塔诺米斯"（Heptanomis）位于尼罗河三角洲地区与底比斯之间；阿拉伯人所说的"沃斯塔尼"（Vostani），或者"海洋之国"则位于巴哈里与赛德之间。

　　或许你会觉得，我们所勾勒的埃及象不太像它在地图上所呈现出来的样子。是的，我们所说的确实不是地图上的埃及。在地图上，"埃及"是非洲大陆东北角上的一个长方形；北方边界为地中海，东面以红海为界，至于南边与西边的界线，则是地图绘制者特意标注出来的虚拟线段。正如大家所看到的，地图上的"埃及"是地理学家的思想杰作，但"并不符合现实情况，无异于希腊神话里被大西洋吞噬的亚特兰蒂斯岛，或者存在于中世纪的莱安内塞[1]，不过是一种假象，沉没了，消失了，所以可以随意添加注解。只有从历史的纪念碑塔上才能看到埃及的真实模样——希伯来时代的埃及、古希腊时代的埃及、古罗马时代的埃及、阿拉伯时代的埃及，以及现代埃及人眼中的埃及——不过是地图上那个长方形中的一小片区域，是尼罗河养育下的一马平川与山地峡谷，是坐落于地中海地区南面、绵延700英里的尼罗河流域"[2]。埃及，不是尼罗河河谷两侧的嶙峋岩山，不是

---

[1]　一个王国的名字，源自亚瑟王传说。——译者注

[2]　引自 R. 斯图尔特普尔所著《埃及之城》，第4页。——作者注

西部地区起起伏伏的大漠，不是东部地区连绵不断的丘陵地带——砾石或其他岩石铸就的山丘像一级级梯田似的，忽高忽低，有的足有 6000 英尺之高。分散生活在尼罗河流域的部落有很多——他们有过黄金时代，对埃及统治者不过是名义上的效忠。当然，在很多时候，他们并没有把效忠这件事放在心上。

假如现实中的埃及正如我们所勾勒的那样——"花柄"尼罗河河谷、"花蕾"法尤姆、"花朵"尼罗河三角洲地区，那么我们便能懂得古人为什么会说"埃及是河川的献礼"。我们的意思不是说，思想活跃的希腊人在说完这句至理名言之后便找到了科学的真谛。希罗多德揣测，在最初的世界里，非洲与亚洲之间横亘着两座相互平行的海湾：第一个海湾在印度洋上，北面与陆地相连，后来演变为红海；第二个海湾在地中海海域内，南部与陆地相接。就长度而言，两个海湾大致相等，或者第二个稍长一些。在他看来，带着淤泥砂石的尼罗河汇入了第二个海湾，海湾被不断填充，日复一日地沉积着；后来，海湾消失了，取而代之的是一方土地，那便是"希腊人的海"。无异于尼罗河三角洲地区一带的海岸，这一地区的东海岸与西海岸都十分突出。希罗多德还说："我坚定地认为，位于亚洲彼岸的尼罗河倘若改变了流向，最终汇入红海，那么红海也会被填充。一万到两万年之后，河床将干涸，土层将露出——毕竟尼罗河充满了生机、充满了能量。"虽然希罗多德并不知道是什么让尼罗河发挥能力，但是他所做的解释一点也没有错。尼罗河发源于赤道附近，一路流向浩瀚的"水库"；湍急的河水在沙漠之中、石砾之间雕琢出了深不可测的河床，连接着大西洋与红海，横贯非洲北部。在沙漠之下，因为有水流的冲蚀，一些地方的土壤层深达 300 英尺；一些则被水中沙土填充，渐渐变得规整。水量最大的时候，河水会溢出河道，这时候的河看起来更像是一座大湖，或者是一串小湖。溢出的水流将泥沙带到某处，而后悠然退下。于是，山脚下、河道一侧或两旁就出现了土地，那是新的土壤。随着河水不断地溢出与退下，土地面积日渐增大，从最初以"码"为单位来计算长宽，到后来以"弗隆"为单位，最后又以"英里"为单位。与此同时，河道也在渐渐变窄，最后只剩下几百码宽，而它们孕育的土地则享受着阳光雨露，呼吸着新鲜空气。这一大片新生的土地，正是埃及。也就是说，埃及其实是尼罗河裸露在外的河床。每一年尼罗河泛滥成灾的时候，埃及就会被淹没，唯有河道尽头的人工修筑的堤坝与土丘还露在河面上。后来，这些堤坝与土丘成了一座座人工岛，矗立在一片汪洋之中。"岛"上的建筑依稀可见，看上去像头上的皇冠一般。

　　上面的描述其实不够准确，因为法尤姆是个特例：既非尼罗河河床，也非尼罗河流域内的冲积平原，而是西部沙漠里的天然低地。在法尤姆和尼罗河河谷之间，矗立着连绵不绝的石灰岩质地的山峦，海拔在两百到五百英尺之间。在人类到来之前，这里一片蛮荒，颗粒不产。当然，在尼罗河的协助下，法尤姆最终找到了自身的价值，成了土地肥沃、物产丰富、生活富足的地方。早在远古时代，人们便用双手开凿出了一条穿山而过的运河，并引入了尼罗河之水，为更多尚未开发的低地送去了希望。随着泥沙的沉积，瘠地成了沃土，沙漠成了耕地，曾经寸草不生，而今生机盎然。

　　埃及人将尼罗河视为幸福源泉。早在远古时代，埃及人就开始探索这条大河的奥秘。尼罗河就是他们的信仰，是他们的神明哈皮[1]。他们认为"没有人知道神明哈皮在哪里"，它是那么隐秘，来无影去无踪。在他们看来，所有好东西和好事情都是神明哈皮的馈赠，特别是水果。他们赞美道：

---

　　[1] 埃及尼罗河之神，掌管尼罗河的泛滥。——译者注

　　尼罗河啊，向您致以崇高的敬意！您悄然来到这里，赐予埃及生命；太阳神阿蒙啊，您引领黑夜寻找到光明！这样的引领，令我们欢欣不已！您在太阳神的花园里满溢；您为万物带去生机；您一刻不停地灌溉着土地。通往天堂的道路，出现在了人间。珍惜食物，恩赐谷物，神明卜塔啊！……

　　洪流涌动的尼罗河啊，已为您献上礼物。您要的牛已宰杀；您的节日热闹非凡：奉上家禽，抓来野兽，点燃无瑕的火；每位神明都有礼物，它们都将属于尼罗河。火已尽，牛已焚，轻烟飘到了云霄上。牛啊，家禽啊，统统都已奉上！您在底比斯爆裂，促生了那里的峡谷。在天堂中，他[1]籍籍无名，低调遁形！一切妄图代替他的都是徒劳！他被人类赞美，也被诸神赞美！妖魔鬼怪敬他也畏他。他的儿子是世间万物的主宰，为埃及送来无限光明。光辉灿烂，光辉灿烂，尼罗河啊！光辉灿烂！人类的生命源自他的意志；牧场里饲养的牛也全是他的！无限光明，光辉灿烂，尼罗河啊！

　　尼罗河满怀善意地帮助了埃及，帮助了埃及人，甚至可以说没有它就没埃及。纵然如是，它却没能为埃及描绘出壮丽的山水或秀丽的风光。不得不承认，它不过是这片土地上肉眼可见的一条河罢了。在炎炎夏季，烈日当天，高温不断，大地被烤得如同炼钢炉一般，而熔化的黄铜沸腾到了天上。尼罗河可不是一条干净明澈的河流，每每洪灾暴发，就会从埃塞俄比亚高原带来大量具有黏性的红土；而在非洪灾的季节，因为有水生植

---

[1] 指代尼罗河。——译者注

物的点缀，河水通常都是淡绿色的，因为维多利亚湖至喀土穆河段中的水生植物被带了下来。因为河水深不可测，同时汹涌湍急，所以尼罗河的色调总是沉郁浓重的，不会像溪流般晶莹剔透。在希腊语中，尼罗河叫"纳勒斯"（Neuos）；在希伯来语中，它叫"斯科赫尔"（Sichor）。这两个词汇的意思为"深蓝"或"蓝黑"，言下之意当然与这条伟大河流的颜色有关，当然，这也正是尼罗河与众不同之处。由于太过辽阔，它的风光与生机常常被人忽视。就埃及境内的河段而言，宽度都超过了1英里；两岸遍布着涓涓细流。在尼罗河的水面上，除了能看到船只与灰蓝色天空的倒影外，别无其他。

埃及只有11400平方英里大小，在欧洲国家中，只比比利时、萨克森和塞尔维亚这三个国家大一点。不过，国家荣耀和国土面积并没有什么必然联系，例如，雅典、斯巴达、罗兹岛、热那亚、佛罗伦萨、威尼斯等伟大的国家，在国土面积上也都属于小国。埃及，土地丰腴、物产丰富。有观点认为，在其黄金时代，埃及境内的城市多达两万座。相较于比利时，埃及称得上是"城市海洋"了。如我们所知，拥有最高军衔的军人寥寥无几，类似地，拥有极高历史地位的国家也屈指可数。就土地面积来看，巴勒斯坦和威尔士差不多；伯罗奔尼撒小于新罕布什尔；阿提卡和康沃尔不相上下。所以，像埃及这样的国家其实是很多的，不过它是普遍现象中的例外情况。

无论是对土壤质量，还是地理环境，埃及应该感到"满意"了。尼罗河流域内的冲积层愈加深厚，愈加肥沃。日复一日，年复一年，大自然毫不吝啬地、源源不断地提供着"肥料"。至于庄稼，一年可以收上三季——头茬是小麦，第二茬和第三茬通常是稻谷或蔬菜。小麦播种后只需数月便可收割，回报一般都很丰厚。收割时节，粮食"仿若海滩上的沙砾，数不胜数"[1]。这里盛产亚麻、长绒棉，以及各种营养价值较高的蔬菜，例如扁豆、大蒜、大葱、洋葱、莴苣、水萝卜、瓜类、生菜等，当地人平时也以这些蔬菜为食物。许多地区还出产葡萄，例如底比斯、法尤姆的盆地平原、孟菲斯的丘陵地带、塞伯恩尼图斯[2]的马里奥蒂斯的安塞拉，以及地中海沿海地区的普利斯蒂内。枣椰树处处可见，就连路边也能看到，它们大方地摇曳着自己的金黄枝条，果实纷纷坠落。埃及自来以小麦为主要农作物；在粮食供不应求的年份里，埃及扮演着天下粮仓的角色，为邻国人民提供着庇护。无论是历史上的罗马共和国，还是罗马帝国，粮食基本上都是从埃及运来的。

在远古时代，世界上仅有一个国家两面临海，那就是埃及：北面毗邻"希腊人的海"，东面毗邻"阿拉伯人与印度人的海"。腓尼基的商人们从地中海东部沿海地区起航，在茫茫大海中横跨了 15 个经度，而后来到了波斯湾海岸线向内凹陷的地方。他们花了很长的时间，克服了很多困难，才在与东方人的商贸活动中获取了些许利益。盛极一时的亚述王国，以及巴比伦王国曾经占领了一部分非本国领土，并放出豪言要将领地从"海上太阳升起的地方"——波斯湾地区，扩展到"太阳落下的地方"——地中海地区。不管在什么时候，也不管在什么样的情况下，占尽天时地利的埃及始终扼守着入海口，那里不但是前往地中海地区的通道，更是经红海进入印度洋的必经之地。所以，埃及坚不可摧。苏伊士运河是埃及的财富；苏伊士海峡则是大自然赐予的礼物。在二十余年的时间里，苏伊士海峡的水流网络

---

[1] 详情请见《创世记》第 41 章。——作者注

[2] 现在的塞蒙努德。——作者注

一直连接着阿拉伯湾（也就是波斯湾）的前凸部分。在阿拉伯半岛、阿比西尼亚（也就是埃塞俄比亚）境内出现实力强劲的国家之前，红海西部沿海地区，譬如那些不可或缺的港口与锚地都在埃及的管控之中。埃及的出口业务主要依靠两个重要的出港口，重要的进口港也有两个，主要承担着引进他国商品的任务。在尼罗河的尽头有一座港口，埃及商船便是从那里出发，前往腓尼基、迦太基、意大利、希腊等地进行商业贸易活动的；商人们用埃及出产的谷物、酒、玻璃、家具、五金等，从伊特鲁里亚人那里换来花瓶，从希腊人那里换来雕塑，从提尔人那里换来紫色的礼服，从迦太基商人那里换来金属锡，那些锡来自锡利群岛，以及康沃尔。一部分埃及商船选择从黑里欧波里斯、米奥斯赫尔墨斯，以及更南边的一些港口出发，穿越红海，有的前往盛产香料的"神佑阿拉伯半岛"，有的去了出产木材的阿比西尼亚，有的停泊在了桑给巴尔岛及莫桑比克沿海地区，有的绕过阿拉伯半岛前往波斯湾地区的泰勒顿，还有的远赴印度锡兰。东方商品由此来到了埃及，当中有一部分产自"遥不可及的中国"。现代人在埃及古墓遗址中发掘出了这类物品，不过，这些物品到底是埃及人直接到东方购买的，还是从别处获取的，还有待考证。

坐拥尼罗河的埃及优势明显。尼罗河不但给埃及带来了优质的土壤，还给它带来了便利的生存交通模式。对于世界各地的文明发展而言，最严峻的问题不是运输问题，就是迁徙问题。这是大自然为人类设下的挑战。深山密林、大江大河、丛林沼泽，无不是"新兴国家"需要破除的魔咒，要么想办法绕开，要么修筑桥梁，要么打洞穿过。可是有一部分阻碍几乎是无法克服的，它们阻断了交流的通道，将一部分地区彻底禁锢了起来。在与世隔绝的日子里，这些人心有不甘。如今的埃及已经拥有了康庄大道，总长度在 700 英里左右。这样一来，相隔最远的两个地区就被连接了起来，交通不再受阻。在船只，或者说木筏诞生之前，人类根本没有畅行江河的能力，更别说进行航海贸易或航海大迁移了。令人欣慰的是，埃及人很早便深谙各类舟船的驾驶技能。他们偏爱在水里折腾，这一点无异于生活在南太平洋地区的岛民，以及鸭子。早在三千二百年前，一位埃及法老命人在地中海南部沿海地区建造了一座神庙，惊人的是其建材是一整块巨大的石头。之前，法老曾乘船前往尼罗河下游，在行进了650英里之后，他来到了阿斯旺（赛伊尼）采石场，并在那里看到了那块巨大的石头；后来，这块石头被他带到了地中海南部沿海地区。在一年当中的大多数日子中，在尼罗河中逆流而上并不难，甚至可以说与顺流的速度不相上下。在夏季和秋季，这里常会刮起来自北方的季风，此时只需张开船帆就可以轻松驶向上游，放下船帆就会滑向下游。总而言之，无论装载着多么沉重的东西，船只都能轻松往来于尼罗河。

无论春夏还是秋冬，埃及似乎都是个特立独行的国家。洪流来袭之时，它总会给我们带来惊险万分的景象。自阿斯旺到开罗，一段长长的河谷全被洪水吞没了。尼罗河三角洲地区消失了，一座无边无际的湖泊陡然出现。湖面上散落着一些小岛，仿佛是希罗多德笔下的《爱琴海上的小岛》。有的岛上有村庄，有的岛上有小镇，大多数村镇都被白色围墙簇拥着，宛如戴着一顶皇冠，在日光的照射下熠熠生辉；有时候又像是被尘封在了玻璃罩里，细看之下原来是水波的映射。矗立在水中的还有悬铃木和棕榈树，目测被水淹没的部分在5～6英尺。当洪水席卷而来，人们一边赶着牛，一边急匆匆地赶往村镇里的庇护所；在水势特别凶猛的情况下，想要将牲畜带到安全地带是十分困难的事，人们不得不冒险中蹚水、游泳，以及划船去营救。过于严重的洪灾不但会威胁人和动物的生命，还有可能摧毁整座村子。随着水位的持续升高，一些村落会被淹没，甚至被洪流直接卷走。

即便水势不太汹涌，并没有肆虐当下，可是生产活动注定会深受影响，随之而来的将是严峻的粮食问题，甚至有可能引发更为严重的灾难。

　　好在自然界似乎很自律，这类灾难通常不会陡然增多。相较于别国，埃及气候温润、温差小，而且生产力起伏不大。入夏之后，天气自然要热一些，特别是在南部地区，时不时就会有热风扑面而来，令人喘不过气。不过在这里，一整个夏天都能享受到清凉宜人的北方季风，就算是在一年当中最热的那些时日里，也总有凉风与烈日共徘徊。从10月开始，直到次年3月，气候都是相当舒适的。有人说，埃及没有秋冬，只有春夏。从头一年10月到第2年5月，这段时间都是埃及的春天——农作物尽情地发着芽，花儿们次第开放、微风从西面徐徐吹来，与此同时，欧洲人正在寒冬里煎熬。2月，果树的花开了；3月，麦田几近成熟；4月，收割的时节已到。一年12个月，不会降霜，不会下雪，不曾浓雾弥漫，没有暴雨肆虐，即便是雨露也并不常见。无论在哪个角落，我们看到的都是清明亮丽的景象。这里通常万里无云、空气干燥，再远的地方都没有薄雾笼罩。日子一天天过去，春天悄然远去，夏天款款而来；到了某一日，人们迎来了更猛烈的日光、更沸腾的热量，以及更长的白昼。这意味着令人神清气爽的春天已经结束了。

　　古埃及的地形地貌并不复杂。主体为冲积平原，南北两地皆有高山矗立；北方地区的山是石灰岩山，中部地区的山是砂岩山；南部地区则是花岗岩山和正长岩山。花岗岩山主要坐落在北纬24°～25°之间地带，不过在某些地理位置上仍有许多原始岩石延伸至中部地区，甚至北方地区，直至北纬27°10′一带。在许多地方，岩石上附着有大量的沙砾、沙石等沉积物。沙砾质地较硬，沙石正好相反，很容易产生位移。在东部地区，一些沙漠出产金属，直到今天亦复如是。由此不难想象，这里曾经出产过无以计数的金属。如今，我们可以看到这些沙漠仍然出产着铜、铁、铅等金属，其中一个铁矿还留下了古人开采过的痕迹。萨巴拉山一带是祖母绿宝石的产地，而碧玉、红玉髓、角砾岩、玛瑙、水晶等宝石则产自东部沙漠。

这里的植物并无可圈可点之处。枣椰树占多数，其树干下粗上细，顶部变尖。悬铃木也比较多，另外还常能见到几种金合欢树。口香糖的制造离不开塞伊尔相思树，它"分节、带刺，生长方式及环境与山楂树类似，不过更为高大一些"，在完全成熟之后，这种树通常会有15～20英尺高。在古埃及人看来，鳄梨具有神性；这是一种丛生树种，在环境合宜时，能长到18～20英尺高；果实如枣，微酸，树皮泛着白色，枝叶卷曲，看上去颇为优美；树叶灰白，特别是背面。纸莎草与莲花是古埃及的特色，当然这并不意味着其他地方没有。纸莎草其实是芦苇的一种，又细又高，表面润滑，它的茎看上去像是大大的三角形，包裹着细细的草芯，是造纸的原料。用纸莎草造出的纸质量很好，在经过长时间的试验后，古希腊人与古罗马人借鉴纸莎草的造纸方法发明了羊皮纸，并保存至今。至于莲花，准确地说是优雅至极、纯洁无瑕的大型睡莲，常被法老们作为祭品献给神明；它常常出现在宴会上，客人们都戴着莲花；它也常常出现在建筑里，楼阁高台上总有莲花造型；它还出现在了统治者的宝座上。伟大诗人荷马曾说，"莲花的根能带给男性幸福"，是否真是如此，我们不得而知，不过，但凡是见过它的人都会视其为"人间至美"，所有说它是"永远的'快乐'"并不为过。

在古埃及，人们不会将精力花在刺激性娱乐活动中。现在的我们可以看到，当旱季来临时，在无垠的尼罗河三角洲地区大草原上，常有猎鹰或猎犬在捕捉羚羊；不过在遥远的过去，日益增长的人口却让羚羊们惊恐万分，只敢在平原外的荒地里活动。更准确地说，古埃及并非动物们的完美家园，无论是马鹿、狍子、小鹿、狮子、熊、鬣狗、猞猁、兔子。它们偶尔会在平原上现身，不过十分罕见，如果不是饿得不行，它们绝不会离开利比亚、阿拉伯高原等栖息地。古埃及人有捕杀鳄鱼与河马的传统；另外，他们还偏好垂钓、捉鸟之类的运动。在尼罗河流域，全年可见各式水禽，尤其是在退潮所形成的水塘：鹈鹕、鹅、雁、鸭子、朱鹭、鹤、鹳、苍鹭、小嘴鸻、翠鸟、海燕，不一而足。到了3月份，野鸡、沙锥鸟、丘鹬不见了踪影，鸥鸻们也不知去了哪里，不过又有许多鹌鹑来到了这里。尼罗河及其水域内的运河所出产的鱼类数量颇多，不过种类较少，除此之外，渔民们再无其他水生资源可以利用了。

概括来说，古埃及既平静又缓慢，还有些单调。我们能看到的要么是辽阔的碧海，要么是连绵的绿原。群山簇拥着尼罗河河谷，山峰高度相差无几，山坡上光秃秃一片，没有树木，没有灌木，没有鲜花，甚至没有苔藓。大多数时候，碧空如洗，万里无云；向远方眺望，没有隐隐约约的雾或霾；暴雨忘记了这里，彩虹从未出现在天际；大地上看不见任何追逐的身影。山水之色，谈不上美丽，唯有那条壮阔的长河，静静地守护着这片土地，穿行在两岸苍翠的平原上。东边有一座山，西面也有一座，都不高，却挺直了腰。在辽阔的平原上，尼罗河化作六条涓涓支流奔向大海。这就是古埃及，像是荷兰南部地区的"模样"——"让人疲惫，那么规规矩矩、平平坦坦，没有可取之处"。不过，大自然给了它两个机会来改变这苍白无趣的景象。早晨与晚上，无论是天空还是大地，都会被一道轻柔却明媚的光亮扫过，平淡无奇的世界霎时摆出了高贵、华美的姿态。天光乍现，东方天幕投射出一道道纤长的玫瑰色光芒，直奔西方地平线的上空，把那薄薄的晨雾染得绯红；渐渐淡去的红光四散开来，在墙上、塔楼上、尖塔上、圆塔上发了一把火；树木也好，建筑也罢，都在身后留下了长影子，而那些影子是紫色的，或者说是紫罗兰色的。这无疑是大自然这位魔法师的又一杰作，她手中的魔法棒恰是那灿烂的日光。日暮时分，清晨的盛景又一次出现了，而且色彩更加浓烈："红玫瑰"取代了"红火焰"——消失在清晨时刻的如浪潮一般的云海重新出现在眼前——红彤彤一片，蹒跚而来——仿佛是害羞的女子忸怩地来到了太阳神身边。

夜幕渐渐降临，新的景象跃入眼帘。橄榄色的暮光一点点褪去，沉入深邃的蓝灰色夜幕。黄澄澄的月亮爬了上来，高悬于夜幕之中；光线相对柔和了许多，散漫地落了下去。这便是入夜之后的景象，一轮明月款款升起，点缀着深蓝宝石一般的天幕；有时候，明月又躲在地平线之下，任由繁星缀满紫色苍穹。夜深了，四周寂静无声，此时此刻的静谧之美，迥异于黎明时分那撩拨人心的壮丽之美；在大自然的鬼斧神工下，那原本苍白无趣的风光生出了几分令人欢愉的异彩，从而得到了人们的谅解。

人类也在想尽办法改变眼前这千篇一律的景致，唤醒这沉睡的"麦西之地"。在那些自然环境平和舒适、适合人类生存的地方，人类往往会表现出想要"征服自然"的欲望。巴比伦尼亚人向往能建起"通天之塔"，类似地，埃及人渴望建起规模巨大、宏伟至极的建筑，以求用这种超越人类极限的努力来感天动地。这样的丰功伟绩贯穿了古埃及的历朝历代——除了最初的最初，是其当下最引人入胜的景致。来埃及旅行的人想看的不是神秘且伟大的尼罗河、色彩纷呈的果园、高大的棕榈树、种满庄稼的原野、繁花似锦的花园；也不是绚烂的日出、浪漫的日落、皓月当空或繁星满天，而是那一座座用巨石砌成的金字塔、庞大无比的塑像、肃穆挺立的方尖碑、宏伟至极的神庙、深藏不露的地穴，以及清真寺、城堡、宫殿，等等。建筑，是埃及最引以为傲的部分；可追溯至早期人类社会，并一直延续到了晚期。在埃及四处可见这类规模庞大的建筑，它们如此重要，却没有被人类放在眼里；对于我们而言，至少应该提出这样一个问题：建筑的"故事"是不是"国家故事"的一部分？

02 隐秘的埃及人及其伟大的信仰

    古埃及人来自何处？这个问题很难说清楚。在古代，投机分子们在讲不清人际关系的时候便会选择避而不谈，或者宣扬人类是土地孕育出的后代。一些现代科学家告诉我们，人类的祖先是猴子，而在远古时代，猴子居住在地球的某个角落。不过，不是所有地方都住着猴子。谁也证明不了，猴子诞生于埃及；虽然身为宠物的猴子在古埃及并不鲜见，而且还深受古埃及人喜爱。由此可见，至少在麦西，猴子出现在人类之后。这样的话，我们不得不回到一开始的那个问题：最早出现在埃及地区的人类，或者说人种是从何而来的？

    通用的答案是，他们是从亚洲来的，不过这只是一种猜想而已。就体形而言，古埃及人和亚洲人大不相同，无论是哪个种族。我们在古埃及人的生活中看不到任何源自亚洲的风俗习惯。实际上，在有文字记载的历史中，我们可以看到古埃及语源自萨米特人所使用的语言，在某些方面和希伯来语、腓尼基语、阿拉姆语等也有类似的地方，可是这些种族的关系却并没有那么亲近，尽管后来也涉及民族融合，但在源头上他们并没有交集。无论是体型还是语言，抑或是思考模式，古埃及人都更接近黑种人。当然我们不是说古埃及人属于黑种人，而是说他们拥有与黑种人相似的基本特征。在某些方面，他们与白种人大相径庭，却和黑种人大致相同。相较于白种人，他们的皮肤颜色要黑一些，嘴唇要厚一些，额头要低一些，头型要大一些，下巴要突出一些，足要扁平一些，体形也要修长纤细一些。不难推测出，有可能一部分古埃及人，乃至所有古埃及人皆是由黑种人进化而来的。

纵然如是，不管埃及人到底来自何处，埃及这个国家都曾在历史上盛极一时，而埃及人也因此拥有了复杂的亲缘关系，成为一个混合人种。不管埃及人究竟有何来历，他们都在不断地与其他种群融合：来自南方的埃塞俄比亚人、来自西方的利比亚人、来自东北方的闪米特人，等等；埃及人的生理特征因此发生了重要的改变。闪米特地区位于非洲东北部，与亚洲接壤。古埃及人逐渐分化出两种完全不同的面部特征，所以在这个国家里，有些人看上去会特别突兀。最能体现第一种面部特征的是拉美西斯三世的肖像，以及拉美西斯二世的部分肖像：额头饱满、鹰钩鼻高挺、嘴部有棱有角、唇部柔和低调、下巴圆润精致。至于第二种面部特征则意味着不太精致的容貌：额头扁平、鼻子短小、下颚外突、面颊多肉、下巴粗短、嘴唇厚实。不过，尽管拥有两种完全不同的容貌特征，但是埃及人的身材却没有什么太大的差异：身材修长、四肢纤细、肌肉不发达，而且多为扁平足。总的来说，埃及人有些女性化。可能在最初的时候，他们也拥有强健的身躯，只是在后来的演化中，变得越来越纤长，究其原因，大概与不同时期的不同审美有关。

埃及人不但拥有两种不同的面部特征，还拥有两种迥异的性格特征。一方面，就像我们在绘画作品、埃及文学作品，或其他国家的艺术作品中所看到，这个民族既是高贵的，又是肃穆的。埃及人逻辑严密、沉静稳重，擅长推理与反思。比起客观存在的这个世界，他们似乎更喜欢探究另外一个世界。他们热衷于思考，尤其是那些温柔且充满奇幻色彩的思考。法老们在登上宝座后所做的第一件事竟然是为自己修建葬身之处，贵族们亦如是。不妨来看看这样一个老掉牙的故事：一个奴隶手持木乃伊模型穿梭在宴会的人群中，他一边向客人们展示着模型，一边不停地说着同一句话："看呀，尽情地吃喝吧，放纵吧，这就是你们最后的模样。"依照希罗多德的说法，埃及人酷爱吟唱挽歌。我们在这里对《哈珀躺下》这首挽歌做了些修订，它是大多数埃及人耳熟能详的作品。

　　了不起的人[1]已安息，已结束了他的使命，他的族群；所以，人终究要面对死亡，为年青一代腾出位置。这就好比太阳神拉日日东升，塔姆夜夜西沉，所以，女人生儿育女，男人以父亲自居。一个个魂灵次第坠落——从离开母亲身体的那一瞬开始，死亡就已在前方等待。

　　珍惜今时今日吧，父亲！神啊！看啊，父亲，香料，还有那香气四溢的油，我们已为您奉上。您姐姐的怀中，是我们献上的睡莲花环；您心爱的姐姐，正端坐在您跟前。听一听这歌。让音乐萦绕四周，让关怀伴您左右。

　　享受今夕啊，只在意您的那份愉悦之心！生命的朝圣就要结束，我们终将回到暗夜与静谧中去。无可挑剔的族长——奈夫尔霍特普，接受上天庇佑下的人！您的人间大业已完成，神明在保佑着你。人们就要抵达无声的彼岸，那地方无人认识他们。

　　那是他们从来没有到过的地方，太阳高高挂在半空；他们来到溪边坐下，溪流默默流淌。当中也有您的魂魄；您喝下神圣的溪水，心里充满了向往——自从你离开之后，平静依然如初。清贫之人得到了

---

[1] 奈夫尔霍特普一世（Neferhotep I）。——作者注

您的面包，您的名字将永被保佑。

珍惜今日的时光吧，无可挑剔的族长奈夫尔霍特普。什么使您和您的其他建筑受益？您能确信的只是您的陵。您今生两袖清风，未曾留下丝毫财富；您若到了地下，生命的泉水就将枯竭。富可敌国的人也很清楚，生命终究会结束。

每一个人啊，都想想那些逝去且永不再来的日子吧——到了那个时候，才知道活着的意义，什么罪恶，什么不公，都已微不足道。坚持正义的人啊，终究无法逃离，终将接受永远的愉悦。大方地献出您的财富吧，您将因此得到永恒的庇佑。

另一方面，我们在很多地方可以看到，身处社会底层的埃及人普遍表现出乐观、草率，甚至嬉皮之类的性格特质。在当代作家中，《走遍埃及》一书的作者是最了解这个古老国度的，在他眼中："看一看埃及古墓祭室墙上的石刻或壁画，看一看岩石或纸草书上所留下的文字，不难发现，我们对埃及人的认识——那是一个擅长哲学思考的民族——是不准确的。现实似乎正好相反，我们看到的埃及人不但敦厚温和，而且简单质朴；他们对生活充满了激情，总能在简朴的生活中找到各种各样的意趣。他们不愿被死亡操控，所以祈求神明让自己多活几年，并且能够安享晚年——若有可能，最好能到达'完美的永生之境'。他们纵情声色，唱歌跳舞，周游各处；他们一边游乐，一边狩猎垂钓，那是日常生活中最高贵的活动。寻求刺激，玩笑似的求婚，开着过分的玩笑，肆意逗乐嘲讽，诸如此类的事情屡见不鲜。他们甚至将这样的生活方式带进了陵墓，这倒是很符合他们的个性。即便是在规模较大的校园里，老师们也拿学生没有办法，学生们总是对娱乐活动充满了激情。说教不过是一场徒劳，管用的还是手杖，正如先贤所说：'男孩的双耳长在后背上。'"

从希罗多德的描述中，我们可以了解到埃及人欢庆节日的盛况：无数百姓——有男有女，有老有少——争先恐后地挤上船。尼罗河上船只云集，或顺流而下，或逆流而上。男人们高声歌唱着，女人们用手或木板打着节拍；每来到一座码头，便嬉皮笑脸地和当地人打闹一番，其间不乏污言秽语。通过对一些遗址的发掘，我们复原了当时男人们歌颂劳动的场面：这厢有人脚踩榨酒器具或和面槽，那厢有人打着谷子——驱赶着牛儿踩过金黄的谷堆。不妨来看看这首广为流传的丰收之歌：

"为了自己，打着谷子，"他们歌唱着，"为了自己，打着谷子！牛儿啊，为了自己，打着谷子，为了自己！为了自己的蒲式耳[1]，为了主人的蒲式耳！"

有时候，我们还可以从漫画中看到埃及人自由自在的幽默。例如，有这样一组高大的雕塑作品，表现的是一位法老为了将一生的丰功伟绩镌刻在世人的脑海中而想尽了各种办法。后来，有讽刺漫画家将这组雕塑转化到了莎草纸上，并把主人公改成了猫和老鼠。另外，法老的房中秘事也被画了出来，而且表现得栩栩如生，俨然一出鲜活的宫廷情景剧，引得世人哄笑阵阵。画家笔下的雄性狮子代表了"求欢和抱怨"，羚羊则代表了女性。除此之外，在描绘轮回审判之类的肃穆场合时，他们也加入许多滑稽元素：

---

[1] 既是一种计量容器，也是一种计量单位，常见于英国，作为单位时，1 蒲式耳 ≈ 36.268 升。——译者注

坏人在被画成猪或猴子后显得更加惊慌狼狈了——的确很可笑！

当然，对一个民族进行剖析，绝不是简单地研究下他们的身材相貌，看看额角是什么形状，然后对他们的生活做一番假想；我们需要走进他们的内心世界与情感世界，去看看他们到底想要的什么，究竟畏惧什么——简单地说，我们需要了解这个民族的宗教信仰，因为了解宗教信仰是了解民族性格的最佳途径。人们总是避重就轻地谈论着事物的表象，却难得沉下心来好好想想事物的本质。无论是谁，内心世界里总会潜藏着至少一种信仰。既然如此，接下来我们就来看看，埃及人信仰什么？崇拜什么？害怕什么？渴望得到的又是什么？

神庙的高墙上画满了各种各样的神；法老们在殿堂里祭奠着：阿蒙、莫特、柯恩斯（Khons）、奈斯（Neith）、蒙图、舒（Shu）、塞布、努特、欧西里斯、赛特、荷鲁斯（Horus）；祭奠着卜塔、赛克特（Sekhmet）、塔姆（Atum）、芭丝苔特（Bastet）、阿努卡、透特（Thoth）、阿努比斯（Anubis）。有法老设下神坛供奉塞特米、塔姆、柯赫普拉（Khepri）、舒、泰芙努特、塞布、奈特皮、欧西里斯、伊西斯、赛特、奈芙蒂斯（Nephthys）、荷鲁斯、透特；此外，神坛上还有卜塔、纳姆（Num）、萨巴克、哈索尔（Hathor）、芭丝苔特、蒙图、奈斯、阿努比斯、尼舍姆、卡塔克的身影。为了表达对阿蒙、科赫姆、卜塔苏凯丽、布拖、阿娜塔、努奈布的敬意，还有法老把自己的形象也画在了诸如此类的纪念物上。诸神的形象皆十分清晰，同时又各有特色，真不愧为万神之殿。曾有现代作家统计出了73位神的姓名与形象；还有作家确定了其中63位"主神"，并表示还存在"别的神，他们拥有自然神力，控制着自然界的命运、季节更替等"。埃及人常说"神有成百上千位"，并为他们设定了次序，"男神、女神，以及掌管埃及的神"。事实上，埃及人信奉的神即便没有成百上千那么多，但最起码也有好几十个。他们对这些神趋之若鹜、顶礼膜拜。

上面这些尚不足为奇。受到教育的影响，埃及人的宗教崇拜对象还包括动物。有的地方崇拜山羊，有的地方崇拜绵羊，有的地方崇拜河马，以及鳄鱼、秃鹰、青蛙，甚至是地鼠等。这些动物被视为神兽，备受当地人敬畏与爱护，不管在什么样的情况下都不会被宰杀。除了动物崇拜之外，埃及人常常奉行一种与动物相关的祭祀活动。在埃及这片土地上，无论是牛还是猫，无论是狗还是朱鹭，抑或是鹰和猿，皆是神兽；面对人们的伤害，它们会悲惨地哭号！曾有一名罗马人不小心杀死了一只猫，而后不得不接受人们的私下惩罚。倘若某个村庄的神兽被邻村村民杀戮或食用了，那么这两个村庄必定会陷入一番争斗。无论在哪个家庭里，猫狗死了之后都会被哀悼，主人待它们就像亲人一般。人们会仔细地对动物尸体进行防腐处理，然后将其埋葬于神库中。

这里的人们对动物的崇拜程度几近疯狂，荒谬至极，他们甚至将凶残的野兽视为神兽，对它们宽容以待。这种崇拜最早可追溯至雅赫摩斯一世时期（大概在公元前1650年前后）；在孟菲斯人的信仰中，有一头名为哈皮或阿匹斯的牛；它被视为卜塔之化身，所以在当地受到了最优礼遇。这只神兽被饲养在城郊的神庙当中，拥有专属祭司；妻妾成群；食物精良；有男性仆人从旁伺候；清理皮毛时有专用的梳子，皮毛得以终年干净光滑；有管家铺好床铺；有饮水师指引水源……每逢过节，它就会被牵着走街串巷，接受人们的瞻仰；人们还会前往神殿祭拜它。在它死后，人们会仔细地对其尸体进行防腐处理，然后将其放入石质棺材，再放入些精美的珠宝和雕塑，以及瓶瓶罐罐之类的陪葬。这个棺材的用料是一块完整的花岗岩石，经过切割、打磨后成形，重量有六七十吨！有一种说法是，神兽阿匹斯的丧葬费偶尔会高达20000英镑。人们利用孟菲斯城郊一带的坚硬岩石切割并修建出几道长廊，以放置阿匹斯的棺材。长廊两旁皆建造有侧室；每个侧室都是拱形的，并可以放下一个棺材。在已经发掘出的长廊中，我们看到了 64 头埋葬神兽。

埃及人所信奉的神明化身并非只有阿匹斯这一个。在黑里欧波里斯的太阳神庙中还有一头名为姆尼维斯的神牛，它被黑里欧波里斯人视为塔姆的化身，或者拉的化身。当地人对它的崇拜毫不逊于孟菲斯人对阿匹斯的崇拜。另外，赫尔门斯的神牛被称为帕希斯，或者巴喀斯，同样被视为拉的化身。在莫麦穆菲斯，一头白色的牛被视为阿瑟的化身。他们永远也不会知道自己的信仰会被某个外国人讽刺嘲弄：一种将永恒的神性"光辉"赋予在"以牛的形象出现的食草动物身上"的宗教。

在埃及，我们还可以看到更高深的神的化身，不同于阿匹斯、姆尼维斯、巴喀斯、阿瑟等神牛，他并非独立于人群之外，反而常常为人所见。他是埃及人生活的核心，也是埃及人目光的焦点。他便是法老，那位高高在上的统治者。在埃及，历朝历代的统治者不但自诩为"太阳的儿子"，更宣称自己是太阳的化身——"人世间的荷鲁斯"。埃及人很早就已经接受并认可了这样的观点。据说，在第十二王朝时期，一位大臣在面对法老时说道："君王是真正的神明……伟大的神明，和太阳神平起平坐……有赖于您的鼻息，我得以活了下来。"虽然"真正的神明""温柔地应答着"，可是那位大臣依旧"五体投地"，慌张地说："我终于醒悟了；我有口难言，不知道该说些什么；我的灵魂已经脱离了身体，不知道是否还活着。"还有大臣表示，自己能活这么大岁数全是法老的恩赐。一位使者在来到法老面前时，"将手臂高高举起，以表示尊敬和崇拜"，并说道，"您做的所有事情，仿若阳光普照；您想的所有事情，都会成为现实；您如果想将夜晚变作白天，那么夜晚就会变作白天……您如果想让'岩

石中冒出清泉'，话音刚落便会看到清泉石上流。太阳神拉的化身，天
马行空的柯赫普拉，都是您。塔姆就是您的父亲，您是他真实的化身……
每一天，您的愿望都会实现。"我们在神庙中可以看到，在备受崇拜的
国家之神旁边，还矗立着一部分法老的塑像，他们企望以这样的方式得
到同样的敬仰。

　　凡间之神、天堂之神、人类之神、动物之神，再加上神明赐予的圣物，
面对形形色色的神明，埃及人或许会觉得迷茫，不知该作何选择。思来想去，
他们创造出了引人入胜的、像神话一般的宗教世界：带领人们走进拟人化
的，却超现实的神明境界。在埃及，欧西里斯传说可谓众人皆知：诸神不
再满足于对天上世界的掌控，决定轮流化为人形来到人间，对埃及进行统
治。此后，陆续有四位神明下凡做了法老，每一位都统治了埃及很多年。
后来，欧西里斯登上了王位，与此同时，塞布和努特的儿子也登上了王座，
两人分别成为上埃及和下埃及的统治者。欧西里斯不但十分大方，而且心
怀善意，从不会口出恶言。他向埃及人传播着知识与技能，例如耕地、种
植葡萄等；还制定了法律，传播了宗教，推广优秀的艺术。可惜，身为其
兄长的赛特，或者说苏特科赫却是个十足的恶人；他对慈悲为怀的欧西里
斯怀恨在心，并打算对他赶尽杀绝。得逞之后，他把欧西里斯的尸体塞进
了棺材，丢进了尼罗河。尼罗河之水把棺材带到了大海。欧西里斯的遗孀
名叫伊西斯，同时，她也是欧西里斯的姐姐；伊西斯与其姐姐奈芙蒂斯一
道找寻着欧西里斯的下落，许久之后才在叙利亚的比布鲁斯（Byblus）海
岸上发现了欧西里斯的尸首。海水把棺材冲到了海岸上。伊西斯决定将欧
西里斯的尸首运回孟菲斯，以便做防腐处理，然而却在路上被赛特盗取了；
赛特把欧西里斯的尸体分割为14块，藏到了不同的地方。可怜的伊西斯
坐着纸莎草制成的小舟寻遍了埃及的每一个角落，将欧西里斯"完整"地

找了回来，并以相应的礼制隆重地安葬了他。此后，在她的授意下，她与欧西里斯的儿子荷鲁斯迈出了复仇的步伐。在与赛特的持续战中，荷鲁斯最终取得胜利，而赛特则一败涂地。到了这个时候，伊西斯却心软了；她把赛特放走了，毕竟她是赛特的妹妹。这件事令荷鲁斯恼怒不已，他不但扯下了伊西斯的皇冠，或许还（在一部分传说中）要了伊西斯的脑袋。透特用一个牛头修复了伊西斯的头，然而这一举动招来了荷鲁斯的屠杀。在战争中，荷鲁斯用长矛刺穿了他这位舅舅的头，夺走了其性命。欧西里斯传说描写了许多神明，有男神也有女神，例如赛博、努特、奈特皮、欧西里斯、伊西斯、奈芙蒂斯、赛特、荷鲁斯、哈马西斯等，他们都很符合埃及人对神的想法，迎合了大多数埃及人的喜好与崇拜，当然，赛特自然是大多数人都讨厌的恶神。

埃及宗教的特立独行之处在于：存在有恶神。一开始，赛特并非恶神，不过随着日子一天天过去，他最后成了恶神；在后世的埃及人看来，他就是恶的起源——恶，已经被具象了。塔乌尔（Taour），又叫塔乌尔特，也是一位恶神，长着一身鳄鱼皮，手持一把刀，或者一把剪刀。贝斯也是恶神，他是一个相貌丑陋的侏儒，巨大的耳朵、光秃秃的脑袋，有时候脑袋上会顶着一绺羽毛，背部长着像狮子一样的皮毛，两只手各持一把刀。相较于贝斯，阿佩普（Apep）的形象看上去更可怖：一条巨大的蛇，有毒，身上皱褶无数，曾经帮助赛特谋害欧西里斯；他对灵魂极为不满，处处与灵魂作对。萨瓦克的脑袋看上去像鳄鱼一样，大概也是恶神，虽然他在新王国时期（Ramesside）一度深受法老们的喜爱，特别在法尤姆，甚至可以说备受崇拜。

事实上，我们在纪念碑或文学作品中所看到的错综复杂的多神论并非埃及人生活中所信奉的宗教。在埃及，大多数省份皆有各自的教派，平民们崇拜的对象并非万神庙里的诸神，而是所在省份相应教派所信仰的神。例如，孟菲斯人信仰卜塔、塞克特、塔姆；底比斯人信仰阿蒙－拉、莫特、柯恩斯、奈斯；黑里欧波里斯人信仰塔姆、奈布赫布特、荷鲁斯；象岛（Elephantine）人崇拜科奈弗（Kneph）、赛提、阿努卡、哈克（Hak）……日积月累之下，万神庙里的神越来越多，并且混入了各个地方的神明。地方之神在当地影响巨大且持久。事实上，所有埃及人都尊奉的神明只有欧西里斯、伊西斯、荷鲁斯、尼罗河神哈皮。

除了普通百姓所信奉的各教各派之外，在祭司阶层与受教育阶层中还流行着另一种宗教。这是一种有圈层限制的宗教，同时亦是真正的核心神性之所在。唯有创始人与祭司能够解释教义，他们所宣扬的是一种独立的存在，他"创造了万物万象，而其本身则来自虚无"；他"自生而来，是真正的、唯一的、不灭的神"；"他存在于万物诞生之前"；"他是万物的创造者，而他自身是无中生有"。这样的存在，无法具象化，也无法抽象化；人们不知道他叫什么名字，就算知道，恐怕也不敢妄言，不敢书写，否则便有违规范。他存在于精神世界，方方面面都毫无瑕疵——全知、全能、慈悲。埃及诗人为他写下了赞美诗："他不在雕刻精美的大理石上；他无形；他无影；他不在神庙的画像里；没有什么建筑能供他安居"；而且"没有人知道，他在天界的名号，从不显露真身；在他面前，所有的表现都毫无意义""他诞生于万物诞生之前，从远古走到今天，诸神和他并肩；无父无母；元始自生；从此之后，万神一一到来。"

玄妙的宗教教义赋予了神话中的神明，以及其他神明以人性，准确地说，赋予了自然界方方面面以神性。例如，纳姆、科奈弗是创造性思维的象征；卜塔意为充满创造力的双手，以及天马行空的行为；马乌特指代各种事物；拉是太阳的象征；柯恩斯是月亮的象征；塞布是地球的象征；科赫姆是自然力量的象征；纳特是上半球，也就是天堂的象征；阿瑟是下半球，也就是地狱的象征；透特指的是被人格化的神的智慧；阿蒙大概指的是隐秘且伟大的神性；欧西里斯是圣神的化身。通常情况下，人类虽然并不清楚大自然所具有的特性，所做出的行为，以及所秉承的想法，但是却能洞察到其间的原理。在那些有文化的埃及人看来，受人尊崇的神明并非真实的、特有的、独立的存在。每个人都深知，世间仅有一位无上之神；每个人都清楚，在祭祀科赫姆、科奈弗、莫特、透特、阿蒙的时候，无上之神正以某种形式或某个方面的表现在接受着膜拜。无上之神其实就是诸神，他是诸神中的任何一位。我们常常在一首赞美诗中看到某个神拥有好几个名字，例如，阿蒙，又叫作拉、科赫姆、塔姆、荷鲁斯、柯赫普拉；例如，尼罗河神哈皮，又叫作阿蒙、卜塔；欧西里斯又被称为拉、透特。实际上，每一位神都是诸神中的任何一位。要说有什么限制，那就是善恶有别，顶着恶神之名终究是恶神，不可能是正义之神。

准确地来讲，埃及人坚信，除非拥有永生之灵，否则就要依据今生世间所做的一切接受审判。普遍观点是，人死之后，灵魂会马上被带到地狱中的"真理堂"接受审判，执行审判的是真理之神及亡灵们，判官有42位，包括欧西里斯在内。阿努比斯是"负责测重之神"；他会拿出一副天平，将真理的象征物放到一侧盘子中，再将一个装有逝者善举的瓶子放在另一侧的盘子中；天平旁边站着手拿写字板的透特，写字板上写着天平所测量的结果。基于天平的倾斜方向，身为判官之一的欧西里斯做出最后裁决。倘若天平倾向善举一侧，那么灵魂就会受到庇佑，并被批准登上"太阳船"，在善良精灵的带领下，前往天堂，最终抵达"和平池"，以及欧西里斯生活之处。倘若天平倾向另一侧，就意味着善言善行不够多，因而考核失败，灵魂将接受相应的惩罚，进入轮回之道，变成不太纯净的动物；至于要轮回几世、持续多久，以及化身为何物，就得看灵魂所犯之罪的级别、程度，以及洗清罪孽所需的时长了。要是一个灵魂历经数次轮回仍然无法变得纯净，那么就会被视为无药可救的恶灵，并在经过欧西里斯的最终审判后，被光明神舒彻底消灭在天堂之梯上。至于向善的灵魂，首先要到火盆中清洗身上的杂质，而守卫这道炼狱的是 4 个猿面鬼卒；而后需要在欧西里斯身边待上三千年；由阿曼提（Amenti）返回之后，可以恢复本身，重新转世为人。轮回无休无止，经年累月地进行着，最后，那些受圣灵庇佑的灵魂进入了神圣的本质，常伴神明左右，享受着无与伦比的欢乐；他们在那里发散，到达了完美的彼岸。

这样的信仰在虔诚的贯彻下必然会催生出高尚的品行。毫无疑问，埃及人所秉承的道德规范毫不逊色于大多数文明古国。埃及社会的道德规范具有"三项基本要求，即爱神、爱美德、爱人类"。从前文提及的赞美诗中我们可以看到，"爱神"这一要求无疑做得十分到位。倘若他们所说的"美德"等同于我们所认为的真理与公正，那么第二项要求也有可能达到。至于第三项要求，也得到了不断的验证，譬如墓志铭上常常见到的善言善行。

"我很勤奋，也很努力，"这是一篇墓志铭，"那些令人懈怠的话，我从不听信；在人们的责难中，从来没有我之名……人人敬我；对于口渴的人，我奉上饮水；对于流浪的人，我陪伴一程；我把压迫者赶走，我把暴力驱逐。"

"我是个公正的人，"这是另一篇墓志铭，"神在心中，所以神旨心领；我乐于帮助世人；我从未心生偏见与怨念……我的灵魂干干净净；人生在世，从无恶意。"

再来看一篇墓志铭："没有什么错误与我有关；审判时无罪可辩……后世之人将钦佩我那令人侧目的优点；我从来没有欺凌孤儿寡母；生前从

来没有为难过别人。我从未眼睁睁看着别人饿死；闹饥荒的时候，我下地耕田播种，与人分享粮食，大家都不会饿肚子；无论是寡妇，还是有配偶的人，得到的粮食都一样多；我不嫌弃穷人，也不攀附富人。"

道德规范由此形成，可以说差强人意，目前看来尚有许多地方有待完善。我们从中看不到"谦恭"，也不常看到"纯洁"。埃及人所塑造的宗教雕像看上去很不庄重；其宗教节庆的场面同样也很不庄重：充满了生殖器崇拜，纵欲无度，形式野蛮。在埃及，乱伦现象并不会受到谴责，因为诸神皆是如此，所以人们有足够的理由为自己辩护。欧西里斯和姐姐结了婚；科赫姆则是"其母亲的牛犊"。埃及传说丝毫不避讳这些醒醍的、不道德的事情。那些前往埃及游玩的人对自身艳遇的描述，就像斐迪南在细细回味奸情一般。除此之外，值得一提的是，我们在埃及人的墓志铭上看到的全是溢美之词，连一个罪名都找不到，而这正是让他们倍感骄傲的地方。"我是法老身边的一个好人；我诞生在这里，并救人于恐怖的灾难之中；在我的守护下，弱者不再被强者欺辱；我没有错过任何乐善好施的机会；我承担起了父亲给予的责任，并遵从母亲的意志；我对亲友和同胞宽容以待……我为那些没有棺材的人打造石头棺材；灾难袭来的时候，在我的保护下，孩子们幸免于难；我为孩子们提供了一个家，我就是他们的父亲，为他们做尽善事。"

相较于他们的实际行为，这实在是夸大其词。法老们一边屠杀着毫无抵抗力的囚徒，一边在下手时吹嘘无度；凯旋的战车上血迹斑斑，高高挂着敌方兵卒的人头；皇宫之内，声色犬马，后宫佳丽不但与人苟且，甚至筹谋着置法老于死地。几乎所有埃及人都笃信巫术：一面念念有词，一面将仇人的蜡像抛入火中；人们寄希望于用这种方式来复仇。偷盗者大行其道，他们什么都不怕，眼中只有金钱，甚至会对神圣的陵墓下手。这里曾经出现过一个"举世闻名"的"盗墓团伙"，其成员中不乏祭司之人。埃及社会等级森严。贵族阶层颇具规模，大多数贵族都生活在自己的庄园中，使唤着许多人，譬如仆人、技工、劳力，等等。官宦阶层的规模也不小，有的是司法官员，有的负责管理各地的官员。这些人大多自命不凡，十分鄙视平民阶层。军人们的待遇看起来也不错，他们是幸运之人。另外，值得一提的还有备受世人尊崇的文人阶层，不过一部分商人和手艺人对他们很不以为然。

黎民百姓构成了平民阶层，处于上述三个阶层之下；或许可以说，这个阶层是在漫长的历史中被上述三个阶层移除的一群人。他们基本上都是体力劳动者，绝大多数都在贵族的农庄里干活，负责耕地或养殖。当然，这一阶层还包含船夫、渔夫、猎人等，以及各种手工业者。他们有人织布，有人制瓦，有人锻造金属，有人切割石头，有人是陶工，有人是木匠、有人装修房屋、有人量体裁衣、有人制造鞋子、有人吹制玻璃、有人造船、有人制作假发，还有人为尸体防腐。无论是绘画之人，还是雕刻之人，也都属于平民阶层。生活在上层阶级的人认为，平民们所从事的工作都散发着臭味，不值一提，但凡是想要得到尊重的人都不会去做那些事。

实际上，虽然等级严明，但也存在交集。有人提出，埃及社会遵循着种姓制度，这样的推论大错特错。通常情况下，埃及人会根据自身职业，或者所从事的行业来培养后代，这一点无异于很多其他国家，不过这并不代表他们必须这么做——这方面的社会规范并不具有强制性。所有孩子都可以到"公办学校"去读书，不管你是工匠之子，还是权贵之子。来自不同阶层的孩子坐在一起，接受着一样的教育，拥有一样的机会，都有可能成功或失败。表现优异的学生会获得推荐，从此走上文学道路。在埃及，文学可以说是打开国家机关大门的钥匙。若是成为国家机关工作人员，也就意味着有了实现个人价值的途径，以及平步青云的可能。现实情况是，在埃及，任何出身劳动家庭的男子最后都有可能身居高位。成功者一般都会得到丰厚的回报——皇室所赐予的大片土地。总而言之，才智过人的平民青年将有机会凭借自身的杰出才能和优异表现登上权力高位，成为拥有土地的贵族。

当然，平民阶层的总体情况仍然是辛酸且悲惨的。法老们总是任意征召苦力；为了一己私欲而把无数人的幸福和性命抛诸脑后。没有哪个雇主不是暴虐成性、严苛至极的，平民一不小心就会遭到监工们的杖打。这样的生活对于那些以救济度日的劳动者们来说无异于煎熬，但他们为了生存却只能忍气吞声。除此之外，各种赋税也压得平民百姓喘不过气来，如果拿不出足够的钱就会被税吏毒打。在古埃及历史学家们看来，古埃及劳动者的境遇之凄惨，毫不输给当下的法拉欣[1]。

---

[1] 一名农夫，代表着劳动阶级，社会地位仅比奴隶稍高一些。——作者注

03　历史，款款而来

除了殖民地之外，其他国家在开启历史新纪元之前都会经历一段暗黑时代——史前时期。在这个时期中，神话人物层出不穷，各个悠然自得、懒散张扬、不受约束、精神萎靡，整日无所事事。埃及人的特性是稳重，多少还有些愚钝：少了些轻松，少了些戏谑，看上去比较接近希腊人，以及印度－伊朗语系的人。有人认为，独属于埃及人的神话只有一个，那就是欧西里斯传说。不过直到现在，不管在什么样的情形下，这个传说及其众多令人激动的小插曲都从来没有完整地出现过一次。我们在遗址中发现了很多精练又有趣的神话故事，不难看出，埃及人的想象力虽然不甚活跃，但并不是完全没有。举个例子来讲，有神话说：塞布在化身为一只鹅后产下了一枚蛋，最后还孵化了这枚蛋；还有神话说，透特创作了一本自然科学读物，内容涉及飞禽、走兽、虫鱼等，充满了智慧；只要看过其中任意一页，就能获得高强的魔法，掌控天地山海。这本书被透特放入一个金盒中，金盒被放入银盒中，银盒又被放入由象牙制成的乌木盒，外面还套着铜盒，然后是黄铜盒，最后是铁盒。在经过这般严密的封存之后，透特来到了科普托斯（Coptos），把盒子抛入了尼罗河。然后，一位祭司探寻到了书的下落，并用这个信息从一位贵族青年手里换取了100枚银币。青年想方设法把书打捞了上来，可是等待他的不是好运，而是一连串的厄运。他的妻子和儿子相继离世；他自己也陷入了一场阴谋之中，颜面扫地。当这本书"离他而去"时，他开心得不得了。当然，书的新主人自然就会遭殃，麻烦事一个接着一个。所有想要一睹"不法知识"的人，全都受到了惩罚。

　　我们还发现了这样一个神话：诸神一直要求太阳神拉毁灭全人类。继卜塔之后，拉成了新任法老。在他的治理下，埃及度过了很长一段和平时期。他关爱人民，也受到了人民的爱戴。可是，和平的日子过得太久，便会有人蠢蠢欲动，做出逾矩之事。可悲的是，这部分人不但强烈反对拉的统治，还密谋要推翻拉。在这种情况下，拉召集诸神聚首，询问大家的意见。诸神都认为，人类罪该万死，并委托阿瑟和塞克特前去消灭地球上的人类。人类心生胆怯。象岛人立刻将最优质的水果榨成汁，混合着人血装满 7000罐，然后献祭给怒火中烧的神明。在品尝了人血果汁之后，拉心满意足，命人将余下的果汁统统倾倒到人间。果汁化作滔滔洪水将埃及吞没了。翌日，阿瑟前往人间消灭人类，却只见遍地洪泽，不见半个人影。阿瑟喝了几口水，竟然也很喜欢，并满意地离开了埃及。

　　想要在这些神话里探寻到历史的蛛丝马迹，或许只能拜托另一位犹希麦罗斯（Euhemerus）[1] 了。想要了解埃及人在尼罗河河谷地带的真实生活，看清幻象中的真相，必须抛开埃及人虚构的诸神世界。

　　埃及历史上的首位统治者是莫纳法老，也就是希腊人口中的麦恩，或者美尼斯（Menes）。莫纳的出生地是上埃及的特纳（又被称为提斯，或提尼斯），是上埃及世袭的统治者。而后他统一了上埃及和下埃及，成了下埃及的首位统治者，让它们成了同一权杖下的"两个埃及"——绵长的

---

　　[1]　生活于约公元前 3 世纪，是古希腊神话作家。——译者注

尼罗河河谷地带与开阔的尼罗河三角洲地区。他头上戴着两顶皇冠，这意味着他统治着两片土地，而他想到的第一件事则是设立新首都。在他看来，如果首都位于底比斯或尼罗河上游的其他地区是无法对埃及进行治理的，埃及的首都必须位于"两地"相交处，这样才能为日后的统治提供便利。自然界所提供的唯一选择是三角洲与河谷地带的结合部——也就是埃及人所说的"两地的平衡点"；地势狭长的"上游"地区到此结束，由此变得开阔起来，逐渐走向无垠的呈扇形的三角洲平原；平原渐渐展开，并在四个方向上与海洋相连。这样一来，无论前往上埃及还是下埃及都会很便利。从某个角度来看，前往两地的入口需要做好管理；后防很是坚固，不过正面还是很容易受到攻击。历史告诉我们，埃及的首位王者十分明智，而且拥有过人的战略观。虽然统治权一度被底比斯人与亚历山大夺走，不过易主的时期并没有持续多久。这有赖于埃及得天独厚的地理条件，外族注定无法成为埃及的永久统治者。数百年之后，统治权又被大自然夺了回来，安放于核心之处。

若是依照传说，那么建立新首都的决定势必会遭遇困难：哪里才是占尽天时地利的绝佳位置呢？在三角洲平原内，尼罗河与利比亚山蜿蜒相伴了好几英里，可惜山脉位置不遂人愿，若非如此，利比亚山谷无疑将是提防亚洲人来袭的天然堡垒。在这种情况下，在建造新首都之前，埃及人打算先完成另一项艰巨的工程。莫纳法老下令，在尼罗河河道中央夯筑一道横向的巨大水坝，将尼罗河之水引入人工水渠。这样一来，尼罗河之水便从半路开始沿着河谷方向向下流淌，而不再奔流向东。一座坚固的防御工事拔地而起；而在人工水渠与西部山脉之间，一块开阔的空地足以用来修建新的首都。

不可否认的是，站在历史的起点上，在人类转变为人民的进程中，这种庞大的工程是前无古人的。不过对于埃及而言，似乎"早熟"并不是什么罕见的事，就像密涅瓦（Minerva）是主神朱庇特的脑袋演化而来的一样自然。在美尼斯统治时期，金字塔绝非凭空出现，其工艺几乎和孟菲斯[1]的工艺完全相同。

在遥远的古代，每座城市里都会有神庙这种建筑。对于这世上大多数拥有宗教信仰的人们而言，一个国家必须有一个首都，它是国家的政治中心；类似地，对于城市而言，主神庙是城市的中心。哲学的责任是解释宗教文化为什么能在古代社会中大行其道，并拥有强大的话语权；历史学的责任是解释历史事件。依照传统，这一时期的美尼斯城可以被视为一座硕大的神明卜塔庙。"启示者"卜塔被认为是发明家，创造了天地与人类；他的灵感来自神明的遥远与无上，以及隐秘的神旨。神明卜塔庙建在城市当中，一开始只有内殿，或者说一间"小小的屋子"。建筑相对独立，大小相当于斯芬克斯的爪子，斯芬克斯是位于吉萨的一座狮身人面像。神庙坐落在被称为"神圣围场"的忒墨诺斯，一旁有河流经过，因为有水源，所以植被定然也是有的。如同中世纪人们所建造的教堂，在此后的数百年里，神庙也在不停地变化着。基于那间"小小的屋子"，杰出的法老们你添一瓦我建一楼，并在其中点缀了大量的绘画与雕塑。希罗多德有幸见证了神庙的黄金时代，并表示那是"一座宏大壮美的建筑，值得人类铭记于心"。阿布戴尔拉蒂夫则亲眼见证了它的衰败，并对这座遗址进行了探索："这

---

[1] 即孟斐斯（Memphis），是古埃及城市。其名称起源于第六王朝国王佩皮一世的名为Men-nefer 的金字塔，希腊人讹称为孟斐斯。——译者注

座位于佛得角的巨大神庙用角砾铸造而成，高度足有9腕尺[1]，长度为8腕尺，宽度为7腕尺；大殿的门是可以转动的合页石壁；里面满是美轮美奂的雕塑，以及活灵活现的神狮"[2]。可惜往日的辉煌早已不复存在了。前不久，残破不堪的拉美西斯大帝雕塑终究还是轰然倒塌了，那一地碎片仿佛是在无声地讲述着神庙的昔日荣光。这是埃及境内历史最悠久的一座神庙。

莫纳法老给新首都命名为"孟菲斯"，意为"幸福的屋子"；它还有个名字是"爱－卜塔"（Ei-Ptah），意为"卜塔住的地方"。由前者衍生出的名字更广为流传：它是希腊人与罗马人口中的"孟菲斯"，希伯来人口中的"摩弗"（Moph），亚述人口中的"米皮"（Mimpi）；它的遗址也有独立的名称——"泰尔－蒙弗"（Tel-Monf）。这个地方确实称得上是"幸福的屋子"——淡水资源丰富；航海船只来往便利，并能够快捷地补充供给；防御体系坚固无比；肥沃高产的冲积平原从三面围拢，不远处的采石场能够采掘出大量优质的石材。冬天温润，夏天有北方季风轻抚海岸。这里距离海边还有一段距离，所以不用担心遭遇海盗的打击。我们很少看到这种坐拥天时地利的首都。旧的城市成为历史，新的城市横空出世，这是大势所趋。从某个角度来讲，孟菲斯已经闪耀出了现代开罗的光芒。古孟菲斯所在之处距离当今的开罗不远。孟菲斯城的建材基本上和开罗一模一样。

埃及人对其历史上第一位法老的描述大抵如下：他让尼罗河之水改道，

---

[1] 埃及人所使用的原始测量单位，1腕尺是指从肘部到中指末端，等于7掌尺；掌尺为手掌的宽度。——译者注

[2] 详情请见 R. 斯图尔特普尔所著的《埃及之城》，第24页和第25页。——作者注

建造了新首都孟菲斯，营造了神明卜塔庙的关键区域，最后"死于河马之口"。
至于"死于河马之口"这件事，曼涅托[1]曾经认真地研究过，虽然河马属于
草食性动物，"像牛那样吃草"[2]，但古埃及的文学创作者们想表达的大概
是法老莫纳最后死在了邪恶女神塔乌尔特之手；塔乌尔特一直认为河马是
一种神兽，所以她的形象始终是站立的河马。这讲的是法老莫纳的最终归宿，
据曼涅托记载，他在埃及做了六十二年统治者。

　　生活在当今时代的评论家们心生疑惑，他们从来不会轻易相信这些故
事。"埃及历史上真的有美尼斯这个人吗？他真的是一个有身躯、有生命、
有呼吸、能文能武、造金字塔、统治埃及、最后死掉的人吗？他会不会只
存在于精神世界，如同塞布、透特、欧西里斯、赛特、荷鲁斯那般？"埃
及人给出了答案，可是我们不敢确信。在埃及人看来，美尼斯不但不是幻影，
而且还位列历朝法老之首；然而，我们在美尼斯时期所留下的各种遗址上
却从未见过其名字。另外，我们在其他诸多国家的远古历史簿上也看到过"美
尼斯"这个词，所以"美尼斯"一词的意义还有待考证：希腊人称其为米
诺斯（Minos）；弗里吉亚人称其为马尼斯；吕底亚人称其为摩尼（Manes）；
印度人称其为迈努；德国人称其为曼努斯（Mannus）。除此之外，我们还
发现城市之名与其建造者的姓名通常也有关系，所以新问题又来了——在
这里，地名与人名的交互绝非特例，例如，尼恩源自尼尼微，尼努斯（Ninus）
也源自尼尼微；罗慕路斯（Romulus）源自罗马，等等。对此，伯奇博士

---

[1]　古埃及历史学家、祭司，约在公元前 4 世纪至公元前 3 世纪，他用希腊文撰写了《埃
及史》，是研究古埃及历史的重要资料。——译者注

[2]　引自《约伯记》。——作者注

的观点或许是对的："美尼斯无疑是帝国创始人之一。不过，那些创始人到底存不存在却是个发人深省的严肃的问题，势必会引起争议、质疑、批评，以及否定。"

当然，孟菲斯城的确是存在的，尼罗河里的大坝的确是存在的，神明卜塔庙的确是存在的，美尼斯的出现的确远早于亚伯拉罕，也的确统一了两地，建立了埃及王国。这些事实是那些苛刻的评论家们无可辩驳的。这里出土的每一件文物都曾见证尼罗河河谷创造人类文明的步伐。亚伯拉罕来到埃及之后建立了统治政府；相关遗址所彰显的人类早期文明可追溯至公元前 2700 年，甚至更早。

假如美尼斯法老及其所做的一切都是幻象，那么他身后的二三十个继承人，还有著名的第一王朝和第二王朝，又该从何说起呢？岂不是更说不清了？新王国时期（约公元前 1400 – 前 1300 年）所留下的遗址大概提到过 25 位法老，不过出场顺序不尽相同，就连名字也不统一。这些统治者们——倘若真是如此——从未出现在历史资料上，我们能做的只是到特定时期的建筑中去寻找他们的身影；我们说不清他们有哪些丰功伟绩，也没有办法整理出他们在位的时间轴。在埃及历史上，他们并没有那么重要，如同奥尔本王国在罗马历史上的地位一样。

在埃及历史中，我们看到的第一个能呼吸的、有血有肉的人叫斯尼夫鲁，也叫塞奈弗鲁，是埃及历史上第四王朝的首任统治者。斯尼夫鲁，是曼涅托记录的名字，究其缘由实难考证。索里为后世人留下了一段碑文，那是他最自我的表达。西奈半岛上有一座绿洲，它的名字叫玛格哈拉；时至今日，我们依然能够在那里的石碑上看到法老灭敌的画面。索里用权杖挑起敌人的头。这无疑是具有象征意义的刻画，因为在石碑的一侧刻着"Tasatu"——"惩罚所有国家的人"。这可以用来解释这座石碑的存在，不难看出，当时的法老已经被迫移居西奈半岛，并隶属于某个部落。对他国发起进攻，一方面是为了满足征服欲，另一方面是为了掠夺资源。玛格哈拉一带所产的绿松石与金属铜是埃及人眼中的稀世珍宝，所以这里也是埃及人的军事重地。在这种情况下，矿场主们便没有办法剥削苦力了。有的军工设施尚待发掘；有的矿山已经变成了废墟，裸露于石山两侧。我们在许多石碑上都看到了象形文字的书写痕迹；某些神庙遗址告诉我们，在宗教的指引下，有人选择离开玛格哈拉去殖民地，成为海外移民；一口深不可测的水井则表明，为了满足一时所需，人们曾耗费无穷精力。我们看到许多画在石头上的箭头，由此可见，在那个时候，这里是坚固的军事要塞，而"箭"则是时人眼中最有用的御敌工具。

斯尼夫鲁自诩为"Neteraa"，意为"了不起的神明"；或者"Neb mat"，意为"正义的神明"；同时还是"像金子一样的太阳神荷鲁斯"，以及"征服者"。在埃及法老们的各种尊号中间，"Neb mat"出现较少。斯尼夫鲁大概是想借"Neb mat"一词来表明自身的正义和高尚，并以此谋得"贤明之主"的称号。后世人称他为"慈善的法老"，由此可见，他可能的确是一位慈悲为怀、大公无私的统治者。可是，他并没有在历史上留下清晰的身影，这让我们又一次陷入了困顿。我们不禁发问，他到底为埃及做过哪些好事，以致能享誉史册？

斯尼夫鲁时期所留下的遗址演绎着遥远的过去，我们从中看到了古埃及早期社会中人类文明的特质与多寡。一块建于斯尼夫鲁时期的石碑至今仍矗立在绿洲玛格哈拉的土地上。除此之外，在位于吉萨的金字塔四周建有许多陵墓，墓主人多为斯尼夫鲁时期的高官及其家人。我们在陵墓里看到了石碑、碑文，以及雕塑；碑文描述的是当时埃及的面貌。

毫无疑问，象形文字已经问世。它除了以图表意的特点之外，同时也和其他诸多形式的文字一样属于发音文字。"限定词"被分割开来，并一一对应发音——以主要部分来确定基本发音，就像字母所达到的效果一样。例如，画面上是一只老鹰，而它所代表的发音是 a；画面上的一条腿或一只脚，其发音是 b；一条长着脚的蛇发音为 f；一只手的发音是 t；一只猫头鹰的发音是 m；一只鸡则发音为 u；等等。有些图画可以组合为复合音节或整个单词，即便这一单词拥有两个音节。一个池塘或一个碗的发音为奈布（neb）；一把手柄较短的斧头发音为奈特（neter）；一个像吉他一样的事物发音为奈夫尔（nefer）；一个弯弯的月亮发音为阿（aah）；等等。

除了发音，艺术感染力也十分重要。我们在象形文字中看到了很多动物，例如蜜蜂、秃鹫、老鹰、蛇、鸡等，每一个都栩栩如生。不用多说，"人"的出现是必然的，所有"人"都刻画得很精神，而且比例协调。斯尼夫鲁向来支持文学和绘画艺术的发展，从未野蛮介入过任何创作过程，也不曾强行要求制作过作品。尽管艺术家们的尝试并不丰富，不过想做的也都做到了。

现在来看看那些陵墓的特点。相较于住宅，陵墓更具价值；活人住的地方早已被时光之河湮没，而逝者的"住宅"却保存至今。陵墓都是用石头建造的，宛如石头屋一般；每间石头屋都有单独的入口，只是缺少窗户；屋子里还会有些小房间，里面有雕塑。外墙是倾斜的，角度在 75°～80°之间；内墙笔直。屋顶也是石头建造的，又大又平整。准确地说，这些小房间并非真正的陵墓，只是存放遗体的祭祀堂。逝者的遗体在经过防腐处理后被放入木棺。木棺会被放置在某个墙角下的地坑内，并不是祭祀堂中央。木棺被放置好之后，还会被封闭起来。逝者的家人会在祭祀堂里缅怀逝者、举行祭礼，并献上祭品，特别是在逝世纪念日——逝者前往阿曼提的纪念日——的时候。处于早期文明阶段的埃及人对祖先极其崇拜，这一点无异于中国人。家族成员常常来到祭祀堂祭拜先父或先祖，一边吟唱着赞美诗，一边献上美酒佳肴。在他们看来，这么做可以让逝者开怀，从而得到逝者的庇佑。传统风俗的沿袭有赖于后人的继承，所以晚辈会被要求参与祭祀。

相较于上述陵墓，还有一些陵墓会装饰得更华美一些。例如大型建筑美杜姆陵墓。准确来说，它并不是金字塔，不过人云亦云，如今已成为习惯。一个普遍的观点是，美杜姆陵墓的建造年代远早于斯尼夫鲁陵墓，是某个"不为人知的法老"的归宿，这个法老存在于斯尼夫鲁之前。这座陵墓建在一座雄伟的岩石山上，以 74°10′ 的角度建在三个台阶上。陵墓的垂直高度在 125 英尺左右，建筑材料是一整块石灰岩。这块巨大的石灰岩无疑来自远方。第一层阶梯的垂直高度不足 70 英尺；第二层高于 32 英尺；第三层稍高于 25 英尺。或许之前还有几级阶梯，只是高处的阶梯已经化为乌有。由此可见，主体建筑原有高度为 140 英尺到 150 英尺。孟菲斯附近也发现有墓葬群，看上去类似于金字塔，所以一般也被视为陵墓建筑。不过这里的发掘工作尚未进行，所以我们还不太清楚它们的情况。

相较于美杜姆陵墓，萨卡拉的一个建筑显得更加简洁、更加壮美：高200 英尺、六七层阶梯，斜面坡度是 73°30′；核心建筑由碎石堆砌而成，不过各个表面均覆盖有厚重的石灰石层，就像一个外壳似的。毫无疑问，建材来自当地。这座建筑也是一座陵墓，里面的祭祀堂面积不小，而且直接开凿于岩石当中。墓室位于祭祀堂上方。人们第一次走进墓室时会发现，其内安放着一口镶嵌着花岗岩碎片的石棺。连接外部与祭祀堂的通道相当隐秘，换句话说，只有清楚"牢房秘密"之人方可到达。这座墓室的建造年代也早于斯尼夫鲁陵墓，这让我们十分困惑：这位法老究竟姓甚名谁？

由这座建筑的建造年代，我们不难看出那时候的埃及社会情况——等级制度已经产生，而且其严明程度丝毫不亚于此后的历朝历代。法老掌握着一部分土地，并会雇用一些农民及牧民为自己耕种和放牧。地主阶级掌握着另一部分，甚至可以说是大部分土地，并雇用了很多农民、牧民、匠人、猎人、渔人等。下层阶级没有掌握任何生产资源。农村里也好，城镇里也罢，下层人士只能听从地主和权贵们的安排。不管怎么说，法老总是有权力任意妄为的，劳动者们被迫服务于他，为他建造能名垂青史的大工程。

在那个时代，简洁是一种时尚。上层人士穿着朴质的衣衫，不施粉黛，款式雷同，装饰寥寥。实际上，权贵们的心思都花在了那些精致的假发上。以整洁为目的，男人们都会剃掉头发；除此之外，男人们在服饰方面都遵从着极简风格。平日里，他们总是穿着从腰部延至膝盖上方的短束腰外衣：面料大概是亚麻布，基本上都是白色的，而且只此一件，别无其他日常衣物。手臂、胸膛和腿脚都裸露在外；鞋定然是没有的，至于袜子，恐怕也没有。浑身上下仅有的装饰物是系在脖子上的一条丝带或链子；丝带末端系着类似于坠子的饰品——大概是护身符吧。他们的右手里时常拿着一根长长的棒子，可能是用来惩罚属下的，也有可能是一种手杖。若是要前往某些特殊的场合，男人们也会认真地装扮一下自己。短束腰外衣不再适用，取而代之的是上自颈部、下到脚踝，较为修身的长袍；链子与丝带也不合时宜了，取而代之的是大大的颈圈，然后再戴上手镯，最后前去登门拜访，或者等待宾客前来。那时候的埃及，马车和轿子都还没有出现；准去说来是没有马匹，大概连骡子和驴也是找不到的。东方统治者后来以"白驴"为坐骑，而生活在斯尼夫鲁时代的埃及人只能走路去首都，平时和好友出门游玩也是全程步行。大多数文明古国的女性都比男性更懂得装扮。不过埃及女性却觉得，一件衣裳就够用了，至于饰品，则和男人们一样简单。已婚女性蓄长发，发髻通常为三个，一个绾在脑后，两个耷拉在左右肩膀上；和丈夫们没什么不同，她们也只有一件日常单衣：要么是短袍，要么是裙子，上部齐胸，下摆一般遮住小腿，通过两条较宽的肩带穿在身上。两只手臂和肩颈部都露在外面；同样也光着脚；手链是她们仅有的饰品。

无论在哪个时代，埃及女性都拥有一定的社会地位。在早期社会中，夫妻双方的画像一般都是摆在一起的；不管丈夫在家庭中发挥着什么样的作用，妻子都是其伴侣无疑。在雕塑作品中，妻子的比例要小得多，而且处于丈夫身后，很不醒目，由此可见妻子是从属于丈夫的。不过，夫妻俩又坐在同一张椅子上，这就意味着，尽管夫妻双方地位有别，不过妻子绝不等同于苦力或玩物。埃及人都认为，妻子是丈夫的"配偶"，不仅知道丈夫在想什么，也知道如何经营一个家庭，更知道如何养育后代。即便是处于原始社会的埃及也没有实行一夫多妻制，就算是统治者也只能拥有一位配偶。美尔迪泰芙在嫁给斯尼夫鲁后生下了奈夫尔马特（Nefer-mat）。在斯尼夫鲁去世之后，美尔迪泰芙又嫁给了继任统治者。在埃及，人们会对逝者的尸体进行特殊的处理，并为其举行隆重的葬礼，无论逝者是男是女。有传闻说，在斯尼夫鲁执政之前，曾有法老给予了女性王位继承权。现实也的确如此，在埃及历史上，女性掌权的时代并不鲜见。

04　那些建造金字塔的人

　　欧洲人也好，美国人也罢，如果没去过埃及，就不太能够理解金字塔的建筑意义。这种呈锥形的建筑模式早已被后世人抛弃，即便它们是历史的丰碑，即便它们曾经装点着埃及。最早进入人们视线的金字塔建造于马卡比法老时期；在那之后，金字塔被冠以奇迹之称，享誉建筑界。需要强调的是，希腊人和罗马人并没有建造过同类或类似建筑。当西方人踏上东方土地时，旧世界中的金字塔已经沉入时光之河。当来自新世界的探索者再一次看到它时，那里已经发展出了先进的文明。探索者们很是重视这些金字塔，可惜这种带有偶像崇拜色彩的宗教信仰令西班牙人畏惧不已。在这种情况下，建在墨西哥境内的金字塔最先遭遇了厄运。因为没有人维护，那里的金字塔日渐破败，至于其最初的模样，对人们来说只能是一个谜了。站在特奥蒂瓦坎（Teotihuacan）[1] 平原上的无知游客显然并不能看透金字塔的建筑特点；唯有那些前往吉萨或萨卡拉朝过圣，或者想象力丰富、思维活跃的人才能清晰地看到金字塔的建筑形态与风貌。

---

　　[1] 即提奥提华坎，一座印第安文明遗址，位于墨西哥境内，遗址中保存有太阳神金字塔、月亮神金字塔，以及羽蛇神庙等。——译者注

对于初次见到这些奇迹时的想法，霍顿勋爵（Lord Houghton）是这样描述的：

> 在经历了无数个夜晚的冥想和无数个白昼的期盼之后，我化身为古代大漠边陲的一位"神隐之士"，激动地躺倒在地。在我眼前，矗立着宏伟的阵列，它们是人类对自然做出的最有力抗衡。它们不畏日晒雨淋，不怕翻越海岸、击穿岩石的浪涛，不惧在悬崖上呼啸而过的狂风，它们始终在此屹立。
>
> 远古时期，一旦遭遇洪灾，地表就会塌陷。如此一来，这些古老城池的名字也随波而去了。城墙漫漫、石柱孤单，肃穆的厅堂化作废墟一片，祭祀堂的窗格花样繁多（定然覆满了夜露）——如果不是亲眼所见，我又如何能相信，这些早已被人遗忘的高大建筑，这些雄伟壮丽的历史丰碑在经历了四千年的时光洗礼后，还能如此恢宏。

埃及金字塔拥有方形基座，四面斜坡，坡面均为等边三角形，并在顶部相交。那些坚不可摧的金字塔上上下下都采用了毛石[1]，以及无以计数的碎石；内部建有祭祀堂与进出通道，建材绝非碎石。考古工作者得出的结论是，每一座埃及金字塔都建有祭祀堂与进出通道，而且全都完好如初，可以说这是所有金字塔共有的特性。另外，大多数金字塔的建造质量都不错。位于埃及境内的金字塔有六七十座，大多建在孟菲斯周边；一部分保存得相当完好，另一部分多少都有些破败损毁，不过远观的话，大多数都保持了原始风貌。就规模而言，有两座金字塔尤为突出，即"大金字塔"与"第

---

[1] 人工开凿后所留下的不规则石块。——作者注

二金字塔"——它们都拥有十分合理的布局。这两座金字塔旁边还有一座规模相对小很多的金字塔,名为"第三金字塔",但并不是特别优秀的建筑。

在古埃及的发展进程中,这三座金字塔都扮演着极为重要的角色。人们一说到古埃及历史,就会联想到这三座"神奇的遗迹"。"第三金字塔"底面呈正方形,底面边长为 354 英尺,垂直高度为 220 英尺,底面面积为 2 英亩 3 路德 21 平方杆[1],大致等同于伦敦市区内的一个广场。至于容积,大概等同于一个 900 万立方英尺有余的实心砌体,总重量为 702460 吨左右。220 英尺并不是一个惊人的垂直高度,和许多大型教堂的高度差不多,而特奥蒂瓦坎的"太阳神金字塔"则要略微低一些。"第三金字塔"不仅坚固,而且壮美,建造工艺具有一定的独创性,在世界上很难看到。金字塔下方隐藏着不少幽暗的墓室,正下方的墓室面积最大,不过空无一物。法老门卡拉(Menkaure)的石棺被安置在一间拱顶墓室中,那间墓室修建得十分精致。石棺按照惯例分给了他,建造石棺的材料是一块巨大玄武岩,深邃的蓝色石面上雕刻着精致的图案。石棺外长 8 英尺,高 3 英尺,宽 3 英尺;内长 6 英尺,宽 2 英尺。打开石棺,里面还有一个木制的棺材,盖子上铭刻着法老门卡拉的名字。进出墓室的通道有两条,毫无疑问,其中有一条通道是竣工之前的施工通道。墓室是直接在岩石上开凿的,镶有石块,铺着石板;通过铁钳,石板被固定在原有的岩石上,其间所放置的石棺大概有 3 吨重。令人惋惜的是,石棺后来被盗了。

"第二金字塔"与"第三金字塔"相距 270 码左右,前者在后者的东北面,底面依然是正方形,底面边长为 770 英尺,底面面积在 11.5 英亩左右,比

---

[1] 1 英亩 = 4046.86 平方米;1 路德 =0.25 英亩 =40 平方杆。——译者注

罗马竞技场——罗马时代最大建筑——大了一倍；斜面坡度为 52°10′，垂直高度为 454 英尺；即使算上塔尖部分，索尔兹伯里大教堂也要比它矮 55 英尺。根据测算，这座金字塔的容积是 716.7 万立方英尺，重量为 53.09 万吨。当然，数据无法体现身临其境的震撼，而且只有通过对比才能为人所理解。我们假设有这样一个石屋：长度为 20 英尺，宽度为 30 英尺，墙高 24 英尺，地基深 6 英尺，承重墙的厚度是界墙的三倍，通过计算，我们得出的结论是，这个石屋可容纳的石块体积为 4000 立方英尺。倘若某个城市拥有 18000 所同等规模的石屋，那么就能容纳 10 万人定居。然后我们把这些石屋推倒，把石块堆砌起来，石堆的最终高度将超过维也纳大教堂，包括教堂尖顶。此情此景，无异于吉萨"第二金字塔"带给我们的景象。倘若用"第二金字塔"的所有建材铺设一条宽 1 英尺、深 1 英尺的小沟，那么这道沟的总长将在 13500 英里以上，比赤道周长的一半还要长一些；倘若每人每周可采掘 1 吨石头，那么得动用不下 2000 人连续采掘五年才能得到足够多的石材来建造"第二金字塔"；假如只能采用大块的石材，那么所耗费的人力、财力与时间将更加惊人。

　　就内部架构而言，"第二金字塔"不如"第三金字塔"细致，不过总的来说大同小异。内外通道有两条，直通幽暗的墓室，另外还起到了透气的作用；通道位于金字塔塔尖的正下方，处于底部，一条始于底部以北 55 英尺，另一条连接着底面的人行道。第一条通道围绕塔身向前行进了 110 英尺，先是以 25°55′ 的坡度下斜，而后趋于水平。通道是直接在原有岩石上开凿而成的，实际上，整座金字塔刚好位于岩石层上方。第二条通道处于岩石层内部，先是以 21°40′ 的坡度下斜，向前建造 100 英尺后渐趋水平，以水平状态蜿蜒 50 英尺之后又转而向上攀升，又在延伸 96 英尺后和第一条通道相交。位于金字塔下方的幽暗墓室是直接开凿于岩石层，不过建造屋顶的石材和地宫内的石材相同；墓室也是倾斜的，长度为 46 英尺，宽度为 16 英尺；中间区域有 22 英尺高。墓室里安放着一口没有碑文的简单石棺，材质为花岗岩。这个石棺有 8.5 英尺长，3.5 英尺宽，3 英尺高，里面没有其他棺木。考古学家们勘探了这座金字塔的每一个角落，没有发现任何碑文。不过，依照规制来看，这座金字塔的建造者应该是门卡拉法老的前任[1]，所以墓室的主人也就自不待言了。

是时候来看看"大金字塔"了。"它屹立不倒，"雷诺曼评价道，"就建筑质量而言，它是全球建筑中最惊人的存在"。"大金字塔"又被称为"第一金字塔"。正如其名，它坐落在"第二金字塔"正北方向上，二者相距200 码左右。它的底面边长为 764 英尺，比"第二金字塔的底面边长很多"；刚竣工时的垂直高度在 408 英尺上下，容积在 8900 万立方英尺以上，重量为 684 万吨。斯特拉斯堡大教堂比它矮了 6 英尺，罗马圣彼得大教堂比它矮了 30 英尺，维也纳斯蒂芬大教堂比它矮了 50 英尺，伦敦圣保罗大教堂比它矮了 120 英尺，华盛顿美国国会大厦则比它矮了将近 200 英尺。它的底面积为 13 英亩 1 路德 22 平方杆；"第二金字塔"比它小 2 英亩左右，"第三金字塔"的占地面积则只有它的 1/4。我们在前文中提到，"第三金字塔"的占地面积相当于伦敦市区内的一个广场，而大金字塔的容积堪比一座城市，而且这座城市里还建有 22000 间同等规模的石屋；如果将这么多石屋整齐排列起来，总长度可达到 17000 英里，足以绕赤道 2/3 圈。按照希罗多德的测算，想要建造这样一座金字塔，至少要动用 1 万名苦力不停工作二十年。在今天看来，这个数据还算真实，并没有夸大其词。

---

[1] 即哈夫拉法老。——译者注

除了规模巨大之外，"大金字塔"还创造了其他诸多奇迹。值得一提是，它所耗费的巨石无以计数。用于建造地宫的石材有 30 英尺长，5 英尺高，4 ~ 5 英尺宽，体积在 600 ~ 750 立方英尺，重量至少有 46 吨，最大的一块重达 57 吨。墓室顶部是由花岗岩建造而成，石材长度接近 19 英尺，宽度为 2 英尺，高度在 3 ~ 4 英尺。墓室中部和入口处上方都有凸起的石块，大小相当。一般来说，金字塔外立面所采用的石块之巨大，足以令现代建筑师们望而却步，虽然越往高处石块越小；用于建造内部的石材要小一些，不过全都经过精密的计算和细致的打磨，所以每块石头之间才会如此严丝合缝。

除此之外，无论是通道还是走廊，不管是通风槽还是幽暗的墓室，不仅独树一帜，而且令人震惊。"大金字塔"内部建有墓室三间。第一间墓室隐藏在地表以下 120 英尺左右的岩石层中，向上正对金字塔尖；长度为 46 英尺，宽度为 27 英尺，高度为 11 英尺。在塔身北面可见一条狭长的直通第一间墓室的通道；通道入口在北面塔身上，距离地面 70 英尺左右；在进入内部之后，通道先是以接近垂直的状态向下延伸了 40 码，穿过一个宽约 70 码的岩石后趋于水平，向前延伸 9 码后通到了墓室。通过另一条向上攀升的通道可以进入其他两间墓室。上行通道衍生自一条下行通道，距离入口有 30 码左右，在穿过内部中心区域后向上蜿蜒 40 余码，而后一分为二，形成了两条走廊。第一条走廊比较低矮，长度为 110 英尺，直通"王后墓室"；这间墓室有 19 英尺长，17 英尺宽，石头屋顶有斜坡，顶部中央高 20 英尺。第二条走廊相对较高、长度更长，与上行通道齐平，在行进了 150 英尺之后来到一条水平通道；这条水平通道并不长，尽头便是神圣的"法老墓室"。

在法老墓室里出土了一口石棺，其主人很可能是胡夫，毕竟墓室墙上有好几处都写着他的名字，虽然很凌乱。

"大金字塔"的重中之重无疑是法老墓室，更何况它的规模令人叹为观止：34 英尺长，17 英尺宽，19 英尺高，由巨型花岗岩打造。花岗岩经过精细的打磨，看上去十分精美，它们被谨慎地堆叠了起来。墓室顶部的设计特别出彩。整座墓室仿佛隐藏在 9 块巨大的石头里，这些石头的长度大概为 19 英尺，宽度为 4 英尺，靠墙排列，从而构成了屋顶。祭祀堂位于墓室上方，相对低矮，屋顶建制相同；以此形式建造了 4 层之后，第 5 层空间呈锥形，顶部石块带有斜坡。巨大的石头在顶端精密相契，互为支撑。这样的设计可以分解来自上方的压力，避免墓室被压垮。建造者达到了目的，这座墓室傲然矗立了 4000 年，就连精工细作的屋顶也一如从前，毫无开裂的迹象，更别提崩塌了。

在法老墓室的南面和北面各有一条通往外界的通风槽，一条长 194 英尺，另一条长 233 英尺，截面为正方形，或者说接近正方形，内径长度为 6～9英尺。因为有通风槽的存在，墓室里的空气始终都很新鲜，而且一年到头都很干燥。

这座金字塔里的走廊很是特别。先是前行了 150 英尺，而后以 26°18′的坡度上行；地面宽度为 5 英尺，高度超过 30 英尺。墙面为石砌，从上到下共 7 层，上层石块相对凸出。在接近尽头的地方，走廊开始变得狭窄，尽头处只有 4 英尺宽，而前方通道已被石块堵住。这条高大走廊的功能尚有待考证，不过无论如何，它定然能为墓室提供新鲜空气，而且宽敞的空间更有利于空气的流通。

基于历史与传统，我们基本可以断定，法老胡夫、法老哈夫拉、法老门卡拉就是"建造金字塔的人"，换句话说，他们是三座金字塔的主人。他们生活在曼涅托第四王朝时期；胡夫所在年代最早，在他之前的统治者或许就是斯尼夫鲁（Snefem）。法老们为何要兴师动众地营造这种规模巨大的工程呢？学者们对此兴趣盎然，议论纷纷。有人提出，"大金字塔"

反映了古埃及人的宇宙观，例如地球的直径、周长、子午线弧长，等等；有人指出，胡夫金字塔其实是一座天文台，通风槽其实是用以观测星象的"望远镜"。当然，这些观点至今毫无依据。对于旨在探寻金字塔秘密的我们来说，或许应该去了解一下金字塔建造者们那精密的、艺术的、天马行空的想法。无数证据表明，金字塔事实上是陵墓建筑，是用来安置木乃伊的地方。考古学家早已发现，金字塔里建有墓室，墓室里存有石棺；而且一个石棺中还放置着一口木棺，棺盖上篆刻有碑文。根据碑文所示，这口棺材属于一位法老。值得一提的是，每一座埃及金字塔——据考古学家称共有六十余座——的建造目的都是一样的，只不过一部分位于墓葬群内，一部分位于孟菲斯附近的坟地中，不管怎么说都是安顿亡灵的地方。

不过，胡夫为何要修建这样一座庞大无比的金字塔呢？就垂直高度而言，是此前最高者的 2 倍；就底面积而言，是此前最广者的 5 倍；就容积而言，是此前最大者的 10 倍。尽管建筑学的发展一般不会是"跨越式"的，不过胡夫金字塔却忽然间取得了匪夷所思的进步，可以说这是绝无仅有的。为了解答这个难题，曾有人做出推断：金字塔表现出了层层叠加的态势，而最终高度取决于法老的执政年限；每执政一年，就会在墓室上方加盖一层；也就是说，法老统治了多少年，金字塔就会有多少层，这和树木的年轮是一个道理。

这个推论若是真的，那么"大金字塔"就称不上伟大。胡夫或许并没有刻意追求金字塔的规模，只不过在位的时间比其他法老更长一些。不过，我们可以看到这不符合"第三金字塔"的情况。这些金字塔具有统一的建制，也就是说，建造者是经过深思熟虑的；各个部分的长度比例都十分平衡。"大金字塔"主墓室上方有 5 个用来减压的石室，这原本不是必须有的设计，除非有很重的东西压在上面，例如直接放上些沉重的物品。另外，已步入晚年的法老为何要给这个庞然大物穿个外套？要知道那一层外壳可都是巨大的石块啊！显而易见，只有经年累月地动用无以计数的人力才有可能营造出如此庞大、如此艰巨的工程，而他又是如何做到的呢？类似的问题还有，例如，如何确定这项工程的竣工时间？另外，金字塔每个斜面的坡度都是一样的：要做到这一点，恐怕要花费好几年的工夫。建造者会把未完工的项目留给后人吗？若真如此，那么到底有没有金字塔是一定完工了的呢？我们对此深表怀疑。

所以，在我们看来，这座独一无二的建筑奇迹并非胡夫灵光乍现的创举。建造者打算为胡夫打造一座"前无古人，后无来者"的旷世陵墓。不过，在这项计划得到认同之前，胡夫早已变得自私自大，目中无人，充满了野心和私欲，并且对人民的疾苦视而不见。建造这样一座金字塔势必需要无数的巨大石材，而后还要将这些巨石搬运至高达 100 英尺的山顶，一个个摆放好。有的时候，这些石块被搬运的高度还要再提高 450 英尺。以那时候各方面的条件来看，这项工程必定要消耗不可估量的人力与财力，关心民生的统治者是必定不会做这种事情的。在胡夫的强迫下，苦力们拼死拼活了许多年——希罗多德认为有二十年；奴隶们做着毫无价值的事情，一天天地叹息着、呻吟着，一切只为迎合法老的虚荣心，为法老打造葬身之处。无异于胡夫，哈夫拉也好不到哪儿去。最后，历史为恶毒的法老及金字塔建造者都标注上了丑陋的一笔。法老不再敬神奉神，为了满足一己私欲和虚荣之心，将民生置之度外。深陷悲惨世界的人们，有的被迫成为苦力，有的只能居无定所地四处流浪，即便如此，法老依然心安理得。在那个时候，埃及的国家实力尚不足向外扩张，所以并没有得到多少俘虏或奴隶。毫无疑问，修建金字塔的劳动力大多都是埃及平民，也就是说，平民不得不充当苦力。

身为复仇女神，涅墨西斯没有坐视不管：大多数法老都没有实现目标。想当初，为了建造金字塔，他们的心就像铸铁般坚硬，丝毫不顾人民的死活。历史确实记住了他们的名字，不过也为他们贴上了暴君与剥削者的标签。人类确实不会忘记他们曾经存在过，但更不会忘记他们的恶劣行径。为了能让身体永久地保存下去，他们想方设法、百般折腾，不过最终还是不能如愿以偿。

"胡夫就连一抹尘埃都未能留下，难不成还能留下些纪念物来点燃我们的希望吗？"拜伦在诗歌中写道。毋庸置疑，直到现在，普通坟墓中仍有大量木乃伊沉睡于地底，而法老们的陵墓建造得如此宏伟，如此夺目，难免会有人撬开墓门，偷走石棺；原本密不透风的石棺一旦沾染了空气，里面的木乃伊必定会迅速风化。

尽管是苦难的象征，但金字塔依然具有纪念意义，依然接受着世人的瞻仰与膜拜。曾有优秀作家写道："站在大金字塔面前，任谁都会对其内部那精巧的机械技术感到惊奇。那一块块巨大的花岗岩皆来自500英里外的塞伊尼（Syene）[1]，经过人工打磨之后变得像镜子一样光滑，每每之间严丝合缝，堪称完美！主墓室上方有排气的石屋，有斜斜的廊道，有通风槽，处处令人称奇。所有构造都十分精准，所以，虽然主墓室承受着巨大的压力，但依然牢不可破。就机械技术而言，世上再无建筑可与金字塔比肩。"

在规模上数一数二的两座金字塔看上去雄伟至极，尽管乍看之下并不会给人留下太深的印象。它们的实际规模并没有视觉所感受到的那么庞大，只是四散辐射开来。在较大的参照物面前，它看上去较小，这和我们

---

[1] 古埃及城市，即现在的阿斯旺（Aswan）。——译者注

在有限空间里所看到的不同，毕竟在较小的参照物面前，它看起来会大一些。身临其境的人会看到，金字塔的各个外立面都是斜坡。在仔细观察过一段时间后，它将让你产生一种紧迫感，与此同时，它也深深地印入了你的脑海：庞大、坚固、持久、对称、线条充满了和谐之感，尽管素面朝天却毫无缺陷。它们是那么巍峨、庄严，那么震撼人心，令人敬畏，这种感受是其他建筑无法带来的。自古以来，到此游历的人们总会对金字塔生出这般感受：无比崇拜、无比敬畏。在希罗多德眼中，这样惊人的建构或许只存在于古埃及和古巴比伦，此外再无别处可寻。日耳曼尼库斯对它们深以为然，虽然他更了解罗马建筑；拿破仑也曾提到过它们："战士们，金字塔尖上的 40 个世纪正在鄙视你们。"在希腊人与罗马人的支持下，金字塔跻身世界七大奇迹之列。后世之人不敢确定它们到底是不是人造工程。假如它们只依赖某个非凡的建筑元素而存在，那么那个元素无疑是无与伦比的，所以它们从前没有被超越过，以后也不会被超越。

上述评价与"第一金字塔""第二金字塔"的情况十分吻合。"第三金字塔"还不足以被称为杰作。就体积而言，和位于萨卡拉的主金字塔不相上下，所以并不太醒目；就高度来讲，也和墨西哥神庙差不多。另外，其所用建材的体积相对较小。"第三金字塔"的优势在于：它既精致又壮美；其外壳只覆盖了 1/2 塔身，而且是用产自塞伊尼的粉色花岗岩制成的；边缘处微微倾斜，两侧则保持着原来的方位。通道入口位于北面，很容易找到，而且装饰有金属，大概是运送石头用的。墓室内到处都是精美的纹饰，建有屋顶，石棺也很精美。这座金字塔的建造者是法老门卡拉；他不是暴君，也不是剥削者；然而他的和蔼可亲并没有换来诸神的庇佑，只让他统治了很短的时间。石棺上刻着碑文，从中可看出他的虔诚："啊，欧西里斯！"碑文如是写道，"统治着上埃及与下埃及的法老门卡拉，永生吧！您是上天的创造，您是努特的儿子，塞布给了您身体；您的母亲是努特，她以天堂之名将生命传给了您。她替您消灭了天敌，将神圣赋予了您。啊，法老门卡拉，永生吧！"

以金字塔为陵墓的传统一直延续至曼涅托所说的第六王朝，不过后世统治者所建造的金字塔都比不上胡夫金字塔与哈夫拉金字塔。后世法老的陵墓都采用了纪念碑的形式，规模适中；他们不再奴役人民，积极地提升着民生水平，以及劳动者的报酬。从该时期的其他遗址来看，当时埃及社会中各阶层人士都过着不错的生活。大多数人安居乐业；贵族越来越富有，连同其家人在内，他们的社会地位日益提升。奴隶阶层基本上已退出历史舞台，劳动者被分散到各行各业。我们在留存下来的雕塑作品中并没有看到惩罚苦力的场面；人们总是在轻松愉悦地工作着：犁地、耕种、收割；放牛、养驴；打谷、屯谷；或者一面合唱着，一面采摘和踩压葡萄。装葡萄汁的大桶旁，打谷子的空地上，人头攒动，牲畜众多，一个个脚印落在了稻谷上。人们还会采摘莲花；从泛滥的河水中救出牲畜；当然还有打鱼和捕鸟。他们看上去并不抵触劳作，工作起来轻松快乐，或许实际生活也是这样的吧！阴暗面或许被隐藏了起来，我们所看到的画面显然源自胡夫时代或哈夫拉时代。然而，埃及法老大多都不是暴戾、孤僻的；在社会道德规范的制约下，他们对家人们十分仁慈，看起来在历史的这个阶段中，他们深知自己要以德服人。"生活幸福的民族，是没有历史的！"对于处于黄金时代的埃及而言，既没有外敌入侵，也没有对外扩张。他们有时候会跑到南边和黑人部落较量一番，抑或跑到东边教训一下那里的游牧民族，但这些行为都是为了保全自身利益，以及避免安乐太久而失了斗志与锐气。倘若国泰民安，那么国家就会把精力放在促进生产，提升物质生活水平，以及发展文艺上。

　　说到埃及建筑中的奇迹，我们首先想到的就是狮身人面像。实际上，在埃及建筑中，我们时常可以看到这种狮身、人面的装饰造型；不过，这座矗立在"第二金字塔"（也就是哈夫拉金字塔）前方的巨大雕像实在壮观，而且其建筑年代与"第二金字塔"大致相同。它的阿拉伯名字是"阿布尔霍尔"，意思是"恐惧之父"；其长度超过 100 英尺，其中某些部位是用利比亚丘陵岩石凿刻的。它的双脚是张开的，其间建有一座祭祀堂。1816 年，它第一次进入了新时代人类的视野，人们发现它有三面石板墙，并在墙上发现了碑文，从而了解到它的来历与功能。

　　在狮身人面像的后方，可以看到一座规模较小的神庙，其建造者有可能是哈夫拉，建材为巨大的红花岗岩石，而这种岩石的硬度可以说是最高的，产自塞伊尼一带；石块之间的严密程度足以令现代建筑师难以望其项背——不知道他们动用了何种工具，竟然能完成如此艰巨的任务。凭借一条隐秘的通道，狮身人面像与其西侧 300 英尺开外的"第二金字塔"被连为一体。尽管在这个所谓的奇迹面前，任何疑问都得不到答案，游客们依然不停地重复着各种"古老"的疑问。

　　你夜以继日地守护着漫长的时光。那陵墓这般幽暗，这般可怕，你却始终在守护——忠诚地、投入地、静谧地、英勇地、永久地横卧于此，如同勇猛的猎犬，久久地守护在主人陵前……

　　烦恼的俄狄浦斯（Oedipus）[1]，你是不是还在沉思？不知为何，人们又一次做出了错误的决定；陷入迷茫的愚钝的人类，在你心底激起了的悲鸣，在那些不受欢迎的人里，你最憎恨的是哪个？还有谁比你更明智吗？

---

　　[1] 希腊神话里的人物，忒拜国王之子，他破解了斯芬克斯的谜语。——译者注

就算到了此时此刻；我想，那又黑又厚的嘴唇紧紧闭着，是那么决绝，像是要锁住即将脱口而出的想法，好把那些恐怖的秘闻藏在他们的屋子里；大地有耳，但她绝不会泄露，哪怕是对空气！

金字塔内是那么恐怖，却隐藏着惊人的奇迹，魔法畏惧的源头；庞大且寂静的墓室，唯有鬼怪在此守护，它们保护着主人及其被遗忘的石棺，以及山洞中光彩夺目的宝藏，日复一日，年复一年。

要是它能说话该多好！它了解太多与法老有关的事；它了解托勒密王朝的悠远历史；它看到过每一位神话人物的原型，譬如阿匹斯、阿努比斯——那些在兽性和神性间徘徊的魂灵——（就像是他在菲莱岛沉睡，他在幽暗里伫立，无人朝拜，在他那凿于岩石通道的下方——人们脚下是门农的沙砾，他们的影子在沙漠中如此细长）标记着尼托克里斯（Nitocris）关隘，奥兹曼迪亚斯（Oxymandyas）[1]深谙埃及黑人诸多欺骗之道——那个来自希伯来的男孩，冷眼盯着主人的新娘；在美杜莎的目光中，满含爱意的微笑与伎俩被冻结，引来恺撒一声叹息。他输给了这个世界，而后离开了这个世界。这位尼罗河的爱人啊！

---

[1] 即拉美西斯二世。——译者注

05 底比斯的野蛮生长及最初的法老们

直到现在，埃及依然控制着狭长的尼罗河流域，以及广袤的尼罗河三角洲地区。当然，它也经历了许多次改朝换代，并一度分裂为众多相对独立的小国家，由不同王朝控制着。分裂必定会削弱国家实力，在这种情况下，新政权上台，除旧革新，建立了新的秩序。这个政权出现在北纬26°一带，与开罗古城相距350英里，与尼罗河相距400余英里。尼罗河河谷蜿蜒绵长，最后隐入了一片开阔平缓的土地，以及其间的盆地。行至尽头，河岸两侧群山耸立，裹挟着一片绿意盎然的冲积平原，这是一块丰腴的宝地。平原上四处散落着多姆（dom）与枣椰树，有的独立于世，有的簇拥在一起。向西望去，可见巍峨的利比亚山脉，它的海拔足有1200英尺。河谷朝着红海方向延伸，其间穿越了位于东部的防沙墙，不过这防沙墙并没有因此改变位置，水平线一如往昔。这一平原很适合进行商业贸易活动：一侧是沙漠，而沙漠尽头是绿洲；另一侧连接着哈马马特（Hammamet）山谷，那里盛产各种珍奇岩石，譬如角砾岩之类，穿过山谷便可进入盛产金、银、铅的地区，再往前就能抵达红海。在很早之前，埃及人就开始与生活在红海彼岸阿拉伯半岛上的居民进行交易了，商品主要是树胶和香料。

自埃及建国以来，一直存在着这样一座省会城市，当地人称其为"阿皮耶城"，依照埃及的语言习惯，它又被称为"塔培""塔皮乌"，意思是"王的城市"。对于希腊人而言，"阿皮耶城"等同于希腊的"忒拜"，所以他们把"阿皮耶城"称为"忒拜"，而希腊的巴欧田却并没有被称作"忒拜"。从那之后，这座位于埃及中部的城市声名鹊起，并被英国人与英裔美国人称为"底比斯"。底比斯一直以来都是古埃及境内的一座省会城市；因为和中央政府相去甚远，所以得以发展出独具特色的宗教、礼仪、语音、文字，以及命名方式等；在所有这些因素的共同作用下，它逐渐脱离了下埃及，以及埃及北部的各个王国。北部各国日渐衰落，尼罗河三角洲等地的政权陆续凋零，底比斯摇身一变，成了一个国家；重要的是，它的独立并没有战争的助力。北部各国自身难保，哪有工夫盯着底比斯不放，于是这般，这个毫无经验的政权便开始了野蛮生长。

底比斯的首位法老是赫赫有名的老因特夫（Intef the Elder）。1827年，一群阿拉伯人来到了位于底比斯西部的库尔纳，并在那里发掘出了一口棺材，里面的木乃伊头戴皇冠，棺盖上刻有碑文，从中可知那是"上下埃及的法老因特夫"的尸首。碑文无疑是在宣示主权，不过也只是形式上的宣示，就像英国国王一样，无论是爱德华四世，还是乔治三世，说起来都掌管着法国与纳瓦拉。底比斯疆域广袤，老因特夫常常无暇顾及，更没有精力开疆拓土，踏足科普托斯（Coptos）之外的土地。他原本是当地一个部落的酋长，却自诩为至高无上的君王，当然，或许他并不想刻意欺骗时人及其后代。我们在某些与埃及王朝有关的资料上看到过他的名字，不过除了那口棺材，他再也没能为后世留下其他。

　　我们只能从"卡纳克神庙[1]的清单"中看到，老因特夫之后的统治者是曼图霍特普一世（Mentuhotep I）；曼图霍特普一世之后的统治者是因特夫一世（Intef I），也就是"因特夫大帝"（Antef the Great），老因特夫有可能是他的爷爷。因特夫一世家财万贯，并酷爱打猎，其墓碑上刻着一幅图：他独自站在一群猎犬中间；猎犬都戴有项圈，项圈上刻着各自的名字。我们能看到的猎犬一共有四条，品种各不相同。那条名叫马胡特或安特洛普的看上去应该是猎狐犬，耳朵耷拉着，身材很高大，不过显得有些笨重，不知道它行动起来会不会像自己名字所表达的那样，十分敏捷。阿巴喀鲁的耳朵是立起来的，很尖，鼻头也很尖，尾巴则是卷的，它被一些人认为是德国波美拉尼亚丝毛狗（spitz），不过它看上去应该是当地土狗，豺的亲戚。不管是什么品种的狗，在不受管制的情况下，通过不断繁殖，最终都会变成土狗。名叫帕哈特或卡姆的猎犬是大型犬，其名字的意义是"黑色的动物"；它看上去与獒犬相似，耷拉着的耳朵小小的，圆圆的，鼻头则是方形的，胸部贴近地面，四肢十分粗壮。伯奇博士在生前推断，卡姆是因特夫一世养来"追狮子"的猎犬，不过在我们看来，它的职责是看门，以及威胁盗贼；它是蹲在地下的，那种姿态应该是放哨的模样，它在替主人看家护院。特卡尔的耳朵应该受过伤，除此之外别无特质；它是小型犬，所以总在主人双腿中间穿来穿去，可以说是"负责看门的宠物狗"，备受主人宠爱。因特夫一世为他的猎犬们请了一位饲养员并兼任狗屋管理员，名为特肯鲁，也就是墓碑画上站在因特夫一世身后的那个人。

---

　　[1] 又被称为阿蒙大神庙，始建于埃及第十二王朝，经过一千多年才完工。它是底比斯历史最悠久的神庙，也是古埃及最宏伟的建筑。——译者注

因特夫一世的陵墓是一座砖坯所砌的金字塔。这座金字塔简单至极，安置棺木的祭祀堂也不大。我们在前文中所提到的那座墓碑就矗立在这间祭祀堂里。墓碑上的碑文告诉我们，因特夫一世在其执政的第50年才开始动工修建这座金字塔，旨在祭奠上下埃及的统治者——太阳之子。

从此，在曼图霍特普家族与因特夫家族中诞生了许多位底比斯法老，虽然他们鲜有丰功伟绩，也没能流芳百世，不过他们却实实在在地提升了国家的物质生活水平，带领底比斯渐渐走上了强大之路，并在埃及历史中争得一席之地。这些法老将精力放在了建造具有实用性的基础设施上。一位法老派人到哈马马特山谷中凿井，以便为行走于科普托斯－红海一线的骆驼商队提供水源；另一位法老下令在山谷中修建军用邮政设施，以推动运输、采矿等行业的发展。法老门卡拉[1]在红海地区创建了船队，由此可直接航行至蓬特圣地。蓬特坐落于红海海湾的最里面，船队在海面上航行好几天方能抵达。那里既是香口胶产地，又是众多珍奇动物，例如长颈鹿、黑豹、猎豹、狗头猿、长尾猴等的乐园。一些人认为，"蓬特"其实就是"索莫里国"，即阿拉伯福地（Arabia Felix）。

因特夫－曼图霍特普王朝时期的最后一位统治者是曼图霍特普四世。此后，曼涅托的第十二王朝，也就是辛努塞尔特－阿蒙涅姆赫特王朝接踵而来。第十二王朝享有"埃及历史上的极乐时代"之美誉，它让埃及文明迎来了光芒四射的"第二文明时期"。许多人认为，"第二文明时期"的辉煌比"第一文明时期"更甚。在"第一文明时期"，人民受制于统治者，统治者想要巩固王权，并永垂不朽。在"第二文明时期"，统治者将维护

---

[1] 古埃及法老，生活在第四王朝时期。——译者注

人民利益视为己任；他们仁慈善良，不再为了一己私利劳民伤财；人们富足了，生活水平提高了。这一时期的统治者们拥有远见卓识，铸就了许多功在千秋的丰功伟绩。过往的法老们一手遮天，将资源与能源统统用来打造"直通天堂"的石碑。相较之下，第十二王朝的明君们却懂得如何利用资源和能源打造具有实用性的工程及设施，他们挖井、修路、建造水库、发展商业与农业，等等。他们重视边防工程，在军事重地兴建工事以抵御外敌，或打击有不轨行为的部落。他们以身作则，积极地保护着文化与艺术；他们广修神庙，并不在意为自己所建的陵墓。在建造于该时代的神庙，不但可以看到传统的浮雕与雕塑，还能看到一种新风尚——方尖碑。这种石碑十分精美，极具埃及特色。

阿蒙涅姆赫特一世（Amenemhat I）是揭开第十二王朝之帷幕的统治者，也是位受人尊崇的君主。在其登上宝座前，底比斯的前朝政府已经垮台了，国内战事不断；人们忘却了从前的优良传统；贵族们你争我夺；平民百姓饱受剥削，随时都有可能失去财产，甚至生命；"有知识的人也好，没知识的人也罢，都有可能变得一无所有"。一天晚上，熟睡的阿蒙涅姆赫特一世遭遇偷袭，兵器发出的叮当声将他吵醒，他抓起身边的武器就追了出去。偷袭者们放弃了计划，转身逃走。阿蒙涅姆赫特穷追不舍，战胜了那些懦弱之人，并在最后成功加冕。阿蒙涅姆赫特一世性情温柔，为人公正，在他的治理下，"社会底层人士不再穷困潦倒，弱势群体也有了生存空间"，"悲苦者不再遭受疾苦、不再泪流满面"。他颁布了如下律令：在自己所统治的土地上，不得出现饿死渴死的人。他坚持推行着宽仁的治国方针，备受人民敬仰。此外，他还是一位英勇的战士，不但亲征沙场，还亲赴边疆驻守。在他的带领下，埃及人成功地击退了佩蒂人、利比亚人、萨克蒂人、亚洲人、西北方玛克叙埃司人、乌阿特人、南方黑人部落，等等。

这些都是攘外之战，而非扩张之战。为了巩固边防，他还在东北边境处建造了一座军事堡垒，以抵御萨克敌人的进攻，保护生活在东部三角洲平原的国民。

在过去，底比斯不过是个偏远小国，并受到至少两个王国的控制，那些王国不是在尼罗河下游，就是在三角洲平原上。在阿蒙涅姆赫特一世执政之后，底比斯逐渐演变为中央政权所在地，势力范围包括象岛至地中海之间的广大区域。在迄今为止所发现的最古老的皇家文学作品中，我们可以看到这样的描述："这位统治者在诏令中告诉其子：'我的信使已前往阿布（象岛），通讯员已前往阿特乎（海岸边的湖泊）……。'"这一描述是可信的。想要和玛克叙埃司、萨克蒂取得联系，只能派人前往三角洲平原。只有控制住了科普托斯－孟菲斯一线，也就是尼罗河下游，才能控制住三角洲平原。这个时候，"第十二王朝"已成为一个建立在底比斯基础上的独立国家，再也不是受制于孟菲斯的小政权了。

除了阿蒙涅姆赫特一世，再没有其他法老对自己的狩猎技能赞不绝口。"我捕到了一头狮子，"他似乎很得意，"还有一条鳄鱼。"直至今日，在埃及境内，只有阿特巴拉河流域——尼罗河入海前的最后一条支流——能看到狮子了，这种动物在尼罗河下游已绝迹。但是在古代，尼罗河沿岸地区的沙漠里狮子随处可见。有传闻说，身为罗马皇帝的哈德良在行进至亚历山大港时，曾经猎捕到一头狮子。一些保存至今的文物告诉我们，狮子后来被人类驯服了，时而和人们打闹，时而跟着主人出征。我们并不清楚阿蒙涅姆赫特一世是如何猎获"兽王"的，不过能肯定的是，这种方法完全不同于日后亚述人所采用的方法。亚述人的方法是，先让猎狗，或者狙击手将巢穴中的猎物吸引出来，然而由法老及其随从利用飞镖、利剑、长矛等武器进行猎捕。水中的鳄鱼会袭击人类，他们有时候会站在船上趁机将长矛刺入鳄鱼身体，一般是头部与脊柱的接合处。阿蒙涅姆赫特一世所用的方法绝非如此，毕竟这样一来鳄鱼会当场毙命，可是阿蒙涅姆赫特一世却宣称要"将鳄鱼当成战利品带回家"。所以，他的方法或许正如希罗多德所说，同时也是当时人们经常采用的方法：把一块肥大的猪肉挂在钓钩上，把钓钩扔进水流湍急——可以带走任何事物——的河中央，然后牵一头生猪到河边，通过不断鞭笞让猪嗷嗷直叫。水中的鳄鱼会循着声音的方向慢慢游过来，然后将半路上冒出来的猪肉一口吞下。这个时候，猎人们会赶紧拽住系着钓钩的绳，而那些"水中猛兽"不管如何挣扎都会被拖到河边。只有这样，阿蒙涅姆赫特一世才能如愿地"将鳄鱼当成战利品带回家"，带给人们观赏。

在独立统治了底比斯二十年后，阿蒙涅姆赫特一世听从他人劝告，和大儿子辛努塞尔特一起开启了一段联合执政时期。身为一名王子，辛努塞尔特十分优秀，他"帮助父亲创造了更辉煌的政治业绩；他英勇无畏，如神明一般；他实行宽仁的方针，没有谁比他更懂得如何治理国家。在他开启执政生涯之后，埃及的发展可谓蒸蒸日上"。他拥有十足的勇气，能征善战。阿蒙涅姆赫特一世尚未离世，他便和佩蒂人、萨克蒂人交过手，并且表现卓越。在继承王位后，他又和喀什部落打了一仗，因为喀什部落侵袭了埃及边境。喀什部落生活在埃塞俄比亚，过去毫无实力，对埃及来说并无威胁，不过随着其实力的增强，他们日渐成为埃及邻国中的危险分子。辛努塞尔特不但率兵亲征，还任命阿玛尼为军队将领。在这场征战中，阿玛尼带着400人轻松战胜喀什部落，斩获了喀什人的"黄金宝藏"；这些宝藏，以及3000头牛，都被他献给了辛努塞尔特。

在古埃及历史上，辛努塞尔特一世是位举足轻重的人物，这一定程度上是因为他在执政期间不但大兴土木，而且创造了许多雕塑作品。在底比斯、阿拜多斯（Abydos）、黑里欧波里斯、法尤姆和三角洲平原上，辛努塞尔特一世时期的建筑随处可见。底比斯有著名的阿蒙神庙，其内殿极为隐秘，一度成为人们的避难所，并因此被后世之人誉为圣地。后来，图特摩斯三世对阿蒙神庙进行了重建，扩大了其建筑规模，不过他并没有改变这座建筑的原有结构，依然保留了辛努塞尔特一世时期的建筑风格，不过用花岗岩代替了石灰岩。辛努塞尔特一世在阿拜多斯，以及位于中部地区的一些城市里也建造了神庙，神庙里随处可见石碑、碑文，以及大型雕塑。辛努塞尔特一世为自己营造的雕像坐落在坦尼斯，表现的是端坐宝座时的姿态。为了祭奠太阳神阿蒙、卜塔，以及神明蒙图，他在法尤姆建造了一座 41 英尺高的方尖碑。如今，我们可以在贝奇格地区的阿拉伯村落中看到一系列这样的建筑。无论是西奈半岛上的马哥哈拉绿洲，还是努比亚海法绿洲里的第二瀑布，辛努塞尔特一世时期的建筑比比皆是。在这一时期的所有建筑中，最杰出、最精美的莫过于太阳神庙，它静静地坐落在黑里欧波里斯。他在执政的第 3 年建造了一座堪称完美的纪念碑：一只直入云霄的手指；这座纪念碑朝东而建，仿佛是在问候那些即将踏足埃及的行者。

在太阳神庙动工之前，辛努塞尔特一世、枢密院、顾问团达成一致意见，制定了一条法规："法老陛下计划兴建这一工程，监管者应该按各方要求落到实处；每位工程人员都必须尽心尽力；不得让劳动者承担超负荷的工作；确保工程在计划时间内完工。希望我们热爱的土地变得更加美丽。"在写下这段话之后，辛努塞尔特一世站起身来，戴上了皇冠，拿起了两支笔。其他人紧接着站起身。在宣读完毕之后，抄写员将测量线拉开，在修建神庙的地方放上了基石。就这样，一座雄伟壮丽的建筑得以问世。它虽然盛极一时，但最后还是被冷漠的时光遗忘了，被暴虐的征服者摧毁了，就像从来没有来过这个世界一样。不过，那座粉色花岗岩材质的锥形方尖碑却还高高矗立在马塔利亚（Matariyeh）的苍翠麦田上，呼吸着柔和的、慵懒的空气；纪念碑顶部原本镶嵌着金灿灿的黄金，而今已不知去向，尽管如此，它依然日日享受着灿烂骄阳与日暮霞光，陪伴它的还有一群群野生蜜蜂，它们在那些奇特的缝隙间悠然生活。

辛努塞尔特一世先是和父亲一起搭档执政十年，然后独立执政三十二年，之后，他又和儿子阿蒙涅姆赫特二世一起统治了国家三年。阿蒙涅姆赫特二世后来也走上了独立执政的道路，不过政绩并不突出，虽然执政时间着实挺长。我们不用过多谈论阿蒙涅姆赫特二世，只需要知道，依照前朝的做法，他后来也把儿子带上了朝堂，并将王位传了下去；他的儿子就是辛努塞尔特二世。辛努塞尔特二世在位时，发生过一件十分有意思的事情。当朝的一位高官遇到了一个从亚洲闪米特地区远道而来的部落，或者说家族。他们希望能在埃及这片丰裕之地上开启新生活，并能受到辛努塞尔特二世的保护。为了表达对辛努塞尔特二世的敬意，在进行移民申请时，阿穆部落全部的三十七个人——有男有女，有老有少——都来到了坐落在埃及东部边境一带的高官府邸。阿穆家族的男人穿着颜色不一的长袍，以及日常的便鞋。那种鞋迥异于埃及人穿的鞋，是用许多绳子穿插起来编织成的；手臂上画有各种图案，譬如饰品、箭头、长矛、梅花，等等。一位男子手里拿着拨片，娴熟地拨弄着七弦琴。女性有四位，用发带扎着头发，长裙盖过了膝盖，脚链坠在脚踝处，而脚则是光着的。一个手持长矛的男孩站在一旁，他身前的那头驴驮着一个箩筐，里面坐着两个更小的孩子。"七弦琴"前面还有一头驴，驮着长矛、盾牌、箩筐等物品。那位高官的名字是科赫纳姆霍特普，他带着一帮随从和阿穆部落见了面。随从手里拿着官员的鞋子，以及别的一些东西；另外，科赫纳姆霍特普身后还跟着三条狗。抄写员奈夫尔霍特普（Nefer-hotep）将一张摊开的莎草纸摆到科赫纳姆霍特普面前："法老辛努塞尔特·沙－科普－拉（Usurtasen Sha－khepr－ra）在位第 6 年，科赫纳姆霍特普呈交职务"清单"：皮提舒国（Pit－shu）阿穆部落 37 人进贡该国矿产金属锑。"金属锑是化合物，可用作眼影之类的化妆品，能让眼睛看起来更漂亮。除此之外，身为卡哈克（Khak）[1]的阿布沙（Abusha）进贡了一头强壮的野山羊，相同品种的山羊常见于西奈山区。阿布沙的衣服十分华丽，并带着流苏；他还在脖子上系了一条随风飘扬的丝带。在历史学家们看来，这和雅各部落（以色列人的先祖）移民埃及的典型事件很类似，而这样的场景常常出现在移民史的演绎中。不过，阿布沙部落的移民时间早于雅各部落，不过移民人数只有希伯来移民的 1/2，成员的姓名也与众不同。现代人大多认为，这些资料只能对历史进行说明，而不能作为某种证据。

　　辛努塞尔特二世统治国家十九载，继任者是其侄子，而非儿子；第三位辛努塞尔特就此诞生。辛努塞尔特三世擅长行军打仗，为埃及带来了更多领土，也为埃及人带来了更强的荣誉感，这一点也是前朝法老望尘莫及的。在其登基后第 8 年的 5 月，他在象岛开启了新的征程，一路向南；无异于沃尔斯利勋爵[2]，他的目的非常明确：永远占有"库施（Cush）这片悲苦之地"；后世人在象岛上发现了石刻碑文，上面的内容证实了上述观点。在他的率领下，远征军勇往直前，只用了一年时间便建起了两座关隘，分别矗立于尼罗河两岸。辛努塞尔特三世在关隘建起了石柱，在石柱上刻

---

[1] 即部落酋长。——译者注

[2] 1833－1913 年，英裔爱尔兰军官，英国最具影响力、最受尊敬的将军之一。——译者注

下了碑文，禁止南边的黑人部落进入北方边境，除了进行家畜交易，例如牛、山羊、驴等的贩卖之外。我们现在仍然可以在尼罗河流域内第二瀑布上游一带见到这两座关隘，一处是库迈赫（Koommeh），另一处是赛穆奈赫（Semneh）。这两座建筑相当庞大，建筑材料是花岗岩与砂岩，分别矗立在河道两岸的立壁之上。从此时，也就是当政的第 8 年开始，直到他在位的第 16 年，辛努塞尔特三世一直征战于红海与尼罗河之间。无数平民被杀害，庄稼被毁、女人被劫持，孩子被抢走，这就是辛努塞尔特三世军队的所作所为；我们不禁联想到后来的贝克与戈登，他们对阿拉伯商人赶尽杀绝。在标榜辛努塞尔特三世之功绩的石柱上，上述的野蛮行径赫然在列。他在位的第 19 年，以攻占喀什（Kashi）的战争打响，这也是辛努塞尔特三世最后一次亲自出战，最后，他在阿拜多斯（Abydos）功成身退。

辛努塞尔特三世之所以要发起这场战争是为了将南部边境向外扩张150 英里，实际上，扩张的区域位于第一瀑布与第二瀑布上游之间。在执政期间，辛努塞尔特三世划定了埃及－埃塞俄比亚边境线，而这条边境线和英政府在1885 年所划定的埃及－苏丹边境线没什么实质区别。通常来说，人们在规划边境线的时候都会参考河川的走势，可是埃及－埃塞俄比亚边境线却不是这样，它处于喀土穆和阿斯旺（塞伊尼）之间，大概是因为这个地理位置更醒目一些。赫赫战功为辛努塞尔特三世勾勒出了一个光辉形象，将他塑造成了古埃及英雄。很多传说都与其姓名有关，例如埃及诗人们常常提及的充满文艺气息的斯特里斯（Sesostris）传说。在传说中，辛努塞尔特三世是个八尺巨人，不仅征服了埃塞俄比亚，还远征欧亚。还有人说，无论是在巴勒斯坦还是在小亚细亚（Asia Minor），不管是在赛西（Scythia）还是在色雷斯（Thrace）都能看到为了纪念他而修建的石柱。辛努塞尔特三世建造了科尔基斯（Colchis），也就是那座被誉为"金羊毛的城市"的殖民地；在埃及境内广开运河；是几何学的发明者；并为自己打造了一座高达 50 余英尺的巨大人像。他堪称继欧西里斯之后最卓越的古埃及统治者。

传说多半都不真实，不过从中我们依然可以洞察到一个真相：在辛努塞尔特时代，古埃及的军事建设已登峰造极。

06　阿蒙涅姆赫特是一个好人

对于埃及来说，尼罗河既是生命之源，又是幸福源泉，同时还是最危险的地方。年复一年，基本上每到同一天，尼罗河的水位就会开始持续且匀速上涨；数月之后，两岸土地陆续沉入河中；河水退去之后，淤泥被留下，厚厚地覆盖在原有土地上，从而形成了一层新的沃土；如此一来，埃及得以拥有一种无限的土地资源。自然界的策略堪称无懈可击，在前后五千年的时间里，尼罗河之水的涨落规律从来没有出现过变化。虽然这看似恒定不变的伟大规律是如此令人难以置信，不过我们并不能就此认为它是绝对不变的。举例来讲，在 2 世纪或 3 世纪的时候，阿比西尼亚[1]曾连续下了好几个月的大雨，导致青尼罗河[2]与阿特巴拉河的河水不断涌入混沌不堪的白尼罗河。在埃及人看来，母亲河已经发出了危险信号。水势越来越猛，水位越来越高，到了最后，就连沿岸的高山都"沉"入了水中。灾难降临了，河水冲毁了农场与建筑，卷走了大量耕牛等牲畜，并开始威胁人类的生命。

---

[1] 位于非洲东部，是埃塞俄比亚联邦民主共和国，也就是埃塞俄比亚帝国的前身。——译者注

[2] 尼罗河有两大源流，一条是青尼罗河，另一条为白尼罗河。——译者注

为了守护家园，人们在城镇与村庄外筑起了防洪坝；一部分人无奈地坐上了船逃往沙漠，可沙漠并不是适宜生存的地方，只能为屈指可数的几个部落提供生存机会。在洪水退去之前，人们不得不忍饥挨饿；在水位恢复正常之后，人们回到了居住地，满眼所见尽是被冲毁的房屋、被淹死的牲畜，以及被冲散的各种物品。无奈之下，人们选择投靠那些有钱人，因为他们的仓库并没有被摧毁，且仓库里储存着粮食。这样的灾难并不常见，虽是偶然，但影响巨大。

当然，灾难有时候会以另一种极端状态出现。历史上的某一年，阿比西尼亚的降水量远远低于往年，这也极大地影响了尼罗河的涨潮时间。人们百感交集，目光终日不离毫无生气的尼罗河，随时查看着"尼罗河之水位计"，那是法老与王子们在尼罗河沿岸修建的可以检测水位的设施。因为上游传来的消息时好时坏，所以下游居民们的心情时喜时忧。每一次水位上涨都夹杂着反转的可能，撩拨着埃及人脆弱又痛苦的神经。"已经过去了 100 天"，往年的这个时候，尼罗河早已度过了涨潮期，并开始慢慢退潮。希望破灭了，随之而来的是绝望。河水只能滋润到近岸的土地，而烈日则将远岸的土地变作了焦土。人们遭遇了饥荒，如果不赶紧进口粮食，或开仓放粮，那么必将有许多人死于饥饿。对于这种悲剧，我们并不陌生。爆发于伊斯兰教纪元 457 年，也就是 1064 年的一场饥荒足足持续了七年之久，人们不得不以猫、狗，甚至同类为食。哈里发（Caliph）部落最后只剩下了三匹马，其他马自然都饿死了；部落成员无奈只能迁徙至叙利亚。阿布戴尔拉蒂夫曾亲身经历过一场饥荒，那是 1199 年的事情，当时的情况无异于上述描述。

有证据表明，在第十二王朝时期，无论是阿比西尼亚，还是上埃及，气候都出现过异常，尤其是上埃及，气候反常的情况实为常见。一位生活在第十二王朝末期的官员留下了这样一段墓志铭："我在任上虽然遭遇过饥荒，却没有遭遇过饥饿与贫穷。我用马哈（Mah）南北两侧的土地供养着当地的人们，没有让他们为饥饿所困。无论是谁，我都平等以待。"伯奇博士还看到："埃及有时候会闹饥荒，在第十二王朝时期，这是重要的国事。统治阶层十分重视这种事，而且王公贵族们还会将其记录在案。从阿拜多斯的墓志铭中可以看到，那时候已经有了专门管理公共粮仓的官员，毫无疑问，他们的任务就是应对危机。"

大自然的无常与悲惨的遭遇深深地触动了"好心人阿蒙涅姆赫特"，他开始思考，开始创造一种防患于未然的系统。世上所有国度皆有可能遭遇干旱，所以重中之重是将自然水源充分利用起来。大自然从来都不是吝啬的，她赐予人类的远远多于向人类索取的，然而，无知且冷漠的人类却不懂得珍惜。只要能将自然资源细致地、充分地、有效率地利用起来，就能满足人类的所有需求。阳光通常很难照射到那些源自高山或高地的水源，基于此，人类便铺设了可引水的地下管道，并通过不断延伸管道来灌溉尽可能多的土地，直到让管道的最后一滴水浸入农田。这个灌溉系统是波斯地区的暗渠系统。在另一些地方，人们会通过各种方式存储春雨，而不会让充沛的雨水随波逐流，归入大海。这就意味着，他们要修建规模巨大的水库，如果自然条件允许的话，也可以利用天然的"蓄水装置"。举例来说，在英格兰北部的很多地方，人们为了推动生产，以及发展制造业，在谷底中间建起了大型堤坝，如此便可以储存好几百万加仑的水资源。又例如，在河水泛滥的时候将水引入附近的盆地，然后在干旱的时候从盆地里取水。

尼罗河河谷是埃及仅有的一座山谷，而尼罗河也是它四周仅有的一条河流。不管是在高地还是低地，尼罗河的水都从来没有停歇过。或许那时候的埃及人早已参透了建造大工程的技术，所以有能力在席勒席里斯一带或戈伯伦附近的山谷内横亘一道"栅栏",把上埃及演变为一座连年水量充沛的水库,也让下埃及获得了极为丰富的水资源,并有效解决枯水期问题。然而,这样的工程无论在规模上还是难度上都是巨大的,而且要舍弃好几百平方英里的良田,还需要众多居民搬迁出去,因为那片沃土将永远沉入那座巨大的水库。除此之外,正如埃及人所想的那样,大坝不一定百分百安全,要是决堤的话,下埃及必定会遭殃。阿蒙涅姆赫特一世没有轻举妄动,他打算将水库建在一处洼地,最好是在尼罗河西面的利比亚山区内。如他所愿,人们在孟菲斯以南发现了一处洼地,纬度与上述地区只相差1°左右。这个洼地大小刚好,大概有50英里长,30英里宽,600~700平方英里大;在它与尼罗河之间矗隔着一道约200英尺高看起来十分狭窄的山脊,山脊延伸出了一道峡谷,自东南延伸至西北,而后伸入了洼地。如果能沿着这座峡谷开凿出一条水渠,那么就能让尼罗河之水在处于高位或泛滥时直接流向洼地。这也就是说,想要实现上述目标,只需在峡谷里建造一条水渠。这项工程并不复杂,但同样可以达到想要的效果——让尼罗河之水在处于高位或泛滥时流进洼地。阿蒙涅姆赫特付诸了实践。他选择从尼罗河与其西部支流的汇合处开始开凿,水渠贯穿了整个峡谷,直接与埃尔拉候恩(El-Lahoun)相连,这便是我们现在所看到的巴哈尔尤瑟夫[1](Bahryousuf);其中一部分河段更是深入了地下岩石层。水闸与防洪门的作用是在水位过高时进行引流,这样一来既可以蓄水,又可以排洪;当水源短缺时,可以将水库中的水释放出来,让河水回到河道中,渗入洼地附近的田地。

---

[1] 一条运河,位于法尤姆,与尼罗河相连,对法尤姆的发展影响深远。——译者注

推测出这座水库位置的是一名法国研究者，他还对水库的大小做出了估计。他的结论之前得到了公认，不过现在却被找到了破绽，所以事情还有待考证。在路易·莫里斯·阿道夫·利南特·贝莱丰德 Louis Maurice Adolphe Linant de Bellefonds) [1] (看来，阿蒙姆赫特水库所占据的并不是一整片洼地，而只是处在东南角上；水库的南北距离为 14 英里，东西距离不少于 6 英里，同时不多于 11 英里。所以，他继而提出，这座水库的西面与北面分别筑有一道很长的人工堤坝，总面积为 405 平方千米。科普怀特·豪斯先生则表示，洼地在被流入的河水灌满之后，相对高的地方仍处于水平面之上，看上去就像一个垂直高度在 150 英里到 200 英尺之间的小岛；而在水面之下，某些区域则深达 300 英尺；人工湖沿途距离在 300 英里到 500 英里之间。这场争论只能等待科考人员来终结了，希望生活在现代的学生们能对阿蒙涅姆赫特一世的这个杰作有深入的认识。然而，不管与"摩里斯湖"（Lake Moerls）[2] 有关的事实到底是什么，不管这座大水库叫什么名字，不可否认的是，它是尼罗河流域留给人类的一个谜题。希罗多德还为我们提供了另一个与水库有关的传奇故事：在摩里斯湖上游 300 英里的地方，建有一座迷宫，以及两座金字塔造型的雕塑。它们将是我们即将谈论的话题。

不管阿蒙涅姆赫特一世修建的这座水库到底有多大，我们都不得不承认，建设这样一个水利工程是利在千秋的好事。就算水库规模确实只有

---

[1] 埃及探险家、工程师，曾参与建造苏伊士运河。——译者注

[2] 它又被称为卡龙湖，是一个历史悠久的淡水湖，位于埃及法尤姆绿洲的西北部，如今已变成了咸水湖。——译者注

路易·莫里斯·阿道夫·利南特·贝莱丰德先生所说的那么大，其水量也足够法尤姆的西部地区与北部地区的田地使用一年，并有余量可在半年内支持整个尼罗河西岸：以贝尼苏埃夫（Beni-souef）[1] 为起点，克诺珀斯（Canopus）[2] 河口为终点。这样，在干旱的季节里也可以为大多数埃及人提供可贵的水资源。假如水库的实际规模比路易·莫里斯·阿道夫·利南特·贝莱丰德先生所说的更大，那么就更有利于解决干旱的问题了。

阿蒙涅姆赫特一世是一位勤奋的统治者，除了积极推动农业生产、积极防灾减灾之外，他还做了更多其他的惠民工作，例如为人们提供大量的工作，而且这些工作都是安稳的劳动，并非残酷的劳役。在法尤姆，我们可以看到一座当时的新型建筑，确切地说是水库的配套设施；它在后来的金字塔建造者们眼中是世上最宏伟的建筑，备受推崇。"我亲眼看见过它，"希罗多德如是说，"在我看来，现实中的它更卓越。虽然在以弗所（Ephesus）[3]、萨摩斯（Samos）[4] 等地的神庙内都可以看到举世罕见的建筑，不过就所花费的人力与财力而言，这座'迷宫'显然超越了希腊的任何一座城墙和任何一座建筑。要知道，很多卓越的希腊建筑都毫不逊色于金字塔。'迷宫'里有 12 座院子，每一座院子都有屋顶，一扇门对一扇门，北向 6 扇，南向 6 扇；墙只有一面，但房间却有 3000 个——地上 1500 间，

---

[1] 上埃及的省级行政区域，地处尼罗河流域大开罗地区的南部。——译者注

[2] 古埃及港口城市，地处尼罗河三角洲地区。——译者注

[3] 阿尔忒弥斯神庙所在地，古希腊小亚细亚西岸贸易城市，古希腊时期爱奥尼亚联盟城市之一。——译者注

[4] 毕达哥利翁和赫拉神庙所在地，希腊爱琴海东部岛屿，古希腊爱奥尼亚文化中心。——译者注

地下 1500 间，上下相对。我游览了地上部分，因此我所说的都源自亲身经历。至于地下部分，因为被看守者拒绝，所以我也只能从新闻里获取一些信息，听说建造者的石棺就存放在这里，陪伴他的是被视为圣物的鳄鱼。依我之见，这座'迷宫'举世无双：连接房间的走廊也好，穿过院子的小路也罢，都让我百般好奇。院子连着房间，房间连着廊道，廊道那头是另一个房间，那房间又连着另一个院子。墙壁与房顶都是石制的，墙上雕刻着五花八门的图案，所有院子都被一条白石柱廊围绕着，二者相得益彰。在'迷宫'的一个角落里，可以看到一座金字塔，大概有 40 英尺高，表面有大幅石刻图案，其内还隐藏着一条通道。"

佩林、列普修斯等人曾经对这座金字塔进行过研究，希望能了解建造者的目的。这是一座 300 英尺宽，185 英尺左右高的金字塔，建筑材料除了石砖之外，还混合有许多稻草，外壳是白色硅质石灰岩。这座大型建筑最开始或许是"神圣鳄鱼"的墓地，然后慢慢演变为了鳄鱼的"住宅"。金字塔上刻着阿蒙涅姆赫特一世的本名"praenomen"，他是这座建筑的始建者，但不是唯一的建设者。对于前来埃及游览参观的外国人来说，那些错综复杂、无以计数的院子看上去就像"迷宫"一样，所以它便有了"迷宫"这个名字，不过建造者一开始或许并没有这样的想法。

依照传统，阿蒙涅姆赫特一世加冕时所获得的尊号是"兰玛特"，意思是"公正的太阳"或"正义的太阳"，说明他想做一位充满正义感的统治者。不过，希腊人常常叫他摩里斯（Moeris），意为"被爱着的"。在他逝世后，底比斯人的第一段统治时期戛然而止，天空渐渐被阴霾笼罩，埃及大地即将陷入黑暗。不过，在黑暗降临之前，埃及社会已经有了很大发展，总的来说充满了和平与进步的气息。无论是商业还是艺术，不管是宗教还是农业，在当时都备受重视。埃及政府不主张对外扩张，其他国家也没有得寸进尺。

大多数外国人对埃及的了解都仅限于那是一个富饶的、有序的、安宁的国家。正因如此，一些弱小的国家才会坚定地认为，在大难来临时可以帮助自己的只有埃及。

07　亚伯拉罕与埃及

　　与此同时，迦南（Canaan）正在经历饥荒大挑战。因为这场饥荒非比寻常，所以亚伯拉罕（Abraham）只好暂时移居埃及。"摩西五经（Pentateuch）"的作者用简洁的语言描绘出了一幅幅奇妙的画面，在人类的发展进程中，能与之比肩的作品屈指可数。"信心之父"亚伯拉罕来自偏远的"迦勒底的乌尔"（Ur of Chaldees），信奉一神论；他见证了巴比伦的辉煌文明，也经历过巴比伦的黑暗独裁；他离开了故土，来到了叙利亚，过上了游牧民族的生活；他选择了简朴的习俗、完全不同的文明，以及另一种国家制度。尼罗河河谷是他的目的地，他与那里的人们融为一体，并渐渐习惯了那里的生活。他跟随自己的心，由乌尔（Ur）[1]出发，走过哈兰（Haran），走过大马士革，抵达迦南山区。他离开了生活已久的城市，开始追寻自由，踏上了梦寐以求的流浪旅途。他原本是部落酋长，曾拥有成群的牛羊，如今听从了心的召唤，足迹踏遍各个地方。迦南地区多丘陵，地势广阔，空气清新，漫山遍野的橡树林是一道独特的风景。迦南孕育了

---

　　[1] 世界上最早的城市，位于伊拉克穆盖伊尔，文明史可追溯至7500年前，并拥有6000余年的建筑史，同时也是亚伯拉罕的故乡。——译者注

亚伯拉罕及其后代；离开那里，实在是迫不得已。他与他的民族从来没有打算要穿过"南边的茫茫大漠"，去投靠那个丰衣足食的国度。可是，当雨水——古人唯一可利用的水资源——成了奢侈品，当巴勒斯坦高地被干旱、饥荒侵袭，他们不得不迈出那一步。那个丰衣足食的国度名叫埃及，在希伯来游牧民、好战的赫梯人[1]，以及腓尼基商人们看来，那是绝无仅有的避难所。在尼罗河的助力下，埃及人坐拥无数资源，这让其他民族羡慕不已。埃及的粮食储备工作做得十分到位，在紧急情况下，粮仓、谷仓里的存粮可以为法老、权贵们解决粮食问题。"公共粮库管事"是高级官方职务，工作职能是在发生饥荒的情况下迅速做出反应，为埃及国民，以及域外人士供应粮食，不过首先要保证的肯定是法老的食物供给。

　　亚伯拉罕洞察到迦南地区的"饥荒严重至极"，无奈之下只能离开。他从巴勒斯坦出发，穿越茫茫大漠，向埃及进发避难。除此之外，他别无选择。没有人知道，跟随他前往埃及的都是些什么人，我们只知道，数年之后，他一共拥有318名随从，而且有18人拥有武器，"他的屋子里诞生了训练有素的侍卫"。由此可见，在他的侄子洛特（Lot）与他分道扬镳之前，他的队伍里起码有1200人，而跟随他一起抵达埃及的人理应比这还多，当然其中有不少人是洛特的随从。在这种时刻，留下来的人只有死路一条。所以亚伯拉罕找来了很多大篷车，让妇女儿童都坐在车上，然后利用骆驼、驴等牲畜搬运必需品与食物。这让我们想起和他们同处一地，并已经移居埃及的阿布沙部落，尽管阿布沙部落的"移民"比他们少。穿越沙漠是无

---

　　[1] 赫梯帝国，位于小亚细亚地区，是一个奴隶制国家，存在时间为公元前17世纪至公元前12世纪。——译者注

比困难的事，各种消耗不可避免，特别是牲畜；待到七八天之后，水壶的水即将耗尽，骆驼因为饥饿与疲劳而举步维艰，就在这个时候，地平线的颜色变得深重起来，走得越近，颜色越深，就像镶嵌在细流苏上的钻石，熠熠生辉；他们忽然明白了，那是原野、花园、宫殿、方尖碑、尼罗河，以及肥沃的尼罗河河谷；他们欣喜若狂、又唱又跳，虔诚地感谢着神明，在神的保佑与指引下，他们成功穿越了可怕的大沙漠，抵达了那片丰裕之地。

然而这个时候，亚伯拉罕心中又生起了新的烦恼。他们在巴比伦受够了残暴的统治，而今不远千里奔袭到埃及。或许是因为想到了过去的苦日子，也可能是因为拥有理性的思维，他开始担心自己会不会才离狼窝又入虎穴。许多东方国度一直实行着一夫一妻制，早期埃及亦复如是，然而这个时代的统治者们却废止了这项制度，因为他们觉得这会影响"家庭生活"。在亚伯拉罕看来，这是一种危险的信号；他每朝埃及走近一步，心中的阴霾就会加重一些。"你的美貌，我能看到，"他告诉妻子萨拉（Sarah），"埃及人也能看到，他们一定会说'这是我的女人'，你不会死，但他们会要了我的命。"为了不丢性命，亚伯拉罕选择隐瞒他与萨拉之间的关系；他告诉法老，自己是萨拉的哥哥。实际上，他和萨拉确实是同父异母的兄妹，萨拉是其父亲第二任妻子的孩子。他祈求萨拉说："请你告诉他们，我是你哥哥，只有这样，你才能保我平安，保我性命。"萨拉沉默不语，但并没有表示反对，部落成员们也都默认了。

亚伯拉罕及其队伍来到了埃及边境附近。无论是阿布沙部落的经历，还是莎草纸上所记录的点滴历史，无不传递出这样的信息：埃及东部边境的防御措施十分严格，会对慕名而来的移民群体进行严格的检查，并及时向中央政府汇报情况。东部边境地区首席官员科赫纳姆霍特普，或者同等职位的其他官员会负责接待这些移民，并对他们进行一番盘问，而后让秘书写个报告，然后再让信使把报告送到首都，最后坐等法老的回复。在这段时间里，邻近地区的其他官员也会给法老递交报告。见过萨拉的大臣对她的姿色印象深刻，并在法老跟前大肆宣扬。萨拉被请进了皇宫。亚伯拉罕和他的部落受到了热烈的欢迎，以及优渥的待遇，而这全是"萨拉的功劳"。欧波莱姆斯（Eupolemus）认为，亚伯拉罕他们后来生活在被誉为圣城的黑里欧波里斯，那里既是埃及的宗教中心，又是文化中心。亚伯拉罕在那里度过了许多年安稳日子，并将算术、天文学等知识传授给了埃及人。《创世记》并没告诉我们亚伯拉罕住在哪里，不过简要地讲述了他的安康生活。"因为那个女人的关系，法老对亚伯拉罕很是优厚，亚伯拉罕得到了很多仆人，还有牛、羊、骆驼、公驴、母驴。"言辞之间无不透着"拜法老所赐"之意。在那个时代，作为法老的"大舅哥"得到如此多的礼物，其实并不是一件稀罕事，这和法老的经济实力十分吻合。亚伯拉罕成了有钱人，他拥有无数"金子、银子和牲畜"[1]。至于他做了多久的有钱人，是几个月，或是几年？我们在《圣经》里没有看到。萨拉离开了他，住进了皇宫；亚伯拉罕默不作声，因为那不是背叛。毫无疑问，他很满意现在所得到的一切。

可是没过多久，皇室就开始被疾病与死亡围绕。法老坚持认为，这是神明在惩罚自己，于是想尽各种办法寻找真相。神明为什么愤怒？按照约瑟夫斯（Josephus）[2]的说法，祭司找到了原因并告诉了法老：由于他将他人之妻据为己有，所以神明要施与惩罚；也有可能像其他观点所认为的那样，萨拉最后说出了原委。不管怎么说，人们看到了真相。法老马上改

---

[1] 引自《创世记》。——作者注

[2] 犹太历史学家、军人，著有《犹太战争史》与《上古犹太史》。——译者注

正了错误；萨拉虽然住在皇宫，却还不是法老[1]真正的女人。法老把亚伯拉罕叫到了宫中，十分生气地指责了亚伯拉罕，并指出了这种欺骗之举最终会导致的后果。最后，法老命令亚伯拉罕和萨拉赶紧离开埃及。此时此刻，饥荒之灾即将结束，而亚伯拉罕也不可能再继续生活在埃及了。不过，法老几乎没有对他们做出任何惩戒，只是"要求亚伯拉罕及其妻子从埃及离开"。

亚伯拉罕一度移居埃及的故事流传至今，或许会有人感到疑惑，为何这件事会发生在埃及历史上的这一时期呢？这个问题的答案是毋庸置疑的：基于年代顺序，以及与故事本身有关的细节等因素，大多数人都认为这件事应该发生于此时，当然，并不确定具体的王朝。卡农库克表示："在我看来，不可否认的是，亚伯拉罕移居埃及的时间不会早于第十一王朝中期，也不会晚于第十三王朝，基本上可以认定是第十二王朝早期。"关于这个观点，权威人士们表示支持。

希伯来人或闪米特人曾数次移居埃及，而这部分移民先前大多都生活在不怎么受欢迎的国度，在故土居无定所，所以才渴望移居别处安居乐业，并对富庶的尼罗河三角洲地区心向往之。如前文所述，阿穆部落跋涉到埃及，请求得到法老的保护；他们可能来自米甸（Midian），一共有 37 名成员，最年幼的孩童是被驴驮来的。这足以证明，埃及常常要面对来自东北部叙利亚，以及阿拉伯北部的移民。没过多久，生活在北方的游牧民族将南方视为"文明、智慧、丰裕的圣地"；而这些特质是他们的祖国——人口稠密，劳动力过剩——无法以和平方式得到的。亚伯拉罕也好，阿穆部落也罢，

---

[1] 引自《以斯帖记》。——作者注

对埃及而言绝不是最后一批移民。后来，移居埃及的闪米特人越来越多，导致尼罗河三角洲地区东部俨然成了亚洲人的聚居地。闪米特人逐渐统治了埃及，而埃及人开始信仰闪族神明；与此同时，闪族语言和埃及语言也多有交融。

08 被同化的征服者

埃及人谈不上骁勇善战，而且鲜少和外族打仗。不过曾儿何时，他们也觊觎过矿藏丰富的西奈半岛，并和名为"米纳"（Mena）或"门蒂"（Menti）的小岛居民发生过小冲突。此外，他们还和南方的一些部落、南方黑人、埃塞俄比亚人等发生过较大的冲突。比起那些尚未开化的外族，埃及人可以说拥有绝对优势。当然，埃及人既没有主动挑起过大规模战争，也没有被其他国家彻底踩在脚下过。埃及的邻国都不是人口众多的大国，生活在非洲北海岸的柏柏尔人也好，生活西奈半岛的游牧民族也罢，抑或是南方黑人部落及部落联盟——"生活艰辛的喀什人"，都不是埃及的对手。埃及由此能够全身心地，且和平地建设文化事业，而大多数国家最初都得为生存而战，以御敌为最大事业。

如今，情况变得很不一样。亚洲人挑起的战事已打破了世界格局，破坏了和平与稳定。阿舒尔（Asshur）[1]不得不离开希纳尔（Shinar）[2]，去

---

[1] 古亚述文化中的主神、战神，其祖父是《圣经》中的诺亚，父亲是闪族先祖"闪"；他是象征意义上的亚述帝国统治者及亚述军队守护者。——译者注

[2] 引自《圣经》，也就是美索不达米亚平原。——译者注

往别处生活，譬如北部地区，如此一来，其他民族自然会遭遇侵扰。埃兰（Elamitic）[1]人擅长作战，他们的君主们不止一次从波斯湾打到了叙利亚，以及巴勒斯坦。以萨拉、亚伯拉罕为核心的移民队伍从乌尔迁徙至哈兰，又从哈兰迁徙至希伯伦（Hebron）[2]，这足以说明那时候的国际形势很不稳定。随着实力的增强，赫梯人的扩张意识也越来越强；他们随时有可能踏足卡帕多西亚（Cappadocia）[3]山以外的地区。卡帕多西亚地处托罗斯（Taurus）与阿曼（Amanus）的山区底部，后来被赫梯人占领。面对赫梯人的逼近，上叙利亚的人口压力越来越大，他们不得不向南边迁徙。有证据显示，在第十二王朝建立之初，旨在开疆扩土的亚洲对埃及东北边境造成了极大的威胁，而且这种威胁与日俱增。亚洲人常常突破阿蒙涅姆赫特一世所设定的边界，有时候会很快离开，有时候则会定居下来；埃及东部的一部分绿洲也被亚洲人占领了，当然，那里的埃及原住民大多都十分欢迎亚洲移民的到来。

在被称为"大入侵时期"的历史阶段中，埃及被外族征服并统治；对于这一点，埃及历史学家曼涅托在其著作《埃及史》里做出了描述。如今，可为我们所用的参考资料主要来自约瑟夫斯的作品，他在书中记录了曼涅托，以及其他学者的言论。曼涅托认为："在法老提马亚斯当政时期，埃及被来自东边的蛮族侵犯。蛮族发起了突袭，并且几乎兵不

---

[1] 亚洲古国，是伊朗文明的发源地，拥有众多的森林资源与矿藏资源。——译者注

[2] 巴勒斯坦境内的古老城市，位于耶路撒冷的南边，是亚伯拉罕生活过的地方，既是犹太教圣城，又是伊斯兰教圣城。——译者注

[3] 小亚细亚东部的古国，曾由赫梯人统治，后在亚述人的建设下成为商贸中心，因此备受亚欧各国觊觎。——译者注

血刃地轻松拿下了这片丰裕之地。他们对埃及人痛下狠手，在这片土地上无恶不作。萨拉提斯被推选为新任统治者，并在孟菲斯落脚，享受着上埃及与下埃及的供奉。他建构了很多军事要地，增强了边境地区的防御体系，尤其是东部边境。在他看来，实力强劲的亚述人是他们最大的敌人。除此之外，他还重新建设了阿瓦利斯（Avaris）。阿瓦利斯是赛特洛特省境内的一座城市，地处尼罗河支流布巴斯蒂特河以东地区，地势陡峭；"阿瓦利斯"之名与古代神学文化密切相关。萨拉提斯不但为阿瓦利斯修建了高大坚固的城墙，还派了24万士兵常驻于此。一到夏季，萨拉提斯就会前往阿瓦利斯例行检查，看看军粮够不够吃，军饷够不够发，以及检验士兵们的操练情况。这样一来，外族自然会多加警惕，不会贸然行动。"

我们在曼涅托所提供的历代法老名单上并没有看到"萨拉提斯"这个名字，在那些纪念碑上也从来没有看到过，所以我们并不能断定埃及被外族统治的确切时间。然而，不可否认的是，这一历史阶段不会早于第十二王朝时期出现，也不会晚于第十八王朝时期出现。依照一定的特质，埃及人将入侵者称为萨蒂或门蒂，不过这些词汇都很模糊，不能为我们提供清晰的信息。大体上来看，入侵者的军队无异于阿提拉大帝（Attila）[1]的队伍，并不是由单一种族所构成的，而是"集合了阿拉伯地区与叙利亚地区的所有游牧民族"——这些民族携手共进，同仇敌忾。那个所谓的"敌人"

---

[1] 是古代生活于欧亚大陆上的匈人的领导者。欧洲人称他是"上帝的长鞭"。他曾经两度率兵攻占巴尔干半岛及君士坦丁堡，并在452年占领了西罗马帝国的首都拉文纳。——译者注

是物产丰富的一方宝地，没有人愿意放弃前往那里生活的机会。25万人——这是曼涅托给出的数据——蜂拥而至，势不可挡。危险随之而来，埃及人已经没有退路了。

这让我们不禁联想到：蛮族士兵像洪水般涌入罗马帝国的边境；成吉思汗带领着部落对喀什噶尔（Kashgar）、花剌子模（Khwarezm）发起了猛攻。因为实力悬殊，埃及不战而败。用曼涅托的话来说，整个过程几乎没有冲突发生，而这其实很容易理解：此时的埃及分属于好几个政权，其中有两三个位于尼罗河三角洲地区，另有一个位于底比斯，这意味着他们没有办法在短时间内集中兵力并做出抵抗。为了保命，普通民众纷纷躲到了城墙根下，可是这一切都毫无用处，因为那城墙并不是军事堡垒，不过是防洪堤而已。城池很快失守，入侵者屠杀了所有男性，掳走了妇女儿童；包括神庙遗址在内，所有建筑都付之一炬。所有入侵者，或者说征服者都深谙"偶像破坏"这一套。外族人对埃及神明厌恶至极，毕竟那是另一种宗教信仰。入侵者每到一处便会销毁与埃及文明有关的事物，无论是神庙遗址还是古代雕塑，就连狮身人面像也变得残缺不全，埃及的宗教遗存可以说毁于一旦。在这段时期，入侵者毁掉了所有。正如 M. 弗朗索瓦·雷诺曼（M.Francois Raynaumann）所提到的那样："通过研究纪念碑可以推断出，从埃及被入侵的第一天起，令人心悸的破坏活动就已上演。仅有的特例是，在遭遇入侵前，所有神庙都早已化作废墟，然而即便是废墟也遭遇了再一次的毁灭。"活在当下的我们并不知道，在如此漫长的历史进程中，埃及是怎么渡过难关的。我们只能推断出，那个蛮荒时代并没有留下任何有历史价值的事物来告诉后世人。

那么，希克索斯人（Hyksos）[1]是怎样征服这个盛极一时的文明古国，并将其带上颓败之路的呢？在第十五王朝和第十六王朝时期，埃及又一次遭遇劫难。辛努塞尔特王朝所造就的蓬勃历史戛然而止；辛努塞尔特的努力化为乌有。在经历了一次又一次的不幸后，埃及淡然地讲述起了自己的历史。

好在入侵者并没有在埃及境内四处施暴。希克索斯人扫荡了尼罗河三角洲地区、尼罗河河谷下游，还有法尤姆；不过，象岛、底比斯、阿拜多斯等地则幸免于难。虽然上述地区不得不举起白旗，接受希克索斯人的宗主统治，并按年度进贡，不过它们也都得到了独立权。在底比斯，修建于第十一王朝与第十二王朝时期的纪念碑被保存了下来。在下埃及，一些建筑保存完好，另一些受损轻微，究其原因，要么是不太引人注目，未被入侵者放在眼里；要么是规模太过庞大，入侵者不知如何下手。至于那些高大的金字塔，其外部基本上没有被破坏，然而其内部却被一扫而空；入侵者玷污了金字塔的神圣。在黑里欧波里斯，辛努塞尔特一世所修建的方尖碑屹立不倒。位于吉萨的古墓群——在考古学家眼中弥足珍贵——基本上也完好如初。法尤姆的"阿蒙涅姆赫特建筑"尚未土崩瓦解，但被损坏是在所难免的。在"大入侵时期"，埃及文明遭遇了暴击，当然这不等于被毁灭；在这一历史阶段过去之后，埃及迅速恢复了元气，再次发出万丈光芒，那光芒甚至比从前还闪亮。

希克索斯人的统治者同时也是其军队的指挥官。他一般有两个称谓——

---

[1] 埃及历史上首个外族政权。希克索斯人生活在迦南地区，后在阿瓦利斯创建了王朝。——译者注

萨拉提斯或塞伊斯。实际上，"塞伊斯"这一尊号更为人所接受。支持前一种观点的权威人士除了约瑟夫斯之外别无他人；而包括阿菲利加努斯（Africanus）[1]、尤西比乌斯（Eusebius）[2]、乔治·辛塞路斯（George Syncellus）[3] 等人在内的诸多学者都支持后一种观点，毕竟"塞伊斯"这个词曾经出现在纪念碑上。我们在"400 年丰碑"上看到了"苏特阿派赫蒂"这样一个名字，想来他也是埃及的一位法老，生活在中王国时期；有人认为这个词是希腊语中的人名"萨依提斯"的缩写。萨依提斯自称是下王国（下埃及）的统治者，并要求上王国（上埃及）低头成为附庸国。他在孟菲斯建了一座行宫，并进一步完善了部分军事重镇的防御系统，还加强了守备势力。

在所有的军事重镇中，最为关键的莫过于位于赛特洛特省境内的阿瓦利斯。阿瓦利斯地处尼罗河支流佩罗锡克（Pelusiac）河的东面；有人认为它就是贝鲁西亚，倘若不是的话，那么它或许毗邻贝鲁西亚。另外，负责扼守尼罗河三角洲地区的坦尼斯（Tanis）也是一座十分重要的城市，如今它被称为散（San）；塔尼提克（Tanitic）河穿城而过，而这条河流位于佩罗锡克东面，是尼罗河所有支流中的第二大河。另一座军事要地位于现在法尤姆米特法莱斯市附近。驻扎在孟菲斯的军队定然规模庞大，因为法

---

[1] 全名为普布利乌斯·科尔内利乌斯·西庇阿·阿非利加努斯（Publius comelius Scipio Africanus，公元前 236 －公元前 183 年），古罗马政治家、军事家，在历史上享有"大西庇阿"之称。——译者注

[2] 生活于 260 年－340 年，拜占庭历史学家，基督教历史学创始人，史称"教会史"之父，撰有《编年史》《基督教会史》《君士坦丁传》等著作。——译者注

[3] 拜占庭的神职人员，编年史学家。——译者注

老们一般都把政权建在孟菲斯这个地方。

希克索斯人的残暴统治到底持续了多久，我们还没有找到准确答案。很可惜，在这一点上，曼涅托的记载在经过转述后显得模棱两可；纪念碑等遗迹也没能为我们提供丝毫信息，而现代的学者们又各执己见，我们只知道这个历史阶段大概处于 2 世纪至 5 世纪之间。总的来说，评论家们皆表示这并不是一段很长的时期，谁也说不清曼涅托及其转述者为什么要刻意延长时间。希克索斯人所建立的王朝，在历史上有实质迹象可循的只有一个，一共只诞生了六位法老，统治时间前后不超过二百年。若是受到外族的长期统治，那么埃及就不太可能如此迅速地恢复自身的传统礼仪、宗教教义、艺术风格、政治制度，以及从前的专有名称。许多人都觉得，埃及的历史学家们对"大入侵时期"的描述有些夸大其词，他们大概是想以对比的方式来彰显新帝国的辉煌吧。

不过，就算曼涅托的转述者依照译文记录下了希克索斯人的统治情况，那也不一定就是公正公平的。在曼涅托笔下，无论是来自域外的民族，还是突如其来的战争，抑或是被侵略者的遭遇，都是如此耸人听闻，他给入侵者贴上了蛮横、残暴的标签，说他们有意要毁掉埃及，说他们不懂得珍惜文化艺术，说他们与文明进步为敌。然而，曼涅托似乎没有意识到，随着历史的发展，在血腥的对抗过去后，人们终究还是进入了一段和平时期，而当初的入侵者也进行了一系列合理的改革。希克索斯人的统治者掌控着，那里的人们沉默地接受了。在统治者的威慑下，上埃及低下了头，接受了属国的身份。此后，他们变得温柔了，或者说他们的民族特质被改变了。在不经意间，希克索斯人被埃及人同化了，他们穿起了埃及服饰，享有埃及的传统身份，说着埃及语言，修建着埃及风格的建筑，用埃及模式进行着写作和艺术创作。特别在坦尼斯，希克索斯人在自家法老的授意下修建着神庙，制作着雕像，而且这些作品在艺术特征方面无异于埃及人统治时期的作品。外族统治者的塑像在埃及这片土地上拔地而起，艺术家虽说是希克索斯人，却秉持了埃及人的雕塑风格，只有发型、神情、胡须等细节的表现方式和早期埃及的不尽相同。此时，在北方、坦尼斯、孟菲斯、南方，以及底比斯等地，统治者们常常相互派驻使者进行友好访问；大块大块的正长岩和花岗岩被尼罗河河水带到南方，在经过底比斯之后被希克索斯人的统治者收获，而后重新出现在了首都的建筑里。

希克索斯人还带来了他们的神明苏特（Sut），也被称作苏特科赫（Sutekh），指的是"太阳"。他们称苏特科赫是"天堂中最卓越的统治者"，其地位和太阳神不相上下。法老们通常都自诩为深受太阳神庇护之人。一开始，希克索斯人的守护神苏特科赫和埃及神明并无太大关系，所以他们才会如此野蛮地对待埃及境内的所有神庙，不仅将神庙洗劫一空，还将神庙彻底摧毁。随着毫无理智可言的侵略行为宣告结束，埃及渐渐恢复了平和，希克索斯人不但与埃及人相处得不错，其性格与统治方式也变得温柔了许多。日复一日，希克索斯人所信奉的苏特科赫和埃及文化中的赛特，渐渐表现出了一些共同之处。赛特在古埃及神话中的身份是"域外之人的守护神；他掳走了茫茫大漠中的生灵，就像沙尘暴摧毁了万顷良田一般"。他健壮、强大、有力，然而心有恶意；他象征着不道德，所以他虽是神，令人敬畏，却得不到埃及人的爱戴。然而，赛特却得到了希克索斯人的爱戴，并被视为苏特科赫的分身。希克索斯人在适应了新生活后，遵循埃及建筑的建造制式在中心城镇里修建起了苏特科赫神庙。当他们迎来自家第六位法老时，时间已经过去了一百五十年左右；那位法老名为阿波庇（Apepi），是历史上绝无仅有的、有章可循的、真实存在过的希克索斯人。直至今日，我们依然可以看到阿波庇所建造的数座纪念碑。此外，为了供奉苏特科赫，他还在首都索安（Zoan）营造了一座规模庞大的神庙，并建有方尖碑，以及狮身人面像等配套设施。资料显示，这座神庙里一共有14座方尖碑，不过它们并没有被建在入口处，而是被建在了院子里。狮身人面像也和其他狮身人面像不太一样，不仅多了一对翅膀，还被刻画上了雄狮的鬃毛；材质为闪长岩，上面篆刻有"阿波庇"之名。若是从城里去往神庙，走在路上老远便可以看到神庙外的狮身人面像。

在第五位统治者和第六位统治者阿波庇的和平治理下，底比斯的实力进一步增强，渐渐走上了复兴之路。这段时期前后，塔阿（Taa）家族手握南方政权，三位尊号为"拉赛肯恩"（Ra-Sekenen）的统治者先后在位执政。第三任统治者是被誉为"胜利者塔阿"（Taa the Victorious）的法老特肯（Taa-ken）。他和阿波庇生活在同一时期，他总是按时保量地向宗主国进献贡品，表现得很安分守己。不过，在阿波庇看来，特肯的实力越来越强了，倘若任其发展下去，恐怕要不了多久自己就会拿他没办法。于是，阿波庇决定先下手为强，开始频繁地派使者前往底比斯，并频繁地提出各种要求。第一个使者带去了阿波庇的第一个要求：除却底比斯的阿曼拉（Amen-Ra），特肯不得信奉埃及诸神。究其缘由，或许在阿波庇看来，阿曼拉和苏特科赫一脉相承。我们不知道特肯有没有接受，但我们知道，第二个使者又带去了别的要求；然后还有第三个。这一策略效果显著，最后他顺理成章地宣战了。他看起来是赢家，至少掌握了主动权；直到他离开人世，继任者坐上宝座，这场战争也没有结束。

在坊间传闻中，阿波庇将宰相之位授予了约瑟夫，并将埃及的管理权交给了他。在乔治·辛塞路斯看来，这样的说法迎合了大多数人的心理。毫无疑问，约瑟夫的出现和亚伯拉罕的出现一样，并非发生在旧王国时期。在约瑟夫所生活的年代，埃及人已开始利用战马和战车，货车与手推车，而我们之所以能知道这些，多少都与希克索斯人的侵占有关。事实上，身为外国人的约瑟夫理应成为他国的高官而非法老面前的重臣。此外，法老还恩赐了约瑟夫的同胞[1]。这样一来，我们就能解释得通了，同时也印证了"他们抵达埃及时正值希克索斯人当政"的说法。除此之外，如果不是因为祭司制度日渐式微，约瑟夫恐怕娶不到黑里欧波里斯大祭司之女。另外，授予约瑟夫管理权的法老并没有生活在底比斯，而是生活在下埃及。在希克索斯人执掌埃及的数个世纪中，中央政府一直设在底比斯。

假如约瑟夫真的是希克索斯王朝期间某位法老的重臣，那么我们就不得不去考虑他和阿波庇到底有没有关系。无异于约瑟夫的"主人"，阿波庇信奉一神论；身为法老，他已完全接受了埃及的文化；他建造了宏大且华丽的宫殿；他将和平时期延续至了王朝的最后一天；他把行宫建在了尼罗河三角洲地区，要么在坦尼斯，要么在阿瓦利斯（Auaris）；他敢作敢当、矢志不渝；他敢于革新，有时候会显得固执己见、独断专行。阿波庇到底是不是约瑟夫真正的"主人"，人们尚未找到可以信赖的历史依据，不过当今的大多数历史学家都认为，约瑟夫抵达埃及时，正值最后一位希克索斯法老在位。

---

[1] 请参阅《创世记》。——作者注

09　希克索斯人退场了

或许有人会感到疑惑：在赛特或塞伊斯的庇佑下，骁勇强悍的希克索斯人不费吹灰之力便将埃及据为己有，并以大屠杀的方式使得埃及人口锐减，既然如此，那么他们为何没有在两百多年的时间内让埃及彻底覆灭？实际上，善于打江山的民族通常都不善于守江山，这是不争的历史事实。例如，西亚地区的埃兰人、巴比伦人、亚述人、米底人、波斯人、希腊人，无不是快速上位的典范，而他们失败的原因也如出一辙——无论统治时期有多长，走上末路的根源就摆在眼前。无论哪个民族在开疆拓土之初都保有充沛的精力与战斗的激情，相较于被征服者，他们大多来自穷乡僻壤，而且言行简单粗暴。他们四处征战，为的是改善自身的生存条件；强大的对手、顽强的抵抗、艰苦且持久的对垒，都有助于他们保持自身能征善战的属性，如此一来，其统治时间便能维持数百年之久。也有可能，他们对战利品和现状仍感不满，并不停地寻找着新的目标，将战争视为生存常态，在这种情况下，其统治时间也不会太短。可是一般说来，入侵者的精力并不会永远强盛，被入侵者的抵抗也不会永远顽强。拥有先进文明的民族将用温和的方式同化那些来自穷乡僻壤的不怕苦累的人们；而被同化者在得到向往已久的奢侈生活的同时，终将因安时处顺而变得固步自封，渐渐失去自身的民族特性和生活方式。长时间驻守在关隘或军营中的士兵总是处在战备状态下，因而很好地保持着战斗力，然而要是一直没有爆发战争，其好战的特性便会随着时间的流逝而逐渐减弱，于是军纪日趋松散、军心日益涣散，士兵们不再熟悉武器，体力也越来越差，长此以往，好战的特性终将消逝，至此，一个世纪以前的入侵者彻底失去了让他们所向披靡的性格特质，变得和被征服者一模一样。到了这个时候，被征服者开始觉醒，开始反抗；他们曾经对入侵者畏惧至极，而现在心中却只剩下鄙视之意，毕竟他们在人数上占据了上风。在他们看来，倘若是一对一的战争，那么入侵者的实力显然在自己之下。所以他们最后挺身而出，并最终战胜了对手。

埃及的形势呈现出了两极分化的态势：生活在两地的埃及人表现迥异。在尼罗河三角洲地区、尼罗河河谷北部地区，以及法尤姆，埃及人数量锐减，被迫和入侵者同居一地，同时也备受蔑视与压迫。在上埃及，形势大不相同。生活在那里的埃及人选择了头衔，接受了希克索斯人的统治，并定时定量地进献贡品，以表示效忠之意，由此他们得以保留贵族阶层、政府、宗教、法律；他们与希克索斯人分地而居，所以没有遭遇剥削与折磨；他们并不认为选择进贡就是放弃自尊，所以他们的身心都保持着平衡。除此之外，为了维护自身利益，他们和生活在尼罗河上游，以及大沙漠中的部落进行着战斗，而这种战斗为他们带来了强悍且持久的战斗力。在这种情况下，希克索斯人开始日渐衰败。拉赛肯恩人是生活在底比斯的一个民族，他们称自己是"了不起的民族"，或者"伟大至极的民族"。很有可能，在最后一任希克索斯统治者在位时，他们在上埃及建立了新兴政权；他们吸取了希克索斯人的宝贵经验，采用战马和两轮战车作战，同时还对军队制度进行了改进。这是一个英勇好战的民族，所以也被称为"战斗民族"。

　　拉赛肯恩三世是他们历史上最厉害的统治者，其生活的年代和阿波庇大致相当，而且自诩为"强大的胜利者塔阿（Taa）"。他拥有一个足智多谋的顾问团，成员皆为"有权有势的酋长、军队统帅，以及杰出的领导者"。他的名字当时在民间如雷贯耳，而这自然会令阿波庇心生顾忌，即便身为封臣的拉赛肯恩三世从未做过违规之事。就《第一张萨利耶莎草纸》的内容看来，尽管拉赛肯恩向来循规蹈矩，不过阿波庇早就对他心生敌意。如果拉赛肯恩不答应阿波庇所提出的各种要求，不让阿波庇高兴的话，那么等待他的恐怕只有战争了。拉赛肯恩三世是第一个公然违抗阿波庇之命的属国国王；他与他的部下没有应战，而他们所表现出来的模样却令人哭笑不得——"哑然无语，意志消沉；面对信使，无言以对，无计可施"。拉赛肯恩三世是强悍的，战胜过利比亚人、黑人、喀什人，可是他依然不敢和可怕的希克索斯人对抗。早在两百年前，他们就已臣服于对方的强大威力之下。

　　不过，他最后不得不出来应战了。令人惋惜的是，我们没能找到任何与他率军作战有关的历史资料。尽管阿波庇早早便意识到必须将这个蠢蠢欲动的本土势力扼杀于摇篮中，可他终究未能如愿。实际上，他的行动慢了半拍。为了自保，拉赛肯恩三世不得不揭竿而起，以独立之名和势不可挡的宗主国决一死战。他的行为大大提升了这个小国的地位。他从埃及各地找来了援手，拉起了一支颇具规模的军队。一开始，他一心只想抵抗阿波庇的进攻，不承想渐渐占据了优势。希克索斯人兵临底比斯，拉赛肯恩三世趁机从后包抄；阿波庇的两位将领先后在两处调转矛头。因为形势越来越不利，战事越来越紧张，希克索斯人只好退至尼罗河河谷，返回大本营重新排兵布阵，但是这并没有用。他们屡战屡败，先后丢掉了法尤姆、孟菲斯和坦尼斯。

　　到了最后，唯有阿瓦利斯还未失守，那是希克索斯人当年初入埃及东部边境的时候所修建的大型军防营地。这里建有坚固的城墙及护城河；护城河中的水引自尼罗河支流佩罗锡克河。希克索斯人将全部兵力——据记载约有 24 万人——都集中到了阿瓦利斯，大有破釜沉舟之势。

　　直到拉赛肯恩三世离开人世，第十八王朝的首位统治者雅赫摩斯登上宝座，这样的对峙局面仍未结束。雅赫摩斯强势、勇敢、主动、精力无限、向往自由，是一位深受埃及人喜爱的君主。他刚登上王位便马上接手了国家独立的伟大事业，一门心思想要把希克索斯人赶出阿瓦利斯，赶出埃及。为了达到目的，他不仅组建了一支 50 万大军，还在尼罗河上建立起了一支舰队，而这支舰队为其日后作战贡献了非凡的力量。阿瓦利斯护城河在宽度上丝毫不亚于尼罗河的任何支流，堪称绝佳的防御屏障。此外，这座城还连接着一座面积颇大的环状礁湖。这意味着，在攻打这座城池的时候，陆战与水战都在所难免。雅赫摩斯亲自出马，站在战车上指挥着步兵。雅赫摩斯十分信任一位与自己同名的军官，两人常常如影随形；那位军官时而会坐在战车上与雅赫摩斯同进退，时而会出现在舰船上帮助雅赫摩斯指挥作战。不久之后，雅赫摩斯开始进攻阿瓦利斯；他命令舰队前往礁湖一带进行攻击，步兵的任务则是撕破其他位置的防线。经过几天的战斗，雅赫摩斯大军并没有直接迎来全面胜利，但是守军实在心有余而力不足，无奈地退回了叙利亚。那是他们当年出征埃及的起点。这个结果正合雅赫摩斯的心意，要是双方再僵持下去，他们迟早也会走投无路的，而困兽犹斗的结果必然是更大规模的伤亡。在雅赫摩斯大军的穷追猛打下，残余的希克索斯人毫无喘息的机会，只能不停逃亡，直到穿越沙漠，钻进巴勒斯坦的丘陵里。纵然如斯，雅赫摩斯仍然没有停下追赶的脚步，他打乱了希克索斯人的逃亡计划，将其残余势力拦截在了巴勒斯坦南部的沙鲁亨（Sharuhen）[1]，并将这座城团团围住，没有留下一个活口。

这场战争结束于雅赫摩斯执政后的第 6 年。那个曾经征服了埃及，并长期统治着下埃及和埃及中部的游牧民族败下阵来，并被赶出了埃及。他们不仅失去了尊严，更失去了东山再起的能力。在战斗与撤退的过程中，无以计数的希克索斯人丢了性命；还有无数人被擒获，在被押送回埃及后只能做奴隶。也有人提出，被擒获的希克索斯人数不胜数，是日后尼罗河三角洲东部地区的主要居民，并且在一定程度上改变了埃及人的民族特质。对于希克索斯人的后代，弗朗索瓦·雷诺曼的描述颇为形象："看起来与众不同，健壮的四肢，消瘦的长脸，严肃的神情。时至今日，他们仍然生活在曼扎拉湖（Lake Menzaleh）[2]湖畔。"

在对付希克索斯人的过程中，雅赫摩斯或许找到了一个盟友：一个欣欣向荣的北方邻国。这个国家的名字有很多，譬如喀什、库什，以及埃塞俄比亚。就面部特征与肌肤色泽而言，雅赫摩斯很可能迎娶了一位喀什公主。当然，那多半是政治联姻，而非爱情的归宿。埃及人喜欢肤白如雪的女子，而不太喜欢皮肤黝黑的女人，所以画画的人为了让女人们开心，一般会把她们画得白嫩一些。关于这一点，美貌白皙的萨拉（Sarah）就是最好的证明，虽然这个时候她已步入晚年。所以结合当时的政治环境，不难看出，底比斯统治者之所以要娶一位拥有棕色皮肤的喀什公主，多半是出于政治需要，例如获得增援。在过去，喀什与埃及也曾大打出手，虽然喀什人的确十分勇猛，不过人

---

[1] 以色列古城，位于内盖夫沙漠附近。——译者注

[2] 尼罗河三角洲地区面积最大的湖。——译者注

们常常称其为"可悲的喀什人",这个称呼无疑是对其尚武传统的鄙视。这样的绰号夹杂着敌意,而这样的敌意往往不属于弱者。随着历史的演进,喀什人越来越强悍,战斗力越来越强。他们在数百年的时间里一直是埃及人的坚强后盾;而后他们战胜了埃及人,统治了埃及一百多年。后来波斯人征服埃及,而他们抵抗到了最后。喀什公主被誉为"奈菲尔塔利－雅赫摩斯"(Nefertari-Aahmes),意为"雅赫摩斯的天赐良人"。几乎可以认定,赫摩斯的目的是获得一支精锐部队,士兵们是生活在现代苏丹附近的黑人,以及生活于阿比西尼亚高地的加拉斯人。这支由埃及人与喀什人所组成的南北联军不但战胜了希克索斯人,还在日后几次将亚述人赶出埃及。

10 混血王者图特摩斯一世

　　希克索斯人是被雅赫摩斯赶出埃及的，而雅赫摩斯的孙子正是图特摩斯一世；这也是为什么图特摩斯一世具有英勇无畏的军人气质。另外，他的血脉还融入了埃塞比亚血统，因为他的祖母"奈菲尔塔利－雅赫摩斯"是喀什人，也就是埃塞俄比亚人，这让他更智慧，也更有胆量。我们从他的外貌便可以看出这一切：鼻梁不高、鼻子扁平、嘴唇厚实。毫无疑问，相较于埃及血统，喀什血统在他身上留下的痕迹要重一些。他是阿蒙霍特普一世之子，而阿蒙霍特普一世一生表现平平。事情常常是这样的：在一个家族中，优秀的基因往往是隔代相传的，也就是说孙辈身上的优秀特质主要来源于祖父辈。图特摩斯一世第一次踏上沙场是为了抵御尼罗河上游国家的侵犯，虽然其祖父与父亲统治下的埃及屡战屡胜，不过这并不代表形势是和平稳定的。在第二瀑布上游地区，图特摩斯一世指挥步兵和舰队联合作战，实现了对努比亚与喀什的征服，从而将辛努塞尔特三世所设定的边界从地处北纬21°50′的赛穆奈赫（Semneh）推移至位于北纬19°的通布斯（Tombos）。战事愈演愈烈，他的气势也愈发不可抵挡：某次，"法老表现得比黑豹还凶猛"，弓如满月，箭如飞梭，精准地射在了努比亚军队将领的膝盖上。努比亚军队将领"在法老跟前倒地不起"，成了图特摩斯一世的俘虏，而努比亚士兵们则如鸟兽散。被俘的将领，以及一众战俘被押送到图特摩斯一世的舰船上倒吊起来，直到抵达皇宫才被放下来。在图特摩斯一世的军事生涯中，这场胜利堪称经典。"生活在努比亚的佩蒂人被碎尸万段，那片土地上到处都是残缺的尸体""尸臭从山谷里溢了出来"。努比亚人不得不投诚，为埃及奉上了一大片土地。从前的边境线在北纬22°附近，而新边境线则位于北纬19°一带。通不斯位于栋古拉（Dongola）[1]另外，埃及人选择在那里修建界碑，镌刻下碑文以纪念英勇的图特摩斯一世及其铸就的功勋。今天的我们依然能够看到这块界碑，不过碑文看上去有些夸大其词，和旧时代的官文很不一样。碑文昭告世人："无论是北方的王国，还是南方的王国，乃至全世界，都得向图特摩斯一世进贡；他统治着每一个蛮族人，甚至包括他们的头发；努比亚的佩蒂人已颓然倒地，并遭遇了江河逆流、洪灾暴发。图特摩斯一世堪比荷鲁斯，创建了永不覆灭的国家；世界各国皆臣服于他。"为了更好地管理"战利品"，图特摩斯一世设立了新的属国，并派驻心腹担任"库施王"一职，驻地为赛穆奈赫。

图特摩斯一世因成功而倍感兴奋，因征服而感到快慰，在凯旋路上，他又琢磨出了一个更加刺激，也更加壮阔的计划。对埃及来说，曾经蒙受的冤屈还没有得到抚慰，曾经遭受的耻辱还没有清洗干净；他们不曾主动冒犯过其他国，却被其他国肆意践踏，一座座城池轰然倒塌，一座座神庙付之一炬，一座座神像粉身碎骨，一个个孩童倒在血泊中；入侵者的马蹄声回响了好几百年；重赋与贡品将财富一点点耗尽；面对入侵者的铁骑，只好低下头颅——那些人难道不该遭到报应，受到惩罚吗？的确，现在埃

---

[1] 位于苏丹北部、尼罗河左岸的一座城市。——译者注

及人已东山再起，将敌人驱逐出境；敌人接受了这个结果，也再没有能力卷土重来。可是，一切就到此为止了吗？如果说正义是世间永恒的法则，那么是不是还应该做些什么？

Nec lex justior ulla est，Quam necis artifices arte perire su。[1]

为了埃及的荣光，这样想难道不合理吗？必须报复，必须让入侵者知道，将快乐建立在他人痛苦之上到底是何滋味；必须让入侵者知道，这些年来埃及人到底遭遇了何种痛苦、绝望、愤恨与羞辱；必须让入侵者受到严惩，必须让他们赎罪——不但要为过去的恶劣行径赎罪，更要为埃及人的伤痛赎罪。年少轻狂的图特摩斯一世的心中燃起了熊熊烈火。在平息了南方战乱后，他又赶赴北方，并谋划着如何利用自己强大的王权，以及那里丰富的自然资源。

谁也不知道，那时候的埃及人有多了解东北边境外的亚洲大陆的地理条件、人口情况，以及资源分布；更没有人说得清，倘若图特摩斯一世及其顾问们真的打算要远征亚洲，并深入其中心地带的话，那么他们到底能不能正确判断出亚洲的格局与形势，以及战争的获胜概率。不管怎么说，在探究图特摩斯一世所要承担的风险，以及获胜概率之前，我们应该站在现代人的立场上去了解一下那时候的西亚，只有这样才能说清楚图特摩斯一世开启扩张模式、缔造丰功伟绩的历史条件。

人类诞生于西亚，这是目前的主流观点。在遥远的过去，这里便是一块人口稠密的丰裕之地。君主制度或许就是在古巴比伦出现的，也就是在底格里斯河与幼发拉底河的交汇处。没过多久，埃兰这个新王国横空出世，一侧紧邻底格里斯河下游，另一侧倚靠扎格罗斯山脉（Zagros

---

[1] 意为"永远存在的公正法则只能做到这些吗？这符合情理吗？"——译者注

mountains）[1]。埃兰人野心勃勃，充满了征服欲。在公元前 2300 年前后，埃雷克（Erech）遭遇了库都尔－纳昆塔（Kudur-Nakhunta）的侵袭。在公元前 2000 年左右，基多－洛玛（Chedor-laomer）帝国得以建立；控制着自扎格罗斯山脉至地中海地区的广袤土地。很快，第三股势力——北方的赫梯人逐渐走到台前；大多数赫梯人生活于小亚细亚一带，不过也计划着西征美索不达米亚。在那个时候，聚居在上美索不达米亚、叙利亚、巴勒斯坦的都是些规模不大的部落，而且各自为政，一点也不团结，更不用说军事合作了。图特摩斯一世初为君王时，生活在叙利亚的是鲁特努部落，而生活在上美索不达米亚的是纳哈瑞部落和奈里部落。地处南方的埃兰与巴比伦发展得也不怎么好，除了本国土地之外，并无其他属国。实际上，他们彼此垂涎已经很久了，偶尔还会你争我夺一番，只是双方都没有办法得偿所愿。那时候的亚述还很弱小，但它已经获得了独立，其统治者生活在阿舒尔。公元前 1900 年前后，在巴比伦国王萨尔贡的严防死守下，赫梯人举步维艰，最终无奈撤退至北方关隘。如此一来，对于图特摩斯一世而言可谓形势大好，前程似锦。那些颇具实力的王国基本上不会随便介入图特摩斯一世的行动，他只要不踏足北方的托罗斯，以及不跨过东部的哈布尔河（幼发拉底河的最大支流），便不会遭到彼时"强国"的阻击。至于最糟糕的结果，大概是在毫无凝聚力的部落联盟中守株待兔，那些部落互有嫌隙，毫不团结，虽然作战勇猛，但无组织无纪律。然而，图特摩斯一世想要挑战的国家却实力强劲。无论是生活在巴勒斯坦的迦南人与非利士人，还是生活在西奈半岛及叙利亚茫茫大漠中的阿拉伯人；不管是生活在

---

[1] 伊朗境内最大的山脉，地处伊朗高原西南部。——译者注

上埃及与黎巴嫩的鲁特努人，还是生活在美索不达米亚的人，无不是抱有自由之心的猛士，他们应该不会轻易地向征服者低头。他们擅长驾驭战车与战马，而且战车数量令人叹为观止。埃及人驯养马匹的历史十分短暂，而且他们的战车兵团也是从亚洲人那里学来的。所以，我们有理由怀疑，初出茅庐的图特摩斯一世军团究竟能不能与久经沙场的亚洲战队对抗。

因为地形复杂，既有山区又有沙漠，所以想要进攻努比亚绝非易事。军队必须做好充足的准备，因为在抵达努比亚之前还要穿过"流浪荒野"埃尔基，那还有一片寸草不生的沙荒林；而后来到内盖夫（Negev）高地，那里一度田埂交错——可惜此时已经荒废，与沙漠无异，想要在这里获得一些水，恐怕只有先打上一口井；在这之后是深入巴勒斯坦的山谷，那里无路可走，唯有密林、丘陵与高山；沿着山谷向北挺进，一路上还将遭遇众多艰难险阻；相对轻松的路线只有一条，那就是穿过巴勒斯坦的科勒叙利亚山谷，前往黎巴嫩的安提俄克。不过，那座山谷左右两侧皆有村落，不易行军，而且狭窄的山谷间建有许多防御工事，可谓"一夫当关，万夫莫开"。除此之外，丽塔尼与奥龙特斯河（Orontes）[1] 也不易行军，因为此时尚未建桥，渡河则需要冒很大风险。沿着奥龙特斯河在山谷穿行，不但要翻山越岭，还要穿越一片白垩质沙漠，而后方能抵达幼发拉底河。想要过河，要么乘船，要么游泳。彼岸是哈兰，周遭蛮荒一片，那里亦是克拉苏 [2] 兵败殒命之处。

---

[1] 发源于黎巴嫩贝卡谷地，位于地中海东岸，流经叙利亚。——译者注

[2] 古罗马军事家、政治家，全名为马库斯·李锡尼·克拉苏（Marcus Licinius Crassus，约公元前 115 — 前 53 年）。——译者注

如前文所述，谁也不了解图特摩斯一世及其顾问团有多了解西亚的基本情况和地理条件。当然，在古代，各个国家之间的交流其实并不少，而且大国往往都有专门的"情报部门"。那些追求改变的商人、流浪汉、冒险家，以及专业的间谍们，或独自或结伴地从这里辗转到那里，把各地的信息带向了世界。不过，信息不一定无误。实地调查报告也好，城市与要塞的分布情况也罢，抑或是一张地图，都是不可能得到的，只能大概想象出对手的兵马情况。所以在那个时候，在不了解对手实力、不清楚阻碍与风险的情况下，军队将领们通常不会轻举妄动。

在登上宝座后的第 6 年或第 7 年，图特摩斯一世启程出征亚洲，随行者包括两位前朝老将——一位是"阿邦那的儿子雅赫摩斯"，另一位是"雅赫摩斯朋尼舍姆"——他们见证过上两任君王的荣光：他们曾经亲历过努比亚之战与埃塞俄比亚之战，可谓戎马一生，战功赫赫。雅赫摩斯自称曾因七立战功而被赐予勇士勋章；雅赫摩斯朋尼舍姆则宣称自己一共得到了三任统治者所恩赐的 29 件奖赏。他们在巴勒斯坦境内一路畅行无阻；不过在叙利亚境内遭遇了鲁特努人，大概因为战胜希克索斯人后信心倍增的缘故，他们完败鲁特努人。随后，他们渡过了幼发拉底河，向奈里挺进。在遭遇亚述人的第一次入侵时，奈里地区尚有 23 座城市，很多统治者，数不清的马匹、骡子，以及一支规模颇大的战车兵团。有传闻说，奈里人曾在某次战斗中动用 120 辆战车。不过，他们现在所拥有的战车并不太多，而且有两员大将——名字恰好都是阿默士（Ahmes）——各自私吞了一辆战车。我们不清楚双方有过几番交手，但毫无疑问，"法老抵达了纳哈利"（纳哈利就是奈里），"面对敌人的进攻，法老指挥有方，将对方杀了个片甲不留，大量战俘被擒并被处死"。这句话所说的或许是一场战斗，又或许是一连串战事。图特摩斯一世最终胜利归来，他征服鲁特努与奈里，带回的战利品与战俘无以计数。

远征努比亚与亚洲的辉煌战果让图特摩斯一世欣喜若狂，同时也进一步激发了他的野心和好胜心。在回到埃及之前，美索不达米亚之战即将结束，他开始着手对首都进行建设与美化。他扩建了底比斯的阿蒙神庙。这座神庙最初的建造者是阿蒙涅姆赫特一世，而其子辛努塞尔特一世则子承父业。神庙中间本就有一座小屋，辛努塞尔特一世又在那屋子前建了一座庭院；庭院四周建有回廊，长 240 英尺，宽 62 英尺，支柱为欧西里德柱（Osirid pillars）和一些方柱；庭院前面矗立着一座欧西里斯的塑像。尽管希克索斯统治者曾在坦尼斯营造过类似的建筑，不过辛努塞尔特一世所建造的才是真正意义上的史上首座回廊庭院，而这样的设计在之后得到了广泛应用。为了装饰神庙，图特摩斯一世在庭院主入口前方，修建了两座巨大的花岗岩方尖碑，高度均在 75 英尺；为了表达对埃及诸神的忠诚与敬畏，他还在碑上刻了歌功颂德的碑文。

除此之外，他还在孟菲斯修建了一座富丽堂皇的宫殿。这座宫殿被称为"阿凯普勒卡拉的栖身之处"，规模庞大，可惜后来被用作了粮仓。

历史学家们或许并不认为图特摩斯一世有多么了不起。尽管没有立下不世之功，但是他为埃及打下了更广阔的江山；他用努力换来了累累硕果；他为埃及近千年来超然物外般的历程画上了句号。

埃及被推上了历史舞台，拉开了开疆拓土的帷幕。在图特摩斯一世的统治下，埃及不再谨小慎微，胆小怕事，怀揣着勃勃野心远征亚洲。从此之后，西亚的局势因埃及的到来而改变。它排除万难，跻身强国之列；它谨慎地对待着强大的对手，对手也谨慎地对待着它；它俨然成了一个历史因素，被历史用来解释如下问题：世界将如何发展下去，以及能影响发展趋势的国家究竟是什么样的。

11　哈特谢普苏特女王和她的神奇船队

　　身为一位英勇无畏的法老，图特摩斯一世有一位女儿，名叫哈特谢普苏特（Hatshepsut）。我们在史料中看到，图特摩斯一世在晚年时将女儿推荐给了政府。根据碑文记载，他的女儿被赐封为拉玛卡（Ra-ma-ka），意为"南北女王"[1]。不过，直到图特摩斯一世去世之后，这位女王才正式登上王位。埃及一共诞生了两位女王，除她之外，还有尼托克丽斯（Nitocris）。在埃及社会中，女性的地位向来不低，这是埃及人的优良传统。男人们视她们为终身伴侣，而非奴隶，或者玩物；她们被允许自由进出公众场所，拥有自由行动权。据史料记载，在斯尼夫鲁（Snefem）[2]成为统治者之前，一位存在于传说中的法老规定：女性有权继承王位。在曼涅托所撰写的《埃及史》一书中只有一位女王，那就是生活于第六王朝时期的尼托克丽斯；在第十二王朝时期，身为阿蒙涅姆赫特四世之妻，沙巴克奈芙鲁拉（Sabak-nefru-ra）也参与过执政。哈特谢普苏特的身份刚好介于尼托克

---

　　[1]　埃及第六王朝时期的最后一位法老，执政时间只有两年，其统治的结束意味着中央政权的彻底瓦解，中王国时代随之而来。——译者注

　　[2]　埃及第四王朝时期的第一位法老。——译者注

丽斯与沙巴克奈芙鲁拉之间。除她之外，图特摩斯一世还有两个儿子。按照埃及的律法，其长子才是名正言顺的王位继承人，享有"图特摩斯－纳夫尔肖"这一尊号，史称"图特摩斯二世"。可惜的是，那个年轻人太过柔弱，完全不像他姐姐哈特谢普苏特那样有激情、有格局、有智慧、有胆识；当然，也没有他姐姐那么睚眦必报、不知廉耻。从两人的半身塑像上，我们可以很轻松地洞察出他们截然不同的性格特质：图特摩斯二世温和、谦卑、有礼，双目流转，上唇较短，嘴唇与下巴都很好看；哈特谢普苏特的长相与气质更接近亚马孙人：挺胸抬头，鹰钩鼻又直又挺，嘴角透露着倔强，下巴向前凸出，充满了自信与活力。她贴着假胡须，这类男性特征让她看上去更加霸气。另外，我们在她脸上还看到了坚毅与自豪。有观点认为，她与胞弟订了婚——这并没有违反埃及法律，在历朝历代的皇室婚姻中，这类情况并不鲜见。总而言之，不可否认的是，哈特谢普苏特大权独揽，控制着政府，是埃及的实质统治者；而图特摩斯二世手中再无实权。

身为一届女王，哈特谢普苏特一直渴望成为一位名载史册的建筑师。在卡纳克，她修建了许多附加建筑来衬托阿蒙神庙；在底比斯的哈布一地，她兴建了一座神庙，并在神庙里打造了大量的精美雕塑，而这是前朝神庙无法企及的。今天我们依然能看到部分哈特谢普苏特时代的遗址，它们在当今的建筑界中仍享有一席之地。辛努塞尔特一世执政时期的简陋房屋被她改造为复杂的、多样化的屋舍。至于修建于早些时候的桥塔、阁室、廊道，以及柱式房间等，还存在些许缺陷，究其原因，或许是建造者太想超越前人作品的缘故。这是一座十字形神庙，不过"十"字的左右两端长度不一。神庙门前有桥塔两座，规模不算大也不算小，高度在 24 英尺以下，斜边是普通制式，飞檐向前伸出，矗立在门道入口处。门道长 60 英尺，宽 30 英尺，通向内部的庭院。阁室尽头是门廊，长 30 英尺，宽 9 英尺，起支撑作用的是 4 根等距石柱。门廊尽头有一个简陋且狭长的小房间，长度在 25 英尺左右，宽度为 9 英尺，两端都连接着门道。小房间两端连接着类似于门廊的走廊，支撑柱为方形；小房间的屋顶是用石头砌成的，石块的长度在 9 英尺至 10 英尺之间。屋顶看上去摇摇欲坠，所以建造者又在缺少支撑的地方竖立了一些没有规律且不够整齐的八角形石柱。祭祀堂位于小房间之后，一共有 6 间。门廊左右两侧各有一间房间，从而构成了"十"字的左右两部分，不过长度并不一样。左侧房间接近正方形，长 15 英尺，宽 12 英尺；右侧房间呈长方形，长 27 英尺，宽 15 英尺，由两根立柱支撑；看起来建造者一开始就想这么设计。右侧房间为东北朝向；支撑门廊的是 3 根方形立柱及石礅。

哈特谢普苏特与其丈夫联合执政的日子并不长久，甚至有观点认为她谋害了亲夫，目的是彻底清除图特摩斯二世所造成的政治阻碍。当然，这一观点尚未得到证据支持，大概是某些人一时冲动凭空捏造的。不过，图特摩斯二世确实是英年早逝。在他去世之后，哈特谢普苏特决意要与他为敌，将他的名字从所有碑铭上抹去，转而刻上了自己的名字，或是图特摩斯一世之名。她终于可以摆出一副独揽大权、深得民心的统治者姿态了。她自诩为"荷鲁斯的化身、不世之才、皇冠的女主、冠绝当世、黄金般的荷鲁斯、皇冠女神、上下埃及的女主人、太阳之女、阿蒙之妻、不灭的灵魂、阿蒙之女、永驻心间的人"。她对自身性别颇为不满，希望人们视她为男性；她不但会穿男装，还会贴假胡须。她为自己营造了纪念碑，就像所有的法老那样。为了将自己与两位埃及主神区分开，她选择改名为"哈特谢普苏特赫努姆"。她常常像太阳神阿蒙一样打扮自己，戴着高大的羽毛出现在大庭广众之下。她称自己是"太阳的后裔""善良的神明""两地的主人""受阿蒙爱护的法老守护者"。我们常常在与她有关的碑文中看到某些不正规的措辞，例如男女称谓及形式的混用；自称"法老"而非"女王"。用来指代她的物主代词与人称代词大多为阴性词汇，但偶尔也会看到些奇怪的表述，例如"受阿蒙爱护的（阴性词汇）法老（阳性词汇）"，抑或是"陛下（阳性词汇）自己（阴性词汇）"。

在图特摩斯二世去世后，依照埃及法律，他的弟弟继承了王位，然而在此后的十六年间，哈特谢普苏特也一直在依照法律参与政事，而且她才是实际掌权者。她想出了一套堪称宏伟的对外商贸政策，并要求大小官员积极推行。在红海西岸的港湾里，一支拥有至少5艘商船的船队悄然诞生；所有商船都具有两种动力模式，既能通过人力划桨前行，又能扬帆乘风前进；这些船均可容纳六七十人，其中包括30位桨手，不管风力与风向如何，想要将船驶入海湾，都必须依靠桨手用船桨来操控。船员有10～12位，余下的全是士兵——他们的任务是让部落首领们明白商业贸易可以带来利益。

在官方使者的带领下，船队缓缓离开了底比斯。船上装满了礼物，那是用来"诱惑"那些蛮族首领的。队伍向着红海驶去，而他们的目的地是"蓬特"；他们准备开诚布公地与当地人做生意。一般来说，"蓬特"指的是阿拉伯半岛的南部。船队的主要目标是进口香料，而阿拉伯半岛一直是香料产地。不过，与哈特谢普苏特有关的碑文里还记录了几种阿拉伯半岛从未出产过的商品，所以"蓬特"这个地方，准确地说是碑文中所指的"蓬特"很有可能不是阿拉伯半岛及其部分地区，而有可能是处十海湾之外的非洲某地，例如今天的"索马里（Somaulia）"。不可否认的是，船队一帆风顺地驶入了红海；太阳神阿蒙慈悲为怀，保佑他们平安地、轻松地抵达了塔奈特圣地；那里被称为"阿瑟的行宫"，被认为是阿蒙最初生活的地方。当地居民忠厚淳朴，并且十分热情地招待了他们。那里的土地多为湿地，所以房屋都得用立柱支撑并抬高，呈圆形，需要通过梯子爬到上层去。椰树与乳香树，掩映着一座座木屋；周围有溪水，所以这里也出产鱼类。"蓬特"的首领名叫巴里胡，其妻人称阿提女王——那是一个身材矮小、驼着背、长脸、腿短且畸形的女人。或许有人会觉得，她这副模样就连示巴（Sheba）女王时代的村妇都比不上。然而实际上，她或许本就出生于侏儒部落，这样的部落在非洲比比皆是，例如多克斯部落、波斯杰斯曼（Bosjesmen）部落，等等。面对到访的使者，以及五花八门的礼物，首领夫妇感到十分开心，他们答应成为埃及的属国，不过也提出要保有自身的自由权益及和平稳定。无懈可击的自由贸易关系就此达成。得到首领的允许后，埃及人走进了乳香树林区，除了直接砍伐并提取树脂外，还用船把连根拔起的乳香树运回埃及。灌木也没能幸免——他们用吊杆将灌木运至海边，然而直立放置于甲板之上，覆上篷布以避雨遮阳。他们往埃及运送了 31 棵乳香树，而这些树木也不负众望，成功生根发芽。被送上船的还有无以计数的树脂，以及各种当地特产与商品。那些东西都是当地人搬到海边的，他们想以此换取埃及人随船带来的各种货物。埃及人得到了价值不菲的金银、象牙、乌木、肉桂、金属锑、猩猩、狒狒、狗、奴隶、豹皮，等等。在此期间，双方关系变得越来越亲密，甚至在他们行将离去之时，很多当地人都表示愿意跟他们回到埃及，包括几位首领和那位侏儒女王。

他们沿着尼罗河回到了首都底比斯，虽然期间遇到了一些问题。在商船漂洋过海回到始发港口后，他们并没有将乳香等商品搬运到岸上，而是转载到了一批可通行于尼罗河中的大船上，而后穿过河谷、掠过沙漠，最终抵达底比斯。在他们凯旋的那天，整座城市宛如过节一般热闹，人们纷纷出门迎接与围观。游行队伍中不仅船队成员，还有禁卫军，以及各种产自遥远他乡的商品，如乳香、奇怪的动物等。禁卫军走过之后，一位黑人饲养员带着一头温驯的猎豹出现在人们面前；来自塔玛虎（Tamahu）部落的一群土著紧随其后，载歌载舞。侏儒女王、部落首领，以及少数几个努比亚猎人——他们原本生活在尼罗河上游的偏远地区禅特奈大尔——朝哈特谢普苏特走去。他们向高高在上的女王哈特谢普苏特致敬并献礼，"尊敬的陛下，"他们振振有词地说道，"埃及女王陛下，太阳像日轮似的为大地送上光辉，阿托恩与阿拉伯的女主人啊！"哈特谢普苏特女王为太阳神阿蒙献上了祭品：两瓶价值不菲的乳香和一头牛；而后又向神明阿瑟、"蓬特女王""天堂女主"献祭并祈福。当然，祭品都是一样的。乳香树被植入了早已挖好的土坑。随着庆典的结束，欢乐的一天也落下帷幕。

尽管历尽艰险，但这项重大任务总算是顺利完成了，哈特谢普苏特因此甚是高兴。对于这个结果，她很是满意；为了纪念这项功勋，她又命人建造了一座阿蒙神庙，并把整个事件都画在了墙上。这座神庙选址在底比斯不远处一个交通便利的地方：埃尔阿萨斯夫（El-Assasif）谷地上的泰尔巴黑里（Tel-el-Bahiri）。殿前的台阶有 4 级，殿内墙上浅浅地雕刻着这次海外贸易活动的整个过程。我们在上面看到了最古老的文明：船、船员、乳香树、首领、蓬特女王、土著、陆地上的树、水里的鱼；12 条大船停靠在底比斯附近；哈特谢普苏特接受部落首领的跪拜；人们欢欣鼓舞；诸神得到了丰厚的祭品。无论是红海上的船队，还是漂洋过海的经历；不管是船队的平安归来，还是底比斯的欢庆场面，作为一个单一的历史事件，"哈特谢普苏特时代航海旅程"却以多元化的方式被呈现了出来，而这样的作品在世界上实属罕见。

哈特谢普苏特手握实权十五年之久，在此期间，图特摩斯三世只能尴尬地依附于她。不过，图特摩斯三世的权威身份是哈特谢普苏特不可否认的，所以图特摩斯三世的名字依然出现在女王的纪念碑上，虽然排在女王之名的后面。此时，哈特谢普苏特开始将精力转向装潢底比斯旧阿蒙神庙这件事上。旧阿蒙神庙的始建者是辛努塞尔特一世，女王之父图特摩斯一世进一步做了扩建。图特摩斯一世在原有建筑前修建了入口步道，而哈特谢普苏特在此基础上于殿前修建了两座方尖碑，所用建材是红色的正长岩与花岗岩——采掘自象岛采石场。这两座方尖碑堪称建筑杰作，造型、色彩、雕工等的精湛程度是古埃及其他同类作品无法企及的；它们的高度为100英尺，表面镌刻着美轮美奂的象形文字。女王在碑文中表示，自己"满怀热忱，为父亲阿蒙打造了这两座无与伦比的方尖碑"；它们是"用从南方运来的坚不可摧的花岗岩建造的，一座方尖碑就是一块完整的石材，毫无缝隙"；顶部是"用部落首领们献上的黄金制造的""远方部落皆能看见——它的光芒遍及上下埃及"。

大概有七年的时间，哈特谢普苏特和她的弟弟图特摩斯三世共同当政，并在底比斯、玛格哈拉绿洲等地建造了刻有双方大名的纪念碑。不过在此期间，他们的关系恐怕也未必变得亲近。哈特谢普苏特向来我行我素，所以我们在当时的公文中看到，图特摩斯三世的名字永远在她后面。她"充满野心、不知廉耻"，不甘与他人分享荣耀。图特摩斯三世不仅壮志凌云，而且能力足以与哈特谢普苏特比肩，他是不会甘心屈人之下的。谁也不知道图特摩斯三世后来有没有奋起反抗，视哈特谢普苏特为敌，夺回统治权，甚至置哈特谢普苏特于死地。在已发现的埃及纪念碑上，我们没能看到对后续之事的记录，所以也无从考证这位女王接下来的命运。她或许会在恰当的时候离开宝座，而后安然地老去及离世；她或许死在了王权斗争之中。我们所看的与她有关的历史，在其40岁左右时骤然断裂了。图特摩斯三世终于得见天日，带着无法抑制的复仇心，他抹去了所有纪念碑上镌刻的哈特谢普苏特之名，无一例外。她是埃及历史上最卓越的统治者之一，也是最杰出的女王；她的在天之灵或许应该感谢一下那些将图特摩斯三世复仇计划付诸实践的工匠们，不知道是因为散漫还是粗心，纪念碑上的哈特谢普苏特之名只是被随意凿了几下，并没有被彻底清除。被人憎恨的哈特谢普苏特先后与图特摩斯二世、图特摩斯三世联合执政了许多年，尽管没能得偿所愿，却为我们留下了许多杰出的建筑，以及一支名留青史的船队。

12 图特摩斯三世与阿蒙霍特普二世的征服

图特摩斯三世在挣脱了哈特谢普苏特带来的长达二十几年的束缚后，立刻亲自率军远征亚洲。有人告诉他，他身上肩负着太阳神阿蒙所赐予的伟业，正因如此，他才决定即刻付诸实践去完成这项重任。公元前1493年2月，他带领军队自埃及东部边境的加鲁，或称扎鲁迈开步伐，沿海岸线迅速抵达加沙——那里的非利士人大多身强体壮。加沙是座戒备森严的城市，被誉为"叙利亚之匙"。图特摩斯三世抵达加沙的那一日，恰好是其加冕纪念日；他接受加冕时只有23岁。埃及大军不但没有遭遇抵抗，还受到了当地人及其首领的热情接待，轻轻松松地走进了城门。埃及大军只在那里暂歇了一夜，第二天又继续赶路。他们沿着海岸线一路进发，在第11日抵达了加哈姆，或称詹尼亚。他在那里得到了消息：对手正在米吉多（Megiddo）厉兵秣马。米吉多位于埃斯德赖隆（Esdraelon）平原边缘，隶属巴勒斯坦，并非要塞之地。地方势力是由"生活在埃及河与纳哈瑞恩（即美索不达米亚平原）之间的民族集结而成"的，统领是卡迭石的统治者。卡迭石是一座规模庞大的城市，坐落于奥龙特斯河的上游，后来成了赫梯国的一座省府，不过此时它还是鲁特努人（也就是叙利亚人）的财产。一道山脊将迦密（Carmel）与撒玛利亚（Samaritan）高地连接在一起，山脊的后方隐藏着一条小径；对手在那里设置了一个关隘，并派驻了许多士兵把守。埃及大军中的将领认为，这种情况不应该硬攻，而应该迂回作战，以避免正面对抗。这是个严谨的计划，然而英勇的统治者却并没有接受。"将军们，"他表示，"或许你们觉得应该迂回作战，可是我认为应该直接出击。"他表达了自己的决心。没出一个星期，他们就顺利地抵达了米吉多。两方人马在美吉多西北面的大平原上兵刃相见。埃及统治者赢得了最终的胜利，对手被打得落花流水，仓皇而逃。那些叙利亚人或许从踏上战场的那一刻起就做好了逃跑的准备，因为他们当中最后顶多只有 83 人横尸沙场，不超过 240 人被擒，有的史料中记载的是 340 人。此外，埃及大军还获得了 924 辆战车和 2132 匹战马。大多数逃兵都藏在城墙掩体内，少数跑进了山里。图特摩斯三世不但攻破了叙利亚人的军营，还抢夺了叙利亚人的金子、银子、青金石、绿松石、雪花石膏，并掳走了卡迭石王国的王子。没过多久，美吉多彻底失守，伊努纳摩、阿纳乌嘎斯、呼兰卡尔三座城市也不攻自破。埃及大军胜利归来，图特摩斯三世带回了一大批战利品，如稻谷、耕牛等。在底比斯，人们举行了大规模的祭祀活动，为太阳神阿蒙奉上数不胜数的祭品，甚至包括三座从鲁特努那里抢夺来的城市，埃及人把这些城市也献给了神明，希望它们"每年都能为神明献上神圣的粮食"。

古话说得好，"胃口越吃越大"。叙利亚之战的累累硕果并没有令图特摩斯三世知足。从雷诺曼的描述来看，在结束了美吉多战役之后，图特摩斯三世于同年再度启程，横穿叙利亚后占领了阿勒颇的周边村落，并直抵卡尔凯美什。这座规模颇大的城市地处幼发拉底河的上游，是赫梯人的聚居地。埃及大军渡过了幼发拉底河，到达了拿哈莱蒽，也就是美索不达米亚平原；这一战，图特摩斯三世收获了大量战俘。从 24 岁起直到 29 岁，图特摩斯三世的征战除了上述几次之外，应该还有两次，不过我们对详情不太了解。他在 40 岁前从未停下过征伐的脚步。他曾经领兵冲上叙利亚海岸烧杀抢夺，这让我们不禁想起中世纪的诺曼人。果树被砍倒，良田被侵占，粮库被洗劫，一切有价值且能被带走的东西都被埃及人搬到了船上。埃及大军回到了埃及，带着数不尽的金子、银子、青金石等珍贵的矿藏，银瓶、铜瓶、粮食、美酒、香料、香脂、蜂蜜、金属铁、金属铅、金刚砂，以及男男女女的奴隶。他们在大路上也照样横行霸道，攻打了一些内陆城市，挟持部落首领之子以换取价值不菲的战利品或贡品，抢夺战马、战车、牲畜，以及埃及没有的动植物等。

在图特摩斯三世的无数次征战中，其 33 岁时所经历的那场战役算得上是最令人侧目的。他从鲁特努启程，带着主力部队来到了美索不达米亚平原，攻城略地、肆虐各处；他"摧毁了固若金汤的拿哈莱蒽"，招降了 30 位统治者，建造了两座石碑以彰显主权。埃及大军或许还渡过底格里斯河，抵达了扎布（Zab），或者阿迪亚波纳（Adiabene），因为图特摩斯三世说，他们在返回埃及的路上经过了尼（Ni）这个地方，也有可能是尼尼（Nini）；多年之后，埃及的权威史学家指出，他们经过的地方叫作尼尼微。那时候的尼尼微（创建于公元前 1500 年前后）还不是叙利亚首都，它坐落在底格里斯河的下游，地处基勒舍格哈特或阿舒尔境内，是座至关重要的省级城市，统治者为亚述王。亚述王的势力范围主要集中在位于平原与山脉间的上美索不达米亚。对于他来说，尼尼微被攻无疑是一种挑衅和屈辱。然而，他没有被激怒，他并不想正面冲撞埃及人。在他的指派下，亚述使者带着珍贵的礼物前去拜见图特摩斯三世。在图特摩斯三世看来，这些礼物就是"贡品"，所以把亚述王国收为己有，同时赐予亚述王"亚述首领"的称号。同一时期，"森卡拉王子"也投诚了。森卡拉地处下巴比伦湿地一带，他们献上了"巴比伦青金石"。这并不意味着图特摩斯三世吞并了赫赫有名的巴比伦王国与亚述帝国，不过其四处征伐的行为确实令这些大国心惊胆战。埃及因此跻身军事强国之列，亚述帝国的绝对优势被削减了。在哈布尔河（Khabur）上有一座名为阿尔班的古代遗址；它告诉我们，在图特摩斯三世执政时期，埃及人已经占领了整个幼发拉底河流域。以及其东部各支流所覆盖的区域；他们还在这些土地上建造了军事要塞，以保持长久统治。亚述王连年派使者携带厚礼拜见图特摩斯三世，以换取这位野心勃勃的危险统治者的信任。使者带来了无以计数的金银珠宝、青金石、玉瓶、奴隶、镶金镶银的战车、银餐具、银纸、香料、佳酿、蜂蜜、象牙、雪松、西克莫无花果木、桑树、葡萄藤、无花果树、水牛、公牛，以及以青金石吊坠为花边的黄金战衣。

在远征过程中发生过一件奇事，这件事和一位伴驾的军官有关，他的名字叫阿蒙涅姆赫布。在图特摩斯三世所生活的那个时代，美索不达米亚的草原与丛林中常有大象出没，如同今天的印度半岛。作为一种体形庞大、行动迟缓的兽类，大象常常出现在尼尼地区，即底格里斯河中游，以及扎格罗斯。如我们所知，阿蒙涅姆赫特一世酷爱狩猎，尤其是捕捉鳄鱼与狮子；类似地，图特摩斯三世则对大象十分感兴趣，一见到象群就会上前捕杀。他这么做一是为了感受捕猎所带来的快感，二是为了得到象牙。有数据表明，当时至少有120头大象死在他手中，并被撬走了象牙。不过，他也曾深陷险境。有一次，他对一支象群穷追猛打，没料到象群的首领突然调转方向，冲着这位"皇家猎人"飞奔而来。图特摩斯三世的处境十分危险，很可能被象牙刺穿身体，或者被大象一脚踩死，这时阿蒙涅姆赫布忽然出现，用武器刺向大象的鼻子，成功地转移了大象的注意力。那只庞大的野兽垂死挣扎了一阵，最终放弃了抵抗。

34、35、38、39、40、42，这些数字代表着图特摩斯三世后来几次出征时的年纪，然而他再也没能像33岁那年一样，收获无与伦比的辉煌。他征伐的目的地多为位于腓尼基北部地区的札西和塔哈伊，以及位于美索不达米亚平原的奈里。奈里人从未放弃过反抗，而埃及人也从未放弃过宗主权；鲁特努人向来反抗意识薄弱，一直在按照约定进贡。这一切都有赖于图特摩斯三世的一项英明决策：每位部落首领都必须指定一个人前往埃及充当人质：要么是儿子，要么是同胞兄弟；假如人质不幸死亡，还得再指定一个。鲁特努人进献了银瓶 762 磅、战车 19 辆、牛 276 头、山羊 1622 只，以及无数奴隶、铁、铅、战衣、"各类上等植物"，等等。另外，鲁特努人还得为埃及人在各条军事线路上所建造的军需站供应面包、酒、枣子、香料、蜂蜜、无花果等物品，以满足图特摩斯三世的需求：维系埃及与美索不达米亚的联系。

　　在开拓北方及东北方的疆土时，心思缜密的图特摩斯三世并没有忘记前任法老们所赢得的属地。蓬特进献了无数金子、香料、奴隶、牛、象牙、黑檀、豹皮等；库施（Cush）[1] 和乌阿特则进贡品了奴隶与牛。据史料记载，埃及的属国所献上的贡品大致包括：俘虏 11000 名左右、战车 1670 辆、马 3639 匹、牛 4491 头、山羊 35000 千余只、银子 3940 磅、金子 9054 磅。埃及人还直接从所占领的地方运回了大量的稻谷、美酒、香料、香脂、蜂蜜、象牙、黑檀和其他珍稀植物、青金石、雕塑、花瓶、餐具、盆、帐篷柱、装饰片、高领无袖短款战衣、果树、鸟、猴子等。在好奇心与贪欲的驱动下，他每到一处便会将自己没见过的珍奇事物运回埃及。在美索不达米亚的哈布尔山谷，他见到了两种叫不上来名字的鸟，以及不同品种的鹅，并把它们带回了尼罗河河谷，据说"相较于别的战利品，这些事物才是他最喜欢

---

　　[1] 即前文中的喀什。——译者注

的"。在他的授意下，古埃及的艺术家们认真研究着他带回来的千奇百怪的东西，并将它们"原汁原味"地搬到了纪念碑上："高大如树木的睡莲，类似仙人掌的植物，各个品种的树与灌木，不同形态的叶子、花朵、水果（譬如石榴、瓜类等），大牛带着小牛，神奇的'三角兽'，以及白鹭、雀鹰、鹅、白鸽。一切都被明快地刻画了出来，似乎是在述说艺术家们那纯真的思想"。如下碑文或许能够让我们更加了解图特摩斯三世的想法："这里生长着圣地植物，那是我的王在征伐鲁腾的过程中收获的。我的王说，'我对太阳发誓，请我父太阳神阿蒙明鉴，事实就在眼前，我没有说半句谎言。荣耀之地所拥有的一切，尽在这些画里；献给我父太阳神阿蒙，留作永恒纪念。'"

图特摩斯三世还拥有一支海军舰队，对于扩张行动而言，海军的作用不可小觑。据史料记载，他在一次战斗中派出了一支舰队；这支舰队在驶入幼发拉底河后迅速击败了亚述军队，并紧追了七八英里之远。在另外几场战斗中，他通过海战成功攻击了叙利亚与腓尼基。埃及海军不仅对塞浦路斯（在雅赫摩斯二世执政时期，因实力减弱而被攻占）造成了威胁，还在西里西亚沿海地带攻城拔寨。不过，评论家们大多比较理智，正如某位作者所言，图特摩斯三世的舰队应该没有去过克里特岛（Crete）、爱琴海群岛（Islands of the Aegean）、希腊、小亚细亚沿海地区、意大利南部沿海地区、阿尔及利亚、黑海（Euxine）等地，毕竟我们在他的纪念碑上并没有看到相关的远征记录。不过，在卡纳克神庙的墙壁上，刻有一首以太阳神阿蒙的口吻所创作的"胜利之歌"，当中提到了一些历史事件。这是一首耐人寻味的歌谣，不过我们无法就此得出什么结论。歌谣是这样写的：

　　我来了，你征服了札西王子。我从那个国度，把他们送到你脚边。在他们面前，你如我般闪耀。我要让他们看看，你太阳般灿烂的神圣。

　　我来了，你征服了亚洲人。你得到了鲁腾的牧羊人。你身上有王者的标记，在战车上手持武器。我要让他们看看，你的神圣。

　　我来了，你征服了东方。你领兵收服了圣地的民众。你像老人星一样温热，将露珠清除。我要让他们看看，你的神圣。

　　我来了，你征服了西方。无论是凯法（Kefa）还是阿瑟比（Asebi，也就是腓尼基与塞浦路斯），看着你心有余悸。你像小牛犊一样充满勇气，牛角挺立，拒人千里。我要让他们看看，你的神圣。

　　我来了，你征服了众人及其主人。马腾（Mathen）不敢面对你。你像水中的鳄鱼一样令人胆寒，避之不及。我要让他们看看，你的神圣。

　　我来了，你征服了大海的居民。岛上的人们不愿听到你出击时高亢的声音。你像复仇者一样在战利品后面露出原型。我要让他们看看，你的神圣。

　　我来了，你征服了塔赫努（Tahennu）。尤腾（Uten）人跪倒在你脚下。你像雄狮一样带着勇猛的目光穿行在山谷之中。我要让他们看看，你的神圣。

　　我来了，你征服了后方（北方）。你控制着海上的通道。你像盘旋在空中的鹰隼一样，瞬间捕获了心仪的猎物。我要让他们看看，你的神圣。

　　我来了，你征服了前方（南方）。属于你的俘虏，坐在沙堆之上。你像游荡在南方的胡狼一样，四处穿行，来去无影。我要让他们看看，你的神圣。

　　我来了，你征服了努比亚的游牧民族。你还战胜了术特（Shut），将他束缚在手中；我要你像兄弟一样与他携手，他将为你贡献力量。

　　在大致了解了图特摩斯三世的经历后，我们将谈谈他营造的建筑。他除了是位卓越的开拓者之外，也是位优秀的建筑师和文艺先驱。他对底比斯的阿蒙神庙特别重视，其作为建筑师的工作也是从修缮阿蒙神庙开始的，那些工作让神庙变得更加美丽了。在独立统治埃及的第 1 年，他在阿蒙神庙的南入口前方，为其父亲图特摩斯一世与其祖父阿蒙霍特普重建了巨大塑像，原有的塑像毁于图特摩斯一世离世后的混乱时期。图特摩斯三世还重新修建了中央神殿，原有建筑始建于辛努塞尔特一世执政时期，后来逐渐腐朽；鉴于其在神庙建筑群中至关重要的地位，为了让它永垂不朽，图特摩斯三世在重建时选择了将花岗岩作为建材。他心怀敬畏，抑制着建筑师常有的狂热之情，没有改变原有建筑的建制与造型，只是换上了更精良的建筑材料，从而完美地复制了先辈们的杰作。他虔诚地完成了重建任务，而后又在神庙的东面修建了新的建筑，以追求自己的建筑之梦。在一间小屋后方约 150 英尺之处，一个恢宏的厅堂拔地而起，那是一座柱状的大厅，就建筑规模而言在彼时埃及境内，乃至世界范围内都首屈一指——呈长方形，长度为 143 英尺，宽度为 53 英尺，是坎特伯雷大教堂中殿的 1.5 倍。大厅屋顶由硬石板砌成，大厅内矗立着多排石柱与石礅，它们将大厅分割为 5 条长道，从而造就了一种类似于景深的效果；建在两侧靠内的是石柱，高度为 30 英尺，柱顶呈钟形；建在两侧靠外的是石礅，高度为 20 英尺。这样的设计可以让建筑充分享受到从天窗投下的光线，如同我们在木刻版画上看到的一样。建筑师还为这座富丽堂皇的大厅设计了配套设施，在东面、南面和北面修建了走廊与房间；一些地方宽敞无支柱，一些地方则由石柱支撑着；房间被用作存储祭司法衣与各种供品。

　　图特摩斯三世在神庙的南面增加了一个入口，并在那里（入口桥塔中间）建造了两座或四座大型方尖碑；时至今日，我们仍然看到其中一座——就规模而言，这座方尖碑超过了现存的其他纪念碑。它高高耸立在罗马圣约翰拉特兰教堂的门前，除去基座高度，碑身高度为105英尺，下部最宽处为9.6英尺，顶部最窄处为8.7英尺，重量在450吨左右，上面篆刻着精美的象形文字。在我们所能看到的方尖碑中，再没有哪座的高度在12英尺之上，或者重量超过50吨。不过，图特摩斯三世所留下的碑文还记载着另外两座方尖碑，而且相较之下，现存的那座方尖碑实在“微不足道”。那两座方尖碑也矗立在入口处，高度为108腕尺，也就是162英尺，重量在700～800吨之间。然而，我们在现场完全找不到它们曾经存在过的痕迹。如此庞大的建筑自然无法被挪走，甚至无法被损毁。基于此，我们得出的结论是，碑文中所提到的建筑还处于设计阶段，我们所看到的只是预估的建筑效果，并没有实际营造。

图特摩斯三世为后世人留下的建筑杰作还有，黑里欧波里斯太阳神庙的围墙、底比斯神明卜塔庙、麦地那阿布神庙、矗立着方尖碑的象岛科奈弗神庙。除此之外，他还在奥姆包斯（Ombos）、埃斯纳（Esneh）、阿拜多斯（Abydos）、科普多斯（Coptos）、丹德拉（Deneratx）、爱勒提（Eileithyia）、赫尔门斯（Ttermomhis）、孟菲斯、阿玛达（Amada）、科尔特（Corte）、塔尔米斯（Talmis）、普赛尔西斯（Pselcis）、赛穆奈赫（Semneh）、库迈赫（Koummeh）等地修建了许多神庙；在努比亚的纳帕塔（Napata）修建了神庙与纪念碑。大部分建筑已化作废墟，时至今日我们只能在库迈赫、赛穆奈赫、纳帕塔、丹德拉、奥姆包斯这些地方看到其中一些建筑的遗址。总的来说，他是继拉美西斯二世之后，为我们留下最多纪念碑的埃及统治者。身为一名建筑师，他常常陷入孤傲、无常、妄想的境地，然而这并没影响他秉承淳朴的建筑风格，与此同时，他确实也让我们看到了他的艺术才华。

图特摩斯三世四处营造建筑，其分布之广泛，足以令埃及历任统治者难以望其项背；他把埃及建筑的技巧与风格深深地嵌入了每一座大城市的发展中，并尽可能多地展示给人们看。罗马拥有规模最大的方尖碑，建造于图特摩斯三世执政时期，是一块当今世上所能见到的体积最大的完整的石头。从古至今，无数人来到罗马圣约翰拉特兰教堂门前，瞻仰那座庞大的纪念碑，遥望古埃及的辉煌历史。在君士坦丁堡阿特梅丹（Atmeidan）的中央地带也矗立着一座图特摩斯三世所造的方尖碑。在伦敦，另一座图特摩斯三世时代的方尖碑高高耸立在圣保罗大教堂、威斯敏斯特大教堂与皇宫中央，它原本矗立在黑里欧波里斯，奥古斯都把它带回了亚历山大，从此之后，它便默默守望着伦敦这个人口稠密的国际大都市，陪伴着泰晤士河。奥古斯都当年只搬走了一对纪念碑中的一座，而另一座先在黑里欧波里斯静静地度过了一千五百年，而后辗转至亚历山大，一千八百年后又漂洋过海来到了大西洋彼岸的纽约，接受着无数当地人与八方宾客的膜拜，展示着古埃及第十八王朝艺术家与建筑师所缔造的建筑奇迹。

图特摩斯三世一度享有"埃及的亚历山大大帝"之美誉，问题是这种说法不但夸大其词，而且存在谬误。虽说他足以称得上是埃及历史上最卓越的开拓者，拥有出类拔萃的军事才能、无人能及的英勇气概、超乎常人的旺盛精力，可是相较于伟大的亚历山大大帝，他的成就实在不足挂齿。面对敌方十几二十倍的兵力，马其顿将军以寡敌众，赢得了最后的胜利，让一个帝国俯首称臣；相较之下，图特摩斯三世虽然也亲自出征，不过手下皆是精兵强将，所到之处无不是人烟稀少的蛮荒之地，打败了一些不团结的部落，占领了叙利亚、美索不达米亚这两个不大不小的地区，去过的最远的地方是哈布尔河，同时没有哪场战斗能用"伟大"这个词来形容。

亚历山大大帝征服了从爱琴海至萨特累季河的广袤土地，占领了波斯湾、奥克苏斯河与埃及；他的帝国存在了近三百年之久。图特摩斯三世开辟的疆土只有亚历山大大帝的1/10那么大，他的国家只存在了一百多年。所以，将这两位统治者相提并论是十分愚蠢的行为。

另外，亚历山大大帝不但是一位了不起的开拓者，更是一位了不起的统治者。假如他的寿命能再延续二十年的话，那么他的帝国或许可以存在上千年，并且迎来君主制。实际上，身为希腊统治者的亚历山大大帝几乎征服了整个东方，而其"继任者"将这一局面延续了将近三百年。不难看出，图特摩斯三世没能建设出一个团结统一的国度，所以待他去世之后，被征服者纷纷揭竿而起；而后来的统治者只能又一次走上战场，去征服那些曾经的属地，在那些地方重新插上埃及的主权大旗。

图特摩斯三世是一位优秀的法老。他的样貌并不突出，鼻子很漂亮，不仅修长，而且差不多和额头齐高；眼睛比大多数埃及人都大一些、突出一些；嘴唇较厚，上唇较短；圆乎乎的下巴微微向后收起。半身塑像上的他神情肃穆，看上去有些女性化，似乎力量不足，也不够果敢；当然，他的实际性格完全和柔弱不沾边。他做了五十四年法老，不过在他看来，真正的统治时间是三十二年。大概在六十岁的时候，他离开了人世。

埃及人经历着豪情万丈的时代，与此同时，以色列人又做了些什么呢？如前文所述，约瑟夫是最后一位希克索斯法老手底下的官员。在那个时候，约瑟夫及其追随者定居于歌珊地（Goshen）[1]，当地游牧民族热情地接待了他们。正常情况下，到了图特摩斯三世执政时期，约瑟夫

---

[1]　《圣经》中的犹太人寄居地，位于尼罗河三角洲地区。——译者注

的后人们已经变得强大富足，并且来到了尼罗河流域——从赛贝尼缇克（Ebennytic）到佩罗锡克（Pelusiac）。此时，他们尚未遭遇到残酷的镇压；新任法老"不知道约瑟夫是谁"，所以找不到镇压的借口。这位曾经的权贵以自身名誉保佑着后人们；他们享有安宁的生活与特有的权力，并与这片土地融为一体。

图特摩斯三世之子阿蒙霍特普继承了王位，也就是我们知道的阿蒙霍特普二世。他的英勇气概毫不逊于他的父亲，他轻而易举地平息了叛乱——在图特摩斯三世去世后，许多被征服的国家群起反叛。历史资料写道，阿蒙霍特普二世亲征尼尼微，并自称赢得了胜利；不过，他并没有明确表态是否将亚述视为敌人。他在亚洲争夺奈里、鲁特努、萨苏（阿拉伯）；在非洲争夺塔赫努（利比亚人的地盘），并与努比亚人为敌。他的军队东征西战，所向披靡；然而，辉煌的战绩除了让他声名鹊起之外，还将他带上了血腥之路：残暴、野蛮、毫无必要的大屠杀。在位于叙利亚北部的塔克西萨，7位统治者先后死在他手下，依照他自己的说法，当时的情况大致是这样的：一番战斗之后，他擒获了那些法老，并用棍子狠狠地虐打他们。在将他们置于死地后，他把尸体挂在船头上运回了底比斯，就像运送战利品一般。后来，有6具尸体被他悬挂在城墙上，如同扫罗与约拿单的尸体被非利士人把悬挂在伯珊（Beth-shan）城墙上[1]；剩下的那具尸体被送到了努比亚的纳帕塔，挂在墙头威慑敌手。虽然古埃及拥有璀璨的文明，可这个民族身上的野蛮本性是永远不会消失，也永远无法改变的，而且会时不时地冒出头来。

---

[1] 详情请参见《撒母耳记》。——作者注

阿蒙霍特普二世的执政时间很短，依照纪念碑碑文的说法是七年。他不是一位积极主动的建设者。他留给历史的只有阿玛达的一座神庙，底比斯的一个厅堂，以及阿卜杜勒库尔纳的一座陵墓，而且毫无亮点。在新一轮的开疆拓土与大兴土木到来之前，阿蒙霍特普二世给了埃及平稳过渡的机会。

13 阿蒙霍特普三世与会唱歌的雕像

阿蒙霍特普三世是图特摩斯一世的孙子，他创造了那座蔚为壮观的双身神像。那两座巨大的坐像都是用实心砂岩所凿，在历经了三十几个世纪的侵蚀之后，现在的高度仍在 60 英尺之上，由此不难推断出，算上已被侵蚀的皇冠的高度，它们最初应该有 70 英尺左右！想象一下，一个规模如此宏大壮丽的巨像，如果只有十或者二十英尺高——例如钱特里（Chantrey）的皮特像（statue of Pitt）、菲迪亚斯（Phidias）那座用金子与象牙制作的朱庇特（Jupiter）像，那会是什么样子？究竟哪座雕像规模更大？不妨来看看一部分见证者的说法。哈里特马蒂诺告诉我们，"它们坐落在平原上，同处一地，却彼此分离；它们神情平和，却又透着警惕，夜以继日地驻守在那里，看着时光一去不返，看着欧洲渐渐沉寂。我不知道这世上还有什么可以像它们一样具有如此惊人的艺术魅力。无论是童年的雷雨，还是尼亚加拉大瀑布，不管是北美的五大湖，还是阿尔卑斯山，抑或是茫茫大漠，都不曾给过我这般感受。它们寂寞地坐在广袤的绿野上，守护着一堆废墟。远看时，你会觉得它们肃穆且安宁；走到他们脚边仰望时，你会觉得它们属于这里——手放在膝盖上，面容依稀可辨，双眼注视着前方，仿佛是在守护彼岸的纪念碑。它们是世上最坚固的堡垒，它们诞生于此，并将这里变成了矗立着无数纪念碑的宏伟神庙。"

　　阿蒙霍特普三世是这两座大型坐像的建造者。他将自己的凌云壮志与非凡的创造力都融入了坐像的设计中，所以坐像看上去才如此恢宏；但最终让石头变得威仪和高贵的人，实际上是那些优秀的雕塑家。古埃及的雕塑家们把"远道而来"的大石块幻化为了光芒四射的雕像。这些雕像在广袤大地上熠熠生辉，而雕塑家却籍籍无名。值得一提的是，例外情况总会存在，我们在史料中发现了一位艺术家，他记录了他亲眼见到那些雕塑时的心理活动。他是阿蒙霍特普三世手下的雕塑家，而且他也叫阿蒙霍特普。他欣喜若狂地说："法老之名将与我的作品一起永存于世，别人可做不到。我完成的这两座法老雕像宽度为40腕尺，高度同样为40腕尺；它们是如此高大，以至于神庙里的塔楼就像忽然变矮了一般。他们位于神庙东西两侧，是直接从巨大的砂岩山上凿出来的。为了运送它们，人们建造了8艘巨大的船；它们被横放在船上，从下游来到上游，然后来到了底比斯，来到了那座雄伟肃穆的神庙。它们将永垂不朽，无异于天堂。真是太开心了！"

　　位于东侧的那座雕像更引人注目，是前往埃及的游客们不可错过的一处景点。在罗马帝国建国初期，它被罗马人赋予了"歌唱的门农"的美称，这是因为它在前后两百多年里，每到早上就会发出动听的"歌声"，堪称奇迹。我们在斯特拉博^[1]、老普林尼^[2]、塔西佗^[3]、朱文诺、琉善^[4]、菲洛斯特拉托斯^[5]等人的文字中可以看到相关描述。此外，我们在雕像基座所刻的文字里也看到了亲耳所闻者的话语。一部分希腊学者和罗马学者妄自揣测说，阿蒙霍特普三世是荷马笔下的"门农"，也就是《曙光》中所提到的提托诺斯（Tithonus）的儿子。他带兵横扫埃塞俄比亚大军；他率军奔赴特洛伊，帮助普里阿摩斯人抵御希腊人；他是神一般的存在。有幸听见那动听"歌声"的人，不但见证了一个奇迹，还受到了神明的眷顾，因为神明不会日日絮语（奏响乐曲）。有的人无缘听到"歌声"，有的人为了听到而三番五次前往，好在雕像平日里并不太吝啬。我们在基座上看到了一位普通士兵的记录，他说他至少听到过 13 次，不过就声源、开始时间、停止时的情况等方面而言，多少都有些匪夷所思。一部分"聪明人"自称看穿了这出"祭祀表演"，他们说那声音是人为制造的，所以认定那不过是"祭祀表演"；或许是祭司无意中遇到了一块能"唱歌"的巨大石头，而后顺势将它雕刻成了雕塑；或许是祭司突发奇想在雕像里放了根管子，

---

[1] 生活于公元前 63 年至公元前 24 年，古希腊学者、旅行家、作家，著有《地理学》等。——译者注

[2] 全名盖乌斯·普林尼·塞孔都斯（23 — 79 年），古罗马作家、历史学家、哲学家，著有《自然史》等。——译者注

[3] 全名普布里乌斯·克奈里乌斯·塔西佗（55 — 20 年），古罗马著名的历史学家，著有《历史》《编年史》《日耳曼尼亚志》等。——译者注

[4] 生活在 125 年至 180 年，古罗马讽刺作家、修辞学家，著有《诸神的对话》《逃亡者》等。——译者注

[5] 全名菲洛斯托拉托斯·佛拉维乌斯（170 — 247 年），古希腊诡辩家、作家，著有《阿波罗尼传》《诡辩家传》等。——译者注

然后利用管子随心所欲地制造声音，看上去就像是从雕像嘴里发出的一样。这一观点遭到了反驳。反对者表示，在埃及历史上，等级制备受推崇的时期，人们从来不知道雕像会"唱歌"，而且尚无证据可以证明，在斯特拉博时代（公元前25－前10年）到来前，这件事是为人所知的；另外，那时候的埃及隶属于罗马帝国，祭司的地位其实很低。猜测通常都很难找到证据。在最近的二百年间，尽管各种奇迹层出不穷，虽然祭司很想让雕塑开口"唱歌"，但"门农"却自始至终闭口不语。偶尔地，在祭司未做请求的情况下，它会忽然"唱上两句"。听说一位埃及地方官之妻去了两次都没能听见"歌声"，而身为普布利乌斯·埃利乌斯·哈德良大帝妻子的维比亚·萨拜娜皇后在首次前往时也未能得偿所愿，而且"原本矜持的她，因为气恼而涨红了脸"。然而，前文中所提及的那位来自罗马的普通士兵却有幸听闻了13次之多。

斯特拉博（约公元前25年）在著作中提到了这种现象首次被发现的时间，以及当时的具体情况；基座上的碑文则可追溯至尼禄[1]时代，所以我们很困惑，它在公元前27年之前到底有没有发出过声响呢？公元前27年的埃及，大地震突如其来，底比斯遭受重创。据说，在大地震中，雕像上部被毁，下部也有损伤，此后便开始有了动静。数百年来，这座被损坏的雕像一直在歌唱——Dimidio magicæ resonabant Memnone chordæ[2]。

多年之后，在174年前后，埃及人对它进行了修复。如我们所见，他

---

[1] 古罗马帝国朱里亚·克劳狄(37－68年)王朝最后一位统治者，全名为尼禄·克劳狄乌斯·德鲁苏斯·日耳曼尼库斯，在位时期为57年至68年，是一位暴君。——译者注

[2] 意为"奇异且洪亮的叮当声"。——译者注

们依照雕像原有的模样，将5块巨大的石头随意堆砌在了上部；这便是他们所谓的修复，以向门农致以最高的敬意。然后，从此之后，它再也发不了声了。大地震为它创造了歌唱的条件，而修复工作让它失去了开口的机会，悠扬的歌声再也没有出现过。

现代人尊重科学，所以明白这其中的道理。无论是自然界中的岩石，还是采石场中的石头，是不是都会发出声音，而那都是气温突然变化所致。巴伦洪堡德在描写奥鲁诺克河河畔时说："我们站在游人们常常提及的花岗岩上。它们面向东方，在我们脚下发出悦耳的风琴声。传教士叫它们 Loxas de musica，'那是一种魔法'，为我们做向导的印度青年如是说……然而，这一现象或许是大气变化所造成的，层层叠叠的岩石中隐藏着细密且深邃的间隙；在阳光的曝晒下，这里的最高温度可达50℃，而夜间温度一般在39℃上下；而在黎明时分，地上与地下的温差是最大的。"无论是在阿拉伯半岛珀特赖亚（Petraea）的砂岩地带，还是在比利牛斯山脉（Pyrenees）的马拉戴塔山（Mount Maladetta）一带，抑或是在巴勒斯坦与埃及之间的茫茫大漠中，都发生过这样的现象。《爱欧琴》的作者曾写道："旅程到了第5天，天气愈加炎热——在日光的灼烧下，我垂着头、眯着眼，以避免被光刺伤；后来，我睡了过去——不知过了多久，我隐约听到一阵叮当声，那是从教堂里传出的钟声，那是从祖国传来的钟声，那是从马伦（Marlen）传来的神圣的钟声！那钟声从来没有传到过布拉格登山（Blagdon hills）的另一侧！一开始，我下意识地以为自己是在做梦；我努力让自己清醒，将蒙眼的丝巾拿开，让阳光洒在脸上。我已醒来，可那从马伦传来的昔日的钟声仍然回荡在我耳边：那钟声里没有雀跃之情，那是沉稳的、有节奏的'从教堂里传来的钟声'。不久之后，钟声渐渐弱了下去。我和我的同伴们都没有带钟表，所以无法确切地知道那钟声到底响了多久。"这位冰雪聪明的作家用抽象的手法为我们描述了这个现象，不过，我们不敢断言他说的"钟声"就是地下岩石层所发出的声响。

人们将采石场里的巨大石块凿刻为各种各样的雕像或建筑，即便失去了自然形态，但这些石头依然有可能发出声音。三位来自法国的探险家——乔马德（Jomard）、让·巴普蒂斯特·普罗斯珀·若鲁瓦（Jean Baptiste Prosper Jollois）、查理·约瑟夫·德维利尔斯（Charles Joseph Devilliers），曾经在卡纳克中心神庙内的花岗岩中听到过声响："天光微亮之时，岩石发出了声音，如同琴弦被拨断"。鲍桑尼亚[1]（Pausanias）对"门农"的"歌声"也做出过这样的比喻。

总而言之，那举世闻名的双身神像或许从来没有为营造它们的法老，以及创造它们的雕塑家"歌唱"过；建造者的目的绝非打造一座音乐殿堂，而是创造举世无双的雕塑杰作。雕塑，可以说是建筑的兄弟。"双身神像"建在神庙入口的另一端；这座神庙的始建者为阿蒙霍特普三世，如今早已沦落为"平原上的小砂岩堆"。阿蒙霍特普三世当初的设计是这样的：神庙内有一条110英尺长的墓道，墓道两侧分别坐落着9座塑像——这些塑像大同小异，间距相等，每座塑像都是他自己的模样。由此可见，他虽然高傲，但思想宏大，而且其思想是不可复制的。我们在埃及能看到许多由狮身人面像守护的神道，也能看到许多和真人差不多大的坐像，可是却无法在别处看到类似的"巨像大道"了。

相较于上述神庙，另一座神庙仿佛要倒霉得多。在尼罗河西岸，卡

---

[1] 生活在110年至180年，希腊旅行家、地理学家、历史学家，著有《希腊志》等。——译者注

纳克神庙南面 1.5 英里开外的地方，至今仍保存着一座规模庞大的神庙，那便是著名的卢卡索神庙。这座神庙中的一部分建筑，以及风格特点成形于拉美西斯二世执政时期，不过主体建筑则修建于阿蒙霍特普三世执政时期。不可否认，仅就卢卡索神庙而言，阿蒙霍特普三世也不愧为一名优秀的建筑师。这座神庙大约有 800 英尺长，100～200 英尺宽；进门口可见一座大殿，从大殿的不同角度，都可以看到卡纳克神庙。神庙前方建有阿蒙霍特普三世巨型雕像两座，以及方尖碑两座。如今，我们可以在法国巴黎协和广场的正中央看到上述方尖碑中的一座。大殿后方本有一个柱式大厅，而今只能看到中间的那两排石柱。再往里走，可以看到很多小厅与小屋，那是法老的居所，而非祭祀堂。这座神庙之所以名扬天下，或许是因为它那极富设计感的不规律性。"整座神庙的'中轴线'并未居中，庭院不是方形，柱间距也很随意，建造者刻意制造着不规律性，实在是用心良苦。"

阿蒙霍特普三世还在卡纳克修建了新的阿蒙神庙与莫特修神庙；给以前的阿蒙神庙重新修建了入口；在象岛修建了科奈弗神庙，以及科赫纳姆神庙；先后在努比亚的索丽卜（Soleb）、纳帕塔、赛定噶（Sedeinga）为自己打造了神龛，用来供奉个人雕像。除此之外，与他有关的建筑还出现在了塞穆奈赫、克奴索（Konosso）岛、艾尔卡布（El-Kab）、席勒席里斯（Silsilis），出现在了菲莱（Philae）岛与阿斯（Aswan）交界处的岩石上，出现在了孟菲斯的图拉，以及西奈半岛的萨拉比特尔哈迪姆（Sarabit-el-Khadim）。雷诺曼对他做出的评价是这样的：他是"统治者，更是建筑师"。这位建筑师的作品恢宏大气、无以计数，在他执政的三十六年里，从来没有停下过对雕塑艺术与建筑艺术的追求。

不过，在领兵打仗方面，他向来战绩平平。他只是努力稳定着图特摩斯三世所打下的江山：叙利亚与美索不达米亚平原的西部地区。在阿尔班与哈布尔，我们看到了他名字所形成的椭圆形轮廓，不过这并不能证明他曾经征服过这两个地方。属国依旧在进贡，边境地带局势稳定，邻国赫梯、亚述、巴比伦未曾发动过侵袭。埃及法老已成为西亚地区的实际统治者，那些历史悠久的西亚土著部落对埃及俯首称臣。不过，埃及人并没有跨过北方的托罗斯（Taurus）与尼法特斯（Niphates），也没有跨过东南部的哈布尔，只是老老实实地生活在图特摩斯三世为他们划定的国界内。

阿蒙霍特普三世不是没有远征过，他至少去过埃塞俄比亚。在他的带领下，埃及大军来到了尼罗河上游地区，与苏丹的黑人打了几次仗。当然，这种小规模打斗还算不上进攻，更称不上征服——既没能扩大疆域，也没能增强影响力或势力——最终只能用来歌功颂德，为阿蒙霍特普三世的军事成绩贡献一些分数。当然，不可否认的是，出征的主要目的是掠夺财富和奴隶。埃及社会对黑人奴隶的需求是相当大的。权贵家庭中的妇人们偏爱用黑人男孩做奴仆，而且经常让男孩们穿上稀奇古怪的衣服；她们的这种做法甚至得到了政府部门的推崇。阿蒙霍特普三世并不是为了屠杀而四处征伐的，主要还是为了得到奴隶。在其最辉煌的一次战斗中，他只杀了312人，得到的战俘多达740人，其中有男性205人，女性250人，以及小孩285人；他在其他战斗中所获得的战果也大致如此。毫无疑问，奴隶买卖利润巨大，就连卓越的统治者都无法做到抱朴寡欲。

除了掠夺奴隶之外，阿蒙霍特普三世还偏爱猎捕狮子。我们在一个圣甲虫（scarabaei）[1] 形状的装饰品上看到他大言不惭地说，在继位后的十年间，死在他手上的野兽多达110头。在其执政期间，卡纳克神庙的祭司

---

[1] 即蜣螂，在古埃及被视为太阳神化身，主管轮回之道。——译者注

们曾见到过很多被阿蒙霍特普三世活捉的狮子。在荷鲁斯与塔姆，狮子是一种图腾。所以，在被捕获并驯服后，它们成了宗教游行队伍里不可或缺的一员。落入阿蒙霍特普三世之手的狮子为数不少，由此可见，他狩猎的地方绝非边境地带，而应该是在美索不达米亚平原。毕竟非洲东北部少有狮子，而美索不达米亚平原却是狮子的乐园，直到阿蒙霍特普三世执政末期，那里的狮子都"很是常见"；当然，现在也是这样。人们在阿尔班也看到过属于他的"圣甲虫"，所以那里或许是皇家猎场之一。在猎场周边的芦苇丛中，他征服了哈布尔河河畔的森林之王。

阿蒙霍特普三世的相貌虽不出众，但也不赖：鼻尖圆润、神情忧郁、眼神果敢、额头高挺、上唇较短、下巴微凸。在后世人看来，他温和、深情、宽容。有历史学家认为他有恋母情结。然而实际上，尽管在统治之初，他对母亲穆特穆阿（Mutemua）百依百顺，后来又对妻子泰雅（Tiye）言听计从，不过尚无证据证明他这么做是大错特错的。母亲也好，妻子也罢，对他的影响都是暂时的。有些人总自以为是地认为，女人的参与会导致政治腐败。有时候的确会出现这样的情况，不过我们也要看到，社会中存在着许多"受过良好教育的"女性，譬如穆特穆阿与泰雅。

14 日轮崇拜与阿肯那顿

  阿蒙霍特普三世的继承者是他的儿子，史称阿蒙霍特普四世。阿蒙霍特普三世临终前把阿蒙霍特普四世托付给了妻子泰雅，尽管泰雅不是埃及人。在泰雅的引导下，阿蒙霍特普四世接触了一种与众不同的宗教信仰；如果他愿意的话，古老的多神教迟早会被取代。埃及人因此而大惊失色。这一宗教叫作"日轮崇拜"。在埃及历史上，阿蒙霍特普四世及其后的两三任统治者是著名的"日轮崇拜者"。谁也说不清这个宗教的教义是什么样的，但就其形式而言，它只承认一个埃及神，而轻视，甚至敌视万神殿中的其他神明。身为最后一位希克索斯统治者的阿波庇也曾信仰过类似的宗教，但这两个宗教所崇拜的神明是不一样的。阿波庇试图让埃及人只崇拜赛特；阿蒙霍特普四世则希望大家只信奉阿托恩（Aten）。在埃及的传统宗教文化中，阿托恩被认为是太阳神拉的某一面，而"日轮"这个词汇的意思正是"太阳"的某一面。生活在当下的我们几乎不可能区分清楚阿托恩与其他太阳神，例如拉、凯普瑞拉（Khepra）、塔姆、舒、曼图、欧西里斯、荷鲁斯，可是埃及人却毫无压力。"日轮崇拜"信奉太阳神阿托恩。在万神庙里，阿蒙的地位被阿托恩取而代之。一般情况下，它被表现为一个四散发光的圆轮，光线大多是从手心发出的；在教徒们眼中，这个形式象征着生命、健康、力量。

　　宗教的本质究竟为何？难道只是单纯地崇拜那个可以看到的、客观存在的太阳吗？在茫茫宇宙中，太阳可谓是最权威、最活跃的力量，它的光与热是一切生命的源泉。太阳崇拜是人类所有崇拜中最天然的一种，在古代实为常见。古人将观测到的天体运行的"一天"视为宇宙中最神圣的规则，视为世间万物的加速器，视为生根发芽、开花结果、生长收获的缘起；认为它带来了成千上万的福音，维系着生命、健康和幸福。一部分人认为，太阳崇拜是毫无杂念、客观唯物的——太阳是一个不断燃烧的，无生命、无智慧、无感情的巨大天体。另一部分人则认为，太阳崇拜并不简单；一个兼具真诚、智慧与善良的精灵控制着天体的运行，而他生活在太阳上，通过控制太阳维持宇宙及其间万物的生命，并默默守护着人类。这样的太阳崇拜已经脱离了自然宗教的道路，在抹去其中的物质主义色彩之后，假如它能和某种多神论融合到一起的话，那么它一样会表现为，崇拜一个无上之神的绝对权力，坚信神是全智、全能、纯粹、神圣、仁慈、博爱的，以及崇拜者们那虔诚且无条件的奉献。不难看出，这正是所谓的"日轮崇拜"。"阿托恩"很可能与"阿顿"（Aton）表意一致，"阿托恩"是阿多尼斯（Adonis）的词根，而"阿顿"则是阿多奈（Adonai）的词根，二者都含有"主"这层意思：这是表现品质的词汇，在用来形容人的时候，表示这个人的权威与统治不可侵犯，享有人们独一无二的崇敬与忠诚。或许"日轮崇拜"正是从一神论衍生而来的，毕竟那时候有越来越多的埃及人开始信仰一神论。同一时期，约瑟夫的后人已成规模，而众多的人口与特殊的信仰让他们成为社会的焦点。一位埃及历史学家曾表示："就信仰的形式来看，生活于沙漠中的以色列人与生活在阿玛纳（Amarna）的日轮崇拜者展现给我们的状态看起来有着某种神奇的平行关系；一些神圣的器物，例如《出埃及记》里所说的置于神龛内的'主日祭神时，用来摆放未发酵面包的供桌'在"日轮崇拜"时代不断出现,然而在别的时代却从未出现过。"他还认为,埃及人迫害以色列人的历史时期,恰好与"日轮崇拜"日渐没落、旧信仰东山再起的时期不谋而合,这意味着被压迫者身上的污点与骂名都是阿蒙霍特普四世及其继承者的手笔,因为他们实施了宗教改革。

"日轮崇拜者"的言谈举止让那些信仰旧宗教的人厌恶至极。阿蒙霍特普四世一登上王位就迫不及待地将名字改为阿肯纳顿,这是为了让自己和万神庙划清界限,只与至高无上的新任太阳神阿托恩为伍。纪念碑上再也看不到太阳神阿蒙的名字。中央政府搬到了阿玛纳,因为此前的城市信奉太阳神阿蒙和与之对应的多神论,而阿玛纳只信奉太阳神阿托恩,并建有阿托恩神庙。不过,敌意并不一定是蛮横无理的。阿蒙霍特普四世被称为"米哈尔马可胡(Mi-Harmakhu)",又被称为"敬爱的哈尔玛吉斯(Harmachs)",原因或许是他认为哈尔玛吉斯是太阳神阿托恩的一个分身。为了向太阳神阿托恩表达敬意,他还在席勒席里斯为其修建一座方尖碑。不过,这位"日轮崇拜者"并没有像"希克索斯统治者"那样走上偶像破坏之路,也没有如阿波庇那样要求"所有地区只能存在一神",更没有想过要颠覆传统宗教,创建一个特立独行、毫无杂念、焕然一新的皇家宗教。他留下了那些镌刻着旧宗教教义的纪念碑,只是把太阳神阿蒙的名字抹去了而已;即便是在底比斯,也只有几座太阳神阿蒙像被损毁。有观点认为,这次宗教改革的幕后推手是阿蒙霍特普四世的母亲泰雅,她不仅位高权重,而且运筹帷幄。她身上流淌着异国血统,白皮肤、蓝眼睛、面颊红润,头发则是亚麻色的。"日轮崇拜"可能来自泰雅的故土——可能是叙利亚,可能是阿拉伯,也可能是别的哪个国家。阿蒙霍特普三世在生前曾被她说服,好比所罗门被妻子们说服一般,给予了她信仰自由,并为她提供了举办庆典所需的所有物品。庆典进行当日，载着"最美日轮"的船只在无数崇拜者的目光中缓缓航行——有可能是在模拟一年之中太阳经过天堂的轨迹。我们在历史资料中看到，这场庆典举办于阿蒙霍特普三世在位第11年的阿瑟月（month Athor）第16日。阿蒙霍特普三世也出现在了庆典上。后来，他为泰雅建造了一座长1英里有余、宽1000英尺的人工湖，以方便泰雅在特殊日子里进行宗教活动。

在阿蒙霍特普三世生前，泰雅已经将"日轮崇拜"带入了埃及；在阿蒙霍特普三世去世，阿蒙霍特普四世继位时，她看到了一个机会：利用王权将自身信仰推广出去。阿蒙霍特普四世身强体健、面容像女人般清秀；额头微倾，鹰钩鼻很长，嘴巴有些前突，下巴圆润，看上去一副倔强的模样；长长的脖子仿佛无力支撑脑袋似的；修长的小腿有些变形，大概是被肥胖的身躯压弯的。他很依赖他的母亲，如前文所述，他对泰雅言听计从。由于宗教改革在底比斯推行得不甚顺利，所以他将首都搬到了阿玛尔纳，并在新首都"以超前的艺术形式"建造了神庙、宫殿纪念碑。这些建筑如今依然矗立在那里。

与此同时，宫廷仪式也有了改变。皇宫中忽然出现了许多异族官员——他们可能是泰雅的亲朋好友；在阿蒙霍特普四世面前，异族官员们可以说五体投地、奴态尽显。这在埃及皇宫中是从未出现过的情况。官员们卑躬屈膝，法老面露仁慈，如神一般；他将礼物撒向跪倒在下方的众人，而伟大的他则高不可攀。他是"日轮的光"，彰显着荣耀；他是太阳神，为人类带来礼物。人们低头掩面，不敢直视那夺目的光芒；人们匍匐在他脚下，恭敬地接受着馈赠。

阿蒙霍特普四世，也就是阿肯纳顿的宗教信仰被其继任者们延续了下去。可惜，这些法老的统治都不太持久，而且也没能维护好社会秩序。后来，霍伦赫布（Horemheb）登上了王位，肃清了"日轮崇拜者"，清理了"新首都"，抹去了前朝法老们的名字，甚至毁掉了他们所建的纪念碑。在霍伦赫布的努力下，民间也好，皇室也罢，都重新找回了旧有的宗教传统。此后，埃及再也没有出现过"异教"。

15 不知何时走下了神坛

　　"日轮崇拜"在埃及掀起的纷乱大概持续了四十年左右。在这段时期内，埃及甚至顾不上好好管理西亚领土。对于西亚政权的崛起而言，这无疑是个可遇不可求的重要契机。赫梯人惯用"以退为进"的策略。在埃及人步步逼近时，他们撤出了叙利亚，只保留了卡尔凯美什这一个地方，而没有再向南挺进。然而，在埃及人停下脚步时，他们又出现在了叙利亚的山谷里与平原上，并迅速征服了这些地方——曾是图特摩斯一世与图特摩斯三世的战果。他们虽然没能成为其统治者，却以统治者的身份控制着自幼发拉底河中段至地中海的广袤土地，以及托罗斯山脉，甚至埃及边境附近。被降服的部落有：生活在埃及边境一带的克哈鲁人，生活在巴勒斯坦中部、北部地区的鲁特努人，以及生活在科莱叙利亚南部地区的亚摩利人（Amorites）。赫梯人一路从科莱叙利亚的山谷打到了幼发拉底河，并占领了其间的大片土地。当时，赫梯是一个独立国家，拥有自己的统治者；而埃及在解决了"日轮崇拜"问题之后，必定会重新开疆拓土。正值此时，赫梯迎来了一位伟大且强悍的统治者，那就是来自希坦（Khitan）的萨普拉勒。

　　萨普拉勒一直对埃及东北边境垂涎三尺，而这一切都被拉美西斯一世看在眼里。身为塞提一世的父亲，拉美西斯一世是主流观点认为的埃及第十九王朝时期的第一位法老。在拉美西斯一世看来，优秀的防守同时也是优秀的进攻。所以在继承王位后，他立刻带兵冲进了萨普拉勒的地盘。他宣称，巴勒斯坦、叙利亚，以及美索不达米亚的西部地区都是埃及的领土，从来没有因为战争和灾难与埃及分离。萨普拉勒会不会接受拉美西斯一世的挑战呢？还是将这片土地拱手送人呢？萨普拉勒并没有放弃抵抗，然而在经过一番对战后，他不得不面对一个两难的选择。随着战争进入尾声，两位统治者握手言和，并签订条约，结为联盟。我们并不清楚具体内容，不过条约可能刻在一个银质的盘子上，采用了两国语言——埃及的象形文字和如今举世闻名的赫梯图形记录法。条约一共有两份，一份被送往了卡尔凯美什，另一份被送往了底比斯，两位统治者签字后立即生效。

第一场演出落下了帷幕，在经过短暂的和平后，第二场演出接踵而至，不过主演换了人。萨普拉勒也好，拉美西斯一世也罢，都已经去了极乐世界，王权落在了他们的后代手中。埃及法老拉美西斯一世离世之后，他的儿子塞提一世接过了统治大业；赫梯国王萨普拉勒的继承者是他的孙子马乌特纳尔，至于其儿子马拉萨尔大概已不在人世了。两位没有统治经验的青年才俊站在比邻的大地上互不信任、互不相让。他们都期盼着建功立业，一旦战争打响，他们也都会竭尽全力寻求胜利。毫无疑问，条约将他们的关系规定为盟友，规定两国互不侵犯。然而，联盟关系限制了追求自由的人，如同"青绳子"束缚了大力士参孙。在马乌特纳尔继位之后，两国在一年之内就撕破了脸，而且都掐准了对方的痛处。挑起战争的一方是塞提一世，他连王位都还没有焐热就急匆匆地率兵出征了，气势汹汹地攻打了位于叙利亚的要塞。

马乌特纳尔莫名其妙地败下阵来。他没想到对方的进攻会这么迅猛，柔弱的他还以为敌人会遵守承诺，或者给自己点面子。可是，被人们尊若神明的塞提一世是不会犯错的，他不愿被一般的社会道德规范所束缚。他一看到机会就挑起了战争，带兵踏过边境线，不仅反击了最近入侵过埃及的萨苏，还攻击了克哈鲁（Kharu）、叙利亚南部，以及詹尼亚（Jamnia）村一带——痛击了非利士人。随后，他又带领大军袭击了位于边境一带的鲁特努乡村。几个回合下来，他赢得了胜利。他与他那个常常随军出征的儿子一起对鲁特努人进行了屠杀。不久后，埃及大军又冲进了卡迭石地区。那是一座位于奥龙特斯河河畔的要塞，图特摩斯大帝曾在百年前占领过它。那个时候，卡迭石是亚摩利人的领土，而亚摩利则附属于希坦（赫梯），同时以同盟国身份拥有此地。塞提一世的行动十分谨慎。埃及大军对卡迭石发起了突袭，并顺利地战胜了驻军。当塞提一世乘坐着两轮马车呼啸而过时，畜牧人正平静地在城外的大树下放着牛和羊。等他们反应过来时被吓坏了，一时大乱，人人都在寻求保护——人也好，牛羊也罢，全都慌不择路地跑开了。埃及人张弓搭箭，没有放过那些放牧的人。城里的驻军奋起反击，一些士兵从城内冲出来和埃及大军对战，不过这些勇士还是失败了，并被赶尽杀绝；另一些士兵则隐身于城墙后，做着防御工作。然而，所有抵抗都是白费工夫，训练有素的埃及大军攻势凶猛，最终还是拿下了这座位于叙利亚北部的要塞。如此一来，奥龙特斯山谷彻底暴露在了入侵者眼前。

截至此时，赫梯人还在逃避战争。一方面形势对自己不利，另一方面尚未想好反击入侵者的办法，所以他们把属国推上了前线，自己则想方设法寻找退路，以守护家园。不可否认，在既有条件下，马乌特纳尔的准备已经相当不错了——兵分三路：步兵、骑兵、战车兵团。先锋部队与入侵者进行了殊死搏斗，而后是破釜沉舟的一战，不过胜利终究还是属于埃及人的。赫梯人所建立的政权"被推翻了"。我们可以看到一些颂扬塞提一世的华章："法老如胡狼一般凶猛，与赫梯人针锋相对；他如雄狮一般冷漠，寻找着各处的秘密通道；他如公牛一般有力，一对角锋利无比。他战胜了亚洲人，将希坦人击倒在地，要了他们王子的命，让他们血流成河。他是一道焰火，从他们中间掠过，让他们瞬间葬身火海。"

战争结束后，双方签订了和约。马乌特纳尔与塞提一世握手言和，表示从此结为盟友。埃及重获了叙利亚南部地区；马乌特纳尔则守住了叙利亚北部地区，以及稍远一些的奥龙特斯河流域。不过，埃及仍保持着和美索不达米亚平原之间的信息交流，毕竟塞提一世还管辖着奈里，奈里的首领依然在向埃及进贡。根据和约规定，他有权夺取位于叙利亚沿海地区的国家，所以他很快就占领了西里西亚（Cilicia）边境的塔哈伊；当然，这并没有影响到埃及与赫梯的关系。两国战争的第二场演出结束了，埃及获得了有利局面，不仅重新获得了大部分被夺走的亚洲地界，还获得了辉煌的荣耀。

第三场演出在大约三十五年之后拉开了序幕，那时候拉美西斯二世已经登上了宝座。拉美西斯二世继承了其父塞提一世的王位。在谈论第三场演出之前，我们需要简单地了解一下其他一些战事，那些战事都体现了塞提一世骁勇善战的一面，同时还将提到他的另一面，以说明埃及的军事实力还是走上了下坡路。塞提一世和北方强敌握手言和之后把军事重心转移到了西部边境与南部边境，开始征伐"蓝眼睛、白皮肤的塔赫努人"。自埃及边境至昔兰尼境内的非洲北部海岸，此间的广袤土地皆是塔赫努人的地盘；塔赫努人、埃及人、昔兰尼人，一直在这里你争我夺，好不热闹。塔赫努人是尚未开化的穴居民族，所拥有的武器只有弓箭这一种；平日里穿着长长的斗篷或束腰的长袍，前襟敞开。我们在纪念碑上可以看到他们那与众不同的形象：头戴两根鸵鸟毛，右侧垂着一条辫子，其他地方都没有头发。在实力强大的埃及步兵与战车兵团面前，可怜的塔赫努人可以说毫无招架之力。他们进行了激烈地反抗，然而结果不言而喻——一大批部落首领被俘获，大多数部落成员都躲进了山洞，"好似畏惧法老的豺狼一般藏进洞里"。埃及大军再次启程，一路向南，来到了尼罗河上游，与喀什人打了起来。趁着埃及忙于对战赫梯，喀什人频频跳出来捣乱，似乎很想借机挣脱埃及的控制。当然，塞提一世这次战胜了喀什人；喀什人虽然挣扎了一番，但很快就败下阵来。这位杰出的法老载誉而归，带回了无数好消息，"那广袤的土地，无处不是他的领地；那领地的尽头，无人不是他的奴仆"。

赫赫军功并没有让塞提一世头脑发热。尽管在叙利亚获得了巨大的胜利，不过在他看来，与埃及领土接壤的亚洲国家才是真正的敌人，自己恐怕很难长期统治那片土地。他没有将军队撤出那些被征服的国家，而是一边将被征服者的俯首称臣昭告天下，一边加强了对进贡制度的管理，以防患于未然。为了防御亚洲人的入侵，他打算在东北边境地带修建长城。塞提一世长城的起点在贝鲁西亚，呈西南走向，穿越海峡、途经密夺后抵达比东，也就是黑里欧波里斯；潟湖边际线由此发端，继而连接红海北端。研学历史的人自然会联想到其他国家的城墙防御工程，例如，中国长城抵御的是外族；位于多瑙河与莱茵河之间的罗马城墙抵御的是德国人；英国境内也有三段罗马长城，抵御的是北方蛮族，是罗马帝国行省的保护网。塞提一世长城的修建旷日弥久，直到拉美西斯二世执政时期才宣告竣工。长城修好了，埃及帝国却在渐渐衰落；此后，它得小心翼翼地御敌自保了。

在这个结局到来前，塞提一世和拉美西斯二世一起执政了数个年头；而后拉美西斯二世成为唯一的统治者，他计划投入全部精力，通过不懈努力，将埃及带回图特摩斯三世时代——重新成为西亚地区的霸主。拉美西斯二世继位时，与塞提一世争斗一辈子的马乌特纳尔好像已经去世，他的弟弟基塔瑟尔继承了王位。基塔瑟尔为人勇猛，可谓初生牛犊不怕虎。虽然埃及和赫梯有约在先，不过基塔瑟尔还是着手和位于上叙利亚的邻国进行了一系列秘密磋商，并暗中结为联盟以防御埃及接下来的扩张行动。假如有机会的话，他们希望将埃及赶出亚洲。这个联盟的成员主要有、奈里、美索不达米亚西部等地的"埃及属民"；阿拉杜斯（Aradus）人；马苏人，又称为穆斯麦西斯人；莱卡人，即利西亚人；卡尔凯美什人；生活于奥龙特斯河流域的卡迭石人，以及阿勒颇人、阿纳乌卡萨人、阿卡丽塔人等——无不是好斗之人，而且善于以战车兵团出战。拉美西斯二世在洞悉了基塔瑟尔的密谋之后，决裂之心骤然而生，而且再没有比这更合适的出兵理由了。他率兵挺进了叙利亚，旨在将危险彻底解除。由于不知道敌军的攻击点，所以埃及大军行进得十分小心。拉美西斯二世将军队分为4支，以方便接应。他们一路北上，来到了科莱叙利亚（Clesyrian）山谷；在盟军据点送来战事消息前，他们暂时驻扎在卡迭石境内的赫姆斯湖（Hems）湖畔。随后，他们抓获了对方两名侦察兵，并从他们口中得知赫梯人其实早已抵达卡迭石，只是在听到埃及大军大举挺进后，已悄然退至阿勒颇东北100英里左右的地方。如果拉美西斯二世听信了侦察兵的话，选择继续大举挺进卡迭石，那么埃及大军就会落入陷阱，必输无疑。实际上，联盟军队在湖的彼岸设下了埋伏，士兵们正趴在低矮的堤坝上。不过，拉美西斯二世十分谨慎，在他的授意下，埃及人对侦察兵再次进行了拷问，以确保他们的话真实可靠。在这种情况下，侦察兵说出了真相，并将联盟军队的埋伏点供了出来。所以说，随后所进行的战斗并没有什么特别之处，既没有突然的行动，也没有突发的事件。基塔瑟尔见计划失败，于是率兵冲出了掩体，向埃及人发起了进攻。他的军队显然经过精心编排，充当前锋的是精良的战车兵团，助力侧翼与后方的则是非正规军。埃及大军的 4 路兵马中，好像有一路"消失"了，也可能回到后方进行防卫工作了；剩下的 3 支，一支沿奥龙特斯河岸左侧挺进，另外两支沿右侧挺进，左右队伍之间保持着适当的距离。赫梯军队的左翼兵马率先发起了进攻，与他们对战的是埃及大军的右翼兵马；赫梯人终于可以和"拉之旅"[1] 比个高下了。赫梯军队实力不凡，"拉美西斯二世大军的步兵与骑兵纷纷败下阵来"，"拉之旅"溃不成军。在听闻这一噩耗后，拉美西斯二世当即决定带兵渡河，以支援前方兵马；然而，还没等他采取进一步的行动，赫梯军队就已先一步渡河成功，并分作两路人马冲了上来。仇敌相见，分外眼红。因为侍卫门纳（Menna）对战车驾轻就熟，所以拉美西斯二世的战车很快便突出了赫梯战车兵团的重围。可是其他埃及战车却落后了许多，以至于拉美西斯二世的战车脱离了整个战车兵团，不得不在冲破对方第一道火线后，独自面对紧随其后的第二道火线，可以说是腹背受敌，危险至极。在这种情况下，被埃及人夸夸其谈了几千年的荷马史诗般的战役终于打响了：孤独的斗士面对着约 2500辆赫梯战车。对于赫梯军队而言，这位埃及统治者仿若狄俄默德（Diomed）或阿基里斯（Achlles）一般的存在，不管何时何地地出现都意味着死亡与毁灭。"就像是神明蒙图附体，"拉美西斯二世是这样说的，"我一边用右手投掷飞镖，一边用左手拼杀；我像歇斯底里的太阳神一般与他们对战。我的四周有 2500 辆战车，我被团团围住了；敌人冲了过来，却在接近我的战车时颓然倒下。他们已无力作战；他们的心脏骤然紧缩；他们的手脚

---

[1] 埃及军队的别称。——译者注

失去了力量，投不出飞镖，拿不起长矛。如同鳄鱼沉到了水底，他们纷纷倒地不起；我大开杀戒，他们中没人回头，也没人转身。凡是倒下之人，都不可能再站起。"

在庞达乌尔（Pentaour）的史诗中，一国之君身处险地、无人相助，正如拉美西斯二世的纪念碑所镌刻的那样；事实的确如此，虽然只有短短的几分钟。然而，对于这位埃及统治者而言，那几分钟远远长过几个钟头，尽管他并不是没有突围的可能。不可否认，在法老战车失去踪影之后，埃及人开始了疯狂的寻找，生要见人死要见尸。他们突破了赫梯军队的第一导火线，飞速前去营救他们的领袖。与此同时，面对第二道战车火线的拉美西斯二世已经杀死了很多赫梯士兵；第二道战车阵营在他的抗击下已失去了作战能力。那些匆匆赶来的将领看到拉美西斯二世已经赢得了绝对优势。第二道火线被击破，赫梯战车仓皇出逃，战车兵团七零八落。在一部分慌不择路的士兵的"带领"下，赫梯军队朝奥龙特斯河逃去，有的人跳水逃生，有的人不得不接受无处可躲的命运。在这些人当中，有一位是阿勒颇的统治者，他的部下拼尽了全力才把他救出来；被拖上东岸时他已经气若游丝，差点一命呜呼。赫梯人要么血染沙场，要么命丧河川，死伤无数，其中包括为基塔瑟尔驾驶战车的侍卫格拉巴塔萨、负责指挥骑兵团的塔拉克纳斯、将军拉布苏纳、大臣奇拉布萨尔，以及基塔瑟尔的弟弟马特苏拉玛。

翌日再战，没多久，基塔瑟尔就退回了后防线。随后，在他的授意下，一位使者谦卑地来到埃及军营中求和。拉美西斯二世及其部下对此进行了紧急磋商，而后他们接受了赫梯人的臣服。在没有举行受降仪式的情况下，拉美西斯二世带兵返回了埃及。与战争胜利相对应的是巨大的代价。基于埃及现有的资源，拉美西斯二世已经不能再贸然行事了，或者说不能再逆势而征，去扩张未知的疆域了。

事实证明，打赢一场速决战与打赢一场持久战完全是两码事。尽管拉美西斯二世赢得了卡迭石之战，并在此后数年中赢得了叙利亚地区的各种战斗，但是不可否认的是，就推翻赫梯政权这个方面而言，他从来都没有胜利过。最后，他无奈地接受了自己的失败，对永不服输的赫梯人怀柔以待。在卡迭石之战过去十六年之后，他和基塔瑟尔在和约上签下了各自的大名。这份和约被镌刻在银盘上，规定双方从此以后各安其位、互不侵犯。两国得以建立起了真正意义上的平等外交关系：不管在何种情况下，双方都必须保持克制，不得侵犯对方；当一方遭遇第三方侵犯并求助时，另一方必须伸出援手；双方必须将所有企图逃避法律制裁的罪犯，以及企图背叛国家的人引渡回国；双方必须赦免投降的对方士兵。在此后十三年间，两国还借助联姻等方式进一步巩固了盟友关系，双方互惠互利，关系稳定。拉美西斯二世在其登上王位的第46年，也就是他独立执政的第34年，向基塔瑟尔提出了迎娶赫梯公主的请求。这样一来，往日的敌人转身成了他的老丈人，敌人的女儿成了他唯一的合法妻子——埃及的王后。

埃及和赫梯的关系已经彻底改变了，与此同时，埃及与其亚洲属国的关系也已不同往日。宗主国和属国的盟约不再像图特摩斯三世时期那样坚不可摧；不过埃及统治者只想明哲保身，对现状并不太苛求，毕竟属国的臣服最起码可以迎合其作为宗主国首领的虚荣心，他对实际统治权并不在意。在拉美西斯二世与基塔瑟尔握手言和之后，埃及对亚洲地区的影响日渐式微，甚至一度中断。虽然偶尔有一部分心有猛虎的埃及统治者试图在亚洲重整旗鼓，并通过努力赢得了暂时的成功，不过总的来看，埃及已无法挽回在亚洲的败局。它回到了从前，又一次成为一个地地道道的非洲国家，被禁锢在世代传承下来的那片土地上。

在军事方面，从塞提一世和拉美西斯二世共同执政时开始，埃及就已经呈现出颓势；然而与之形成鲜明对比的是，埃及艺术却在这两位统治者的推动下渐渐迎来了巅峰时刻。毋庸置疑，他们在建筑领域内的成就可谓"前无古人，后无来者"，虽然其建筑作品的规模都比不上"第一金字塔"和"第二金字塔"，不过就数量、类型、精美度、艺术性，以及精工细作等方面都是无与伦比的，不仅超越了埃及境内的其他纪念碑，也超越了他国的所有纪念碑。当然，希腊的雕塑作品是举世无双的，例如其造像、高凸浮雕，以及浅浮雕等。除了希腊，埃及在建筑界可谓所向披靡，堪称最善于用石头或大理石表现精神世界的民族。在塞提一世时代与拉美西斯二世时代，埃及建筑迎来了黄金时代。塞提一世修建了赫赫有名的卡纳克神庙的柱式大厅，那位名不见经传的建筑师打造了世上最璀璨的单体建筑，就算如今只剩下废墟一片，我们也无法否认它曾闪耀着举世无双的光芒。这座大厅有330英尺长，170英尺宽，室内面积为56000平方英尺，如果算上墙体、桥塔等部分，其占地面积实为88000平方英尺，已经超过了坐落于科隆的、阿尔卑斯山以北地区占地面积最大的班贝格大教堂。这座柱式大厅的支撑柱有164根之多，而且巨大无比；中间有12根石柱相对而立，高度为66英尺，周长为33英尺，并形成了一条主道；左右两侧各有一排柱子，主要用以支撑大厅两翼，每排6根，高度皆为42英尺，周长是27英尺。屋顶建材是实心的石块，无异于图特摩斯三世所建造的那座规模相对较小的柱式大厅，上面建有天窗以便采光。无论是屋顶上，还是石柱上，抑或是墙壁上，皆是各种浮雕与象形文字，艺术气息浓厚，堪称神庙中最壮美的部分，令人眼花缭乱。作为一位知名的现代建筑学家，弗格森认为："它的壮美是无法形容的，任何艺术家都无法再现这种形式的美，无法让未曾见识过的人见识一番。日光从天窗透进来，照耀着巨大的中柱，而稍小的侧柱则处在朦胧之中，这样的布局与采光的设计营造出一种无限延伸的空间感；柱式大厅庄重而不失美感，装饰装潢斑斓多彩，很好地彰显了建筑的优越性，不过，如此令人叹为观止的作品只会诞生于特定的环境，终究是复制不了的。"

塞提一世不仅打造了埃及最优秀的宫殿，还创造了最优秀的陵墓。那些金字塔规模巨大，而且工程技术令人惊叹。它们表达着一个极为单纯的想法，而且布局简单，装饰简朴。人们一眼就能看到它们的全部，而不需要一步步探究，一次次被震惊。在所有的岩石陵墓当中，最恢宏的当数塞提一世之陵，俨然是"凿于岩石间的奢华宫殿，覆满了各种皇家装饰"。陵墓内外，有许多通道、内庭、廊道、楼梯，以及柱式大厅，一个个渐次排列，逐渐远离入口。这些建筑的表面覆满了画作，内容丰富，而且大多数都已画完。塞提一世之陵的主体构成大致如下：柱式大厅三座：其一有27英尺长，25英尺宽；其二有28英尺长，27英尺宽；其三有43英尺长，17.5英尺宽；拱顶大厅一座，30英尺长，27尺宽；内庭6间，大小不一；楼梯3段，以及廊道两座。从入口到尽头，无数套房镶嵌其中，浮雕绵延不断。"那个极为单纯的想法——将法老带入阴间。陵墓深处四处可见高大的鬼怪与豺头人身的神明——充斥着天神与鬼怪的善恶交错的世界；象征着正义的女神长着鸵鸟毛；承载木乃伊的驳船来到了圣湖中央，而后悠悠升空；木乃伊自不可少；还有那巨大的、永不覆灭的、千姿百态的蛇——有的长着人腿、有的长着人头、有的头顶皇冠、有的缠着木乃伊、有的盘绕着，布满整个廊道的墙壁，台阶一端顶部是"蛇头"，拾级而下，达到底端时方能洞见"蛇尾"。最后，我们来到了终点——那座拱形大厅。一个斗大的汉白玉棺椁静静地躺在大厅正中，棺椁内自然是法老的遗体。在这个地方，无论是自上而来的，还是自下而来的，抑或是从四周而来的鬼神都抵达了目的地——绕着圈——有黑有白、有红有绿——巨大的腿、手臂、翅膀出现在天花板上，而天花板下则是静静的石棺。

拉美西斯二世的建筑成就体现在另一种完全不同类型的建筑上：巨大的个人雕像；这多少与其难以满足的虚荣心有关，同时亦是其人格的体现。他为自己建造了 4 座雕像，每座都高达 70 英尺；它们建在雄伟的阿布辛拜勒（Abu Simbel）石神庙——"我们今天所能看到的最卓越的一座石神庙"——的正前方，令人难以忘怀。那位卓尔不凡的统治者在那里屹立不倒，漠然地、严肃地、以非凡之人的神态——深不可测的宁静，夹杂着些许鄙夷——永久地凝望着地平线——从微微泛白的蛮荒之地努比亚，渐渐延伸至昏暗的远方。坐在毫无杂质的沙地上，我们得以见到那位长期统治着埃及，且功勋卓著的法老。除埃及外，我们还能在努比亚与埃塞俄比亚看到许多有关他的纪念碑。"不必仔细打量他的模样，那雕像毕竟比真人大十倍——无论是耳朵还是嘴巴，不管是鼻子还是项圈，所有的连接与线条都极易让人产生如临高山的错觉；四座雕像的面部特征大同小异，不过第四座的上部已不得见。如果你能看到它们，那么你会发现，建在北面的两座已被风沙淹没了咽喉以下的部位；而建在最南面的那座则是最完整的，顶部的皇家头盔保存完好，底部的巨大趾尖也都能完全看到。"站在它们面前，我们不禁想到，它们属于古代人类社会最伟大的统治者之一，它们代表着那个"遥远"的时代，遥远到希腊与罗马尚未登上历史舞台，或者说刚刚登场。不管是在坊间传闻中，还是基于科学的年代推算，这位统治者都征服过以色列人——因为他，摩西只能背井离乡，即便在他去世后，摩西也不愿从米甸回到故乡。

埃及古代史专家无不认为，拉美西斯二世就是希伯来人的"压迫者"。或许从塞提一世执政时期开始，希伯来人就遭遇了压迫与虐待，而这样的情形至少持续了近八十年，经历了两段统治时期，如此说来，即便塞提一世是始作俑者，拉美西斯二世及其继任者也都脱不了干系。泰勒马斯库塔残存的砖石刻有他（拉美西斯二世）的名字，于是我们知道了，拉美西斯二世不但创建了比东（Pithom），还创建了兰塞。不管怎样，他的残暴与苛刻激怒了摩西，令以色列不停地"叹息"与"呻吟"，让神明对这世间疾苦心生恻隐，"他们的世界里只有灰泥与石砖，他们是荒野上的苦役，生不如死"。在古埃及，拉美西斯二世堪称产量最高的建筑师，一直在孜孜不倦地建造着。如果说"塞提一世所修建的柱式大厅"是世上最恢宏的单体建筑，那么拉美西斯二世就是埃及历史上最具建筑才华的法老。从纪念碑的碑文中不难看出，那些苦役都是强制征募来的，而且大部分都不是埃及人。有一种说法是，那些碑文中所写的"Apem"或"Aperiu"指的是希伯来人，不过这种说法并未得到公认。另外，"这个词也常常用来表示替希伯来人干活的外国人，特别是被征服者，所以它是个普通名词，而非特指希伯来人。"

我们在雕像身上看到了塞提一世与拉美西斯二世迥然不同且令人困惑的面部特征：塞提一世看上去像非洲人，身强体健、眉目凶悍、鼻梁较塌、嘴唇较厚，下巴较大且前凸；拉美西斯二世看起来则像亚洲人，额头低平、鼻形接近鹰钩鼻，鼻子较大且高挺、嘴唇线条明晰、唇部不厚、下巴较小且精致，眼神充满了忧郁感，仿佛是在思考什么问题。由此可见，塞提一世拥有纯正的埃及血统，尤其是南方人血统，而拉美西斯二世则从其闪米特人母亲那里获得了亚洲人的基因；他没有继承塞提一世的强悍与活力，而是表现出了感性、温和、安静，以及爱好广泛等性格特质。对于他来说，至关重要的战争都出现在其 21 岁之前。他统治了埃及 67 年，而且独立统治时期长达五十年。虽然他被人们称为"伟大的斗士"，不过他最辉煌的成就其实都是和平的象征：修筑长城以守护埃及东部边境；修建坚固的军事要塞及"储城"；在尼罗河与红海之间修建运河；在各地大兴土木，用庙堂、方尖碑、雕像等建筑将埃及装饰得焕然一新。

16 麦伦普塔与巫术

拉美西斯二世的继承者是他的第十三子麦伦普塔，而且其继位过程相当顺利。彼时，埃及和邻国关系和谐：虽然拉美西斯二世撒手人寰，不过埃及和赫梯的和约依然有效，再加上早先的联姻，埃及东部边境毫无异状。南部边境与西部边境无须担忧，那些地方鲜有强敌出现。然而，埃及国内却暗流涌动，许多属民早就不满于备受压迫欺凌的苦难现状，不过是因为不愿打仗而一直在委曲求全，只能说他们还没有揭竿而起的觉悟。麦伦普塔继承王位的时候似乎才 25 岁，他本可以缔造一段长久且和平的统治时期，或者在执政期间因冷酷本性而不问世事。

麦伦普塔眉目清秀，男生女相；眼睛很大，但眼神迷离；鼻子近似鹰钩鼻，上嘴唇很短，面颊较宽，下巴圆润。他本性柔弱、不够果断、缺少男子汉气概，所以他最终成了一个严苛、抑郁、叛逆的人。纪念碑碑文对他的定义不是统治者，也不是斗士，而是"一心想要把将魔法与巫术合二为一之人"；在他看来，这件事是重中之重。假如和平稳定未被打破，假如他继位时所设想的长治久安能真的实现，那么他大概有机会敷衍地完成其统治任务，并不会令埃及遭受重创、荣誉尽毁。然而，天不遂人愿。在他继位之后不久，一场突如其来的灾难将美好的未来彻底打破了：一群令人胆寒的入侵者闯进他的势力范围，并四处烧杀抢掠。临危之时，他死里逃生，不过方式却难以启齿，进而又引爆了内部矛盾。一个向来备受宗主国埃及重视的附属部落忽然之间站了出来，强烈要求独立自治；为了稳住这个部落，埃及付出了沉重的代价。此时的埃及实力早已大不如前，所以很快便遭遇了一场公开的骚乱。麦伦普塔在和平时期继承了王位，却在一片混乱中结束了统治。他不仅懦弱，而且无能，明明已经看到了那么多社会问题，却没有及时地解决，更不用说那些衍生问题了。他优柔寡断、畏首畏尾、忍气吞声、言而无信，终究还是把埃及送入了火坑，以至于后来者耗尽一生的时间也未能重回巅峰。

来自西北边境的入侵者率先打破了他的平静。在那之前，黑人部落常常会侵扰那里，不过对于埃及而言威胁并不大。喜欢战斗的埃及统治者们大多会时不时地出兵西北，通过战斗削弱塔赫努人、玛克叙埃斯人（Maxyes）等蛮族的实力。这么做一方面可以加强自身的权威性，另一方面也可以提醒他们不得轻举妄动。在埃及法老们看来，这是自己所肩负的一项重任。如前文所述，这里曾是拉美西斯二世缔造无数辉煌的地方。然而从那之后，随着时间一年年流逝，当地新生代在埃及人的默默注视下自由自在地长大了，在他们看来，自己的邻居是随遇而安、任劳任怨的。然而，随着人口与日俱增，原住民们感受到了生存空间的不足，并打算向外扩张。于是，他们和自己第一次在真实历史中听说的种族签订了盟约，达成了合作关系。两个民族结为了盟友，而这支联合军队的实力不容小觑。这样一来，同为游牧民族，且同样贫穷的迈尔迈里卡人（Marmarica）与昔兰尼加人（Cyrenaica）岂不是能够轻松拿下他们觊觎已久的地处东部边境的富饶平原了吗？联合军队的指挥者名叫玛尔迈尤（Marmaiu），是一个非洲土著部落的王子，他的父亲名叫迪德（Deid）。他下定决心要征伐埃及，不为抢夺资源，只为开拓领地。他先是在本土组织起了一支武装力量，然后在鲁布、塔赫努、玛舒阿什、卡哈卡等地征得了 25000 ～ 30000 兵马，还从其他种族招募了很多雇佣兵。这样，玛尔迈尤大军的最终人数在 35000 ～ 40000 人之间。

编外军队涉及五国兵力：阿库沙、鲁库、图尔沙、舍克鲁沙和沙塔纳，又称施尔登（Sherden）。就民族而言，即许多现代埃及历史学家们所说的阿吉安－拉科尼亚人、泰尔森尼亚人（Tyrsenians）、西西里岛人（Sicily）和撒丁岛人（Sardinians）。若真如此，那么我们就必须做出这样的推断：欧洲南部国家在公元前 14 世纪左右时已十分发达，他们的舰队已经可以驶入地中海，成为这支非洲大军的一部分，共同征讨那个彼时世上最先进的君主制国家，那个由法老统治的历史悠久的国度。不可否认，早在阿伽门农诞生的一百年前，来自伯罗奔尼撒的阿吉安人就划着小船来到了黎凡特（Levant）；他们是探险者，也是掠夺者，他们中的大部分登陆了非洲北部海岸，并参与了一场正式的战斗。如果要为拉科尼亚人画一幅肖像的话，那么他们一定带着蒙尼拉乌斯（Menelaiis）的特质。蒙尼拉乌斯的祖父名叫阿特柔斯（Atreus），他的曾祖父名叫珀罗普斯（Pelops）；在阿特勒斯时代或珀罗普斯时代，拉科尼亚人参军入伍并来到了尼罗河三角洲地区，和《出埃及记》中所写的埃及统治者进行了较量。在此大概七个世纪之前，图伦尼亚人（Tyrsenians）发展迅猛，并拥有实力强劲的舰队。我们还可以推断，在公元前 750 年至公元前 600 年期间，希腊人与罗马人第一次登上了西西里岛与萨丁岛海岸；他们所见到的原住民是西舍尔人（Sicels）与撒迪人（Sardi），在此大概五个世纪之前，这两个民族盛极一时，而且擅长航海。我们勾勒出了一幅出人意料的古代世界图卷，它迥异于希腊文学作品中的各种描述，不过这幅图卷未必不是真的，毕竟许多国家都轻易地脱离了文明轨道回到了未开化状态，如同人类从未开化阶段走进文明社会一样。由此可见，欧洲东南部国家在公元前 14 世纪至公元前 13 世纪已拥有颇为发达的文明，以及先进的艺术，而非人们所看到并以为的，还要经历六百年的洗礼，待到迷离的晨光背后那漫长的幽暗时代过去之后，真正的希望才会款款而来。

毋庸置疑的是，麦伦普塔在继位后的第 5 年不得不面对一支实力强劲的联合军队，以及他们莫名其妙的入侵。在此之前，这样的情况在埃及历史上从来没有发生过。玛尔迈尤及其率领的联合军队对尼夫塔进行了攻击。这支联合军队的士兵主要来自塔赫努的三个部落：鲁布（利比亚人）、玛舒阿什（玛克叙埃斯人）、卡哈卡人；另外，随他出征的还有一支编外军队，士兵来自阿库沙（Akausha）、鲁库（Luku）、图尔沙（Tursha）、沙塔纳（Shartana）、舍克鲁沙（Sheklusha）等五个部落。玛尔迈尤大军的兵力详情如前文所述至少有 40000 人，同时还配备了大量战车、弓箭、盔甲，以及青铜剑或铜剑。他们带着皮帐篷、妻子、儿女来到了埃及，并计划定居于此，和五个世纪前希克索斯人所做的如出一辙。不仅如此，在他们的队伍中，还有无以计数的牛羊；那些部落的首领有自己的专属座位；他们的部下和他们一样拥有数不清的酒杯，金的、银的、青铜的，各式各样。

他们进攻的路线是从埃及西部地区到尼罗河三角洲地区的尽头。最初，战争军事呈现出一边倒的状态。联合军队拿下了边境附近的小城镇，并将它们“夷为平地”，而后挺进了尼罗河三角洲地区，攻占了地处尼罗河支流卡努比克河与塞奔尼缇克河交汇处的普罗索比省。在攻下这个地区之后，玛尔迈尤大军对孟菲斯与黑里欧波里斯的威胁就大大增加了。麦伦普塔赶紧在周边城镇设下工事，或许还加固了既有的军事堡垒。与此同时，利比亚人及其盟友正在辽阔的平原上作恶。如一位埃及作家所述：“人们从来没有看到过那样的场面，即便是在下埃及统治者执政时期；那个时候，匪徒（希克索斯人）肆虐，上埃及的统治者们却心有余而力不足。”

　　埃及堕入了悲惨世界，埃及人“被吓得说不出话”，曾经的丰裕之地被肆意践踏，化为废墟；城镇被洗劫，海港被破坏。麦伦普塔一度被困在孟菲斯，也曾死守城门；在他看来神明卜塔会保护自己。他想方设法组建起了一支人数众多的部队，同时他的部下们也在埃及各地招兵买马；他派出使者前往亚洲各大国征募了许多雇佣兵。万事俱备，麦伦普塔打算在第14日率军反击。然而，还没等到那天的来临，他就已经打起了退堂鼓，他说他“梦见”“一个好似神明卜塔的身影阻碍了埃及大军前进的道路”，那个身影还发了话，“你必须原地不动，让士兵们去和敌人比拼”。这位敬畏神明的统治者听从了那个人影的建议，对于他来说，这个建议出现得正是时候；他安稳地躲在城墙背后命令军队——埃及大军与雇佣兵前往普罗索比省与利比亚人决一死战。敌对双方在艾匹菲月[1]的第3天（也就是5月18日）正式打响了一场你死我活的战争。经过六个钟头的激战，埃及人获胜，联合军队受挫。麦伦普塔一度耻笑利比亚人的首领都是胆小鬼，因为他们在失败后撤退得异常迅速，不仅没有带走营地里的装备，就连专属宝座、珠宝首饰、弓箭袋、鞋子等也没有带走。麦伦普塔自然想不到，他自己有朝一日也会沦落到如此境地，而且表现得将更加懦弱；受其耻笑之人至少奋不顾身地和对手较量了六个钟头，无奈对手意志顽强、兵力充足、武器精良、有组织有纪律，才会败下阵来。尽管如此，利比亚人也是厮杀到了最后一刻才选择退兵的。可是麦伦普塔却不同，为了自保，他选择躲在城墙背后坐享其成，而他的军队却在前线舍身御敌。历史资料并没有提

---

[1] 《马卡比书》一书中所提及的月份名称。——作者注

到玛尔迈尤在普罗索比之战作何表现，所作所为是否符合王子及统帅的身份，不过有记载表明，拉美西斯二世之子麦伦普塔不愿亲赴战场，胆小如鼠、畏首畏尾。

普罗索比之战联合军输得很惨。玛尔迈尤大军中大概有八九千人死于战场，另有数据显示，死亡人数在 12000 ~ 13000 人之间，被俘人数超过9000 人。埃及人还额外获得了许多帐篷、装备，以及牛羊。联合军队一战崩盘。玛尔迈尤带着侥幸逃脱的士兵返回了部落领地，并表现出和平共处的趋势，起码他不愿再与埃及人你争我夺了。虽然来自不同种族，但雇佣兵们一直认为，再也不要和利比亚人为伍了，让他们独自作战去吧！此后，阿库沙人与鲁库人就从埃及历史中消失了；图尔沙人与舍克鲁沙人虽然还有音讯，但也只是以埃及敌人的身份偶然出现过；沙塔纳人，也就是沙达纳人，被埃及人的英勇所折服，没过多久便成了埃及军团的一分子，并备受信任。

埃及军团在普罗索比浴血奋战之时，胆小怕事的麦伦普塔以神旨为借口躲了起来，然后事后他却把功劳都揽在了自己身上，那高傲的样子就像是他亲自出征夺取了胜利一般。他还大言不惭地说："想到埃及来撒野，鲁布人还是先好好掂量掂量吧！他们是一条船上的贼，没人能逃得过。我对天发誓要让他们得到应有的惩罚。瞧啊，我战胜了他们，将他们置于死地，并踏上了他们的土地。我让埃及重新获得了辽阔疆域，我让城镇居民们重新获得了幸福生活。"可是那些埃及军团的将领们，却如罗马诗人所说，只知道暗中埋怨"Sicvo Snonvobis"[1]。

---

[1] 意为"如果真像你说的那样，那就好了"。——译者注

据历史记载，在击败了玛尔迈尤之后，麦伦普塔很快又遭遇了第二场灾难。在拉美西斯二世去世数年后，摩西遵照神旨打算从米甸回到埃及。或许是因为羞愧，又或许是因为有些不愿意，他迟迟未能抵达埃及，并迟迟未求见法老。假如在摩西想要硬着头皮进行第二次求见之前，玛尔迈尤大军已经来袭，那么摩西肯定会待到战争结束再行求见，免得让法老觉得不合时宜。由此可见，在摩西首次求见之后，以色列人受压迫的时间或许比我们想象得更长。等到麦伦普塔登上王位的第六、七年，神的使者方才着急求见，并带来了一个又一个神旨。神旨似乎会在埃及定期显现，例如鼠疫。这场瘟疫持续了将近六个月的时间，爆发于前一年的 10 月初，结束于后一年的 4 月份。最初，法老并没有意识到鼠疫的严重性，直到其长子因病去世。我们在一座纪念碑的碑文中看到，他因丧子而悲痛万分。瘟疫不仅夺走了他的儿子，还夺走了他数以百万计的国民；他认为这是某种恐怖力量在作祟，以至于他的想法发生了逆转：迫不及待地想要将以色列人驱逐出境，如同早先迫不及待地想要留住他们那样。尽管是晚上，他还是把摩西与亚伦（Aaron）叫了来，对他们说："起来吧！带着以色列人，离开我的国家！如你们所说，去追随耶和华吧！如你所愿，牛羊都给你们了！请祝福我吧！"对此，摩西早有心理准备。他让大家做好准备，系好腰带，穿上便鞋，手持棍棒，然后一声令下，带走了所有人。"以色列人离开了兰塞，向疏割走去，除却妇女儿童，大约有 60 万名男性；与他们一起上路的还有许多外族人，以及羊和牛。"

到了这个时候，麦伦普塔却又有了新想法。"滚沸如水"的情况并不鲜见。他听说，以色列人并未走进沙漠，而是绕过沙漠一路向南，并暂时落脚于埃及境内的一个小地方。那里面朝红海，背靠高山，北面有可能与如今的提姆塞湖，至远为"苦水湖"相接。在麦伦普塔看来，以色列人是极好的奴隶，他们的侍奉十分到位。鉴于此，他想把驱逐者追回来。他马上调集了周边人马，并组建了大规模的步兵团，以及拥有六百多辆战车的战车兵团。军队沿着以色列人的线路前行，最终在红海西部海岸，及"密夺和海之中，正对巴力洗分（Baal-Zephon）"的地方追到了以色列人。具体地点已无从考证，毕竟现在红海的地形与位置都与那时不同了，同时古埃及的地理位置也无法完全确定，我们总能看到许多一样的地名；当然，根据推测，那个地方大概处于苏伊士与苦水湖最南端之间，而今已是一片陆地。在当时的这样一个地方，海水涨落会直接影响湖水水位的高低，所以当麦伦普塔晚上抵达时，随着海水的退去，以及"强劲东风"的刮起，苦水湖的水位降到最低并露出了湖底，而以色列人正是趁着夜色渡过了这片水域。天亮后，麦伦普塔又一次躲在安全的后方，而派出了战车前去追捕。前方有一段泥泞的路段，行走起来艰辛且危险，所以行军速度大打折扣；中途有战车深陷泥淖，有战马滑倒在地挣扎个不停，俨然是兵荒马乱的真实写照。还没等到兵马与战车从泥潭里走出来，海水又从东南面席卷而来，高潮不断、汹涌澎湃；一阵狂风自地中海方向而来，将西北面的苦水湖吹得乱作一团，湖水随风向埃及军队扑来。夜间的地峡，白日的海洋，追击以色列人的埃及士兵全部遇难。以色列人已经抵达了彼岸，此时毫发无损；他们亲眼见证了敌人的自毁，亲眼看到好几百具尸体被巨浪冲回岸边，冲回之前他们暂时歇脚的营地。

在灾难面前，埃及统治者感觉心力不足，于是放弃了追击。就数据而言，他的损失算不上巨大，可是他失去了埃及皇家军团中最精锐的部队，换句话说，灾难摧毁了埃及的精锐之师。对于这次挫败，有人说是因为埃及主神在发怒，还有的人说是因为统治者懦弱无能。随之而来的是叛乱。根据纪念碑碑文所述，在麦伦普塔执政的最后一年，即第 8 年时，阿蒙梅斯（Amenmesse），又称阿蒙梅西斯，企图以神明阿门之名夺权篡位，彼时麦伦普塔的儿子塞提二世已经登上了政治舞台。阿蒙梅斯得偿所愿，坐上了宝座，不过在此后的许多年里，埃及遭遇了无休止的内乱。政权日渐式微之时，内乱便会接踵而来，然后是残酷的杀戮和社会的动荡。

然而，在历史上的最后两个王朝里，埃及的建筑艺术发展抵达了巅峰。建筑史学家弗格森认为，塞提一世在卡纳克神庙中所修建的柱式大厅是"人类所创造的最杰出的建筑"，是"有史以来最辉煌的建筑"；阿布辛拜勒神庙的岩石切割工艺是"世界上最精湛的"。这些建筑杰作不仅规模庞大，而且装饰精美。就占地面积而言，它们和最宏伟的金字塔不相上下，而且同为巨石所建。在底比斯，无论是宫殿还是神庙都拥有丰富多样的装潢与装饰，堪称先河之作。在狮身人面像和巨型雕像的簇拥下，一条冗长的通道通向了一座锥状方尖碑；那座方尖碑甚是高大，宛如现代教堂建筑那高耸的尖顶；方尖碑的另一侧依次为门道、庭院、廊道、柱式大厅，看起来狭长且深远，令人难忘。埃及人向来崇敬极具创意的建筑师，就像崇敬他们的法老一样，而法老们利用手中无尽的资源，将建筑师的创意转化为实物。

弗格森曾兴奋地指出："就我们所熟悉的民族而言，埃及人堪称天生的建筑师。他们在建筑领域内的创造大多结出了硕果。毫无疑问，希腊人更讲究精工细作，更在意建筑装饰物，譬如雕塑的精美程度；就巧妙性而言，罗马人的哥特式建筑则更为突出。除此之外，埃及建筑在领域内鲜有敌手。另外，希腊建筑也好，哥特式建筑也罢，都不具备埃及建筑那堪称完美的层次感、形式感，以及细节的精准度……相较于其他民族，埃及人更清楚怎么用雕塑来装饰建筑，例如让巨型雕像、狮身人面像大道等与建筑融为一体；他们将历史雕刻成画，将象形文字融入其中，汇聚所有点滴，以达到珠联璧合的完美效果；他们运用斑斓的色彩把一切艺术元素调和在一起，从而造就了一个卓越的整体。虽然这个文明古国的鼎盛时期距今已有三千余年，但它为我们留下了至今仍无以超越的建筑精品。"

除了建筑艺术与雕塑艺术登峰造极之外，埃及人的生活方式也发生了巨大的变化。皇室中人忽然开始追求华服美饰：色彩艳丽的衣衫、造价不菲的镯子与臂章、不同颜色的项圈、烦琐的头饰、精致的鞋子、昂贵的珍宝、鲜艳的腰带，以及装饰有传统小物件的假发，等等。贵族们的府邸奢侈至极：花园小径错落有致，棕榈树、葡萄藤四处可见，一湖池水略消暑热，绿草如茵送来安宁。家具无不精致华美，柔软的坐垫由细布织造，仿佛为那奢华建筑送上了一份平和与惬意。

亚洲宝驹出现在了蔚为壮观的游行队伍里；轿子被两轮战车取而代之；随之而来的是战车制造业的发展，尤其是对马饰、轻型战车、重型战车等的制造。

与此同时，有文化的埃及人开始想方设法地储备知识，以及编辑整理过去的著作，内容涉及神学、诗歌、实用哲学，等等。为了将知识储备下来，一位能人在底比斯主持建造了一间公共图书馆。然而在相对和平的时期里，艺术的发展和感官主义的发展看上去殊途同归；不得体的装束屡见不鲜；多配偶制渐成主流；女人变得浪荡；战争变得更加野蛮和惨无人道；赋税变得越来越重。暴政之下，税吏肆意毒打苦难的农民，他们像对待男人一般撕烂女人的衣衫，然后进行暴打和凌辱；他们侮辱敌军士兵的尸体，故意夸大敌方伤亡数据，并将其视为邀功的依据。

17　拉美西斯三世让王权失去了光芒

在麦伦普塔去世之后，接踵而来的灾难令埃及彻底分崩离析，形成了升级的省级行政区，而且那些省的领导人都不接受中央政府的领导。这就好比英国在经历了数百年的专制统治后忽然变成了七国联盟。然而，最麻烦的还不是这个。这是一场愚昧无知、近乎自毁的分裂，那是海外入侵者最乐意看到的局面；很快，身为叙利亚统治者的阿尔苏就会瞅准时机将这些省一个个据为己有，直至占领并统治整个埃及。在这种情况下，埃及人终于重启了自己的爱国主义精神，他们终于体会到了什么是耻辱：被一个自己看不起的蛮族所控制。塞特纳赫特（Setnakhte）王子在此时横空出世，他又被称为"胜战赛特"，是埃及新王国时期的皇族后人；他毅然举起了民族大旗，拉开了埃及独立战争的帷幕。有人说他其实是塞提二世之子，也就是麦伦普塔之孙，但我们并没有找到任何确凿证据。但是照理说，他身上应该拥有第十九王朝的皇室血脉，譬如塞提一世，或者拉美西斯二世，不过到底谁是他的先祖，还有待考据。当然，在他看来，自己之所以能一统天下靠的不是血统，而是强壮与勇气。他在艰苦的战斗中过五关斩六将，最终登上了高位，并在战胜阿尔苏后一步步统治了埃及的所有地区。

塞特纳赫特在位的时间并不长。他本打算"好好治理家国，绝不姑息养奸；修建神庙、恢复祭祀，以便侍奉神明，就像法律所规定的那般"，然而他没能做到这一切，甚至没能做到一位法老应该做的事：为自己打造一口好棺椁，以便死后能有个不错的栖身之所。当时，打造一口时尚的石棺需要耗费很多年，塞特纳赫特觉得自己活不了那么久，可能几个月之后就会撒手人寰——他的确时日无多了。基于此，他将一座刚刚修好的陵墓选作了自己的安葬之地，并认为这并不是件尴尬的事。那座陵墓的建造者是斯卜塔，他是塞特纳赫特眼中的篡位者。正因如此，塞特纳赫特才不觉得有什么需要顾忌的。他命人抹去了碑文中的斯卜塔及其妻子陶乌力斯（Taouris）的名字，而将自己的大名錾刻了上去。他这样做看上去颇有以牙还牙的意味，既惩罚了那个不道德的前任，又得到了一座建设完备且不失颜面的皇家陵墓。

塞特纳赫特登上王位时已是一把年纪，所以他很快就提拔了自己的儿子拉美西斯；身为王子，拉美西斯可以说未来可期。他是塞特纳赫特口中的"未来领袖"，是下埃及总督，生活在黑里欧波里斯的总督府里。他史称拉美西斯三世，是一位誉满天下的埃及法老，亦是最后一位得此美誉的埃及统治者，直到日后埃塞俄比亚、沙巴克、塔哈尔卡时期。他执政了三十一年，继位之初，他经历了很多重大战事，而在执政晚期，他把精力放在了修建大型建筑或实用设施上，他的名字则随着建筑的遗存而散发着永久的光芒。在雷诺曼看来，他是"埃及历史上最后的伟大法老"，而且中立地来讲，尽管他在当政期间一直致力于重新建设埃及帝国的海外势力范围，并积极地推动着国内的生产生活，不过他所掀起的征伐与战斗大都以防御为前提；无异于图拉真（Trajan）、马尔库斯·奥列里乌斯（Marcus Aurelius）、塞普蒂米乌斯·赛维鲁（Septimius Severus），他厉兵秣马的目的是阻止蛮族的崛起。实际上，在塞特纳赫特尚未登基时，那些蛮族就曾几度失控，尽管被阻击在外，不过对埃及来说仍是巨大的威胁，甚至可以说他们的存在加速了埃及的覆灭。总的来说，塞特纳赫特并不是个失败者，他努力延续着第十九王朝，为埃及带来了新的领地，并长期维持着这样的局面。建在底比斯的麦地那阿布神庙是一座不朽之作，同时也是一座为纪念塞特纳赫特而建的万神庙。所有的桥塔、入口、内庭，都在诉说着这位伟大法老的功绩；那些巨大的雕塑则向我们讲述了他所参与的一系列重大战事。

　　人类在漫长的发展进程中难免会遭遇一些特殊阶段，某个国家也会在某个时期莫名其妙地弥漫起某种焦虑情绪，在这种情况下，骚乱的发生似乎是不可避免的。受压迫者心有怨恨；社会动荡不安，人们开始期盼除旧革新；谣言四起，大大小小的暴乱最终汇聚成一座火山——致命的洪流冲破了堤坝，势不可挡地席卷了每一个角落，直到用尽所有能量，或者被无法冲破的屏障所阻挡。它不甘心地停下了脚步。拉美西斯三世不得不面对这一切。战争四起，他进退维谷。萨苏人，或者说贝都因人从沙漠中走了出来，在埃及东北边境为非作歹，并对西奈山地一带的矿业造成了威胁。利比亚人、玛克叙埃斯人、阿司布司塔伊人（Asbystae）、欧塞斯人等部落陆续入侵西北边境，而拉美西斯三世不得不选择妥协。如此一来，移居埃及的外族越来越多，以至于原住民们只能到尼罗河三角洲地区东部生活。"鲁布人与玛舒阿什人，"拉美西斯三世表示，"在进入埃及后，有的居住在自孟菲斯以西至卡尔巴那之间的城镇里，有的进驻了尼罗河流域（孟菲斯以北地区），并在卡吾库特长期生活。"拉美西斯三世向萨苏发动了进攻，这也是其战斗生涯的起点；埃及大军攻入了萨苏，开始焚毁房屋，抢夺牛羊，屠杀反抗者，并带回了无数战俘。那些战俘被冠以"神圣奴隶"之名，而后成了各个神庙的祭品。此后，拉美西斯三世又将矛头对准了利比亚人，率军赶赴位于尼罗河与卡努比克河间的塞奔尼缇克河（Sebennytic）

流域，并在那里和利比亚人大打出手；他赢得了战争，战胜了七个部落：玛舒阿什、鲁布、莫巴萨特、凯卡莎、沙伊（Shai）、哈萨、巴卡；冲动之下，他对这些部落进行了屠杀，并将他们剩下的人赶到了尼罗河对岸以西的塞奔尼缇克河流域。"在他跟前，那些人害怕得发抖，"一位埃及历史学家指出，"如同一群见到公牛的战战兢兢的山羊。公牛用蹄子踩踏着地面，将犄角伸向前方，不管它冲向哪个反抗者，山地都会随之一震。"对于埃及人来说，这无疑是个纪念日，而他们无须手下留情。复仇之心油然而生：利比亚人横尸遍野，被战车碾压，被战马践踏；无奈之下，有人冲进沼泽，有人跳进激流，虽然躲过了截杀，但大多葬身泥潭或沉尸水中。拉美西斯三世后来将这次战役与屠杀生动地刻画在建筑上：地上到处都是敌人的尸首；他的战车在战马的拉动下碾过一具具尸体；一见到敌军士兵就拉弓引箭，一个不留。步兵团与战车兵团紧随其后，不管是反抗者还是投降者，都纷纷死在了埃及人的弓箭、长矛和标枪之下。在所有埃及人看来，这场战斗不为俘获，只为报仇；是一雪前耻的时刻，是歇斯底里的时刻，是斩将夺旗的时刻。

在激情褪去之后，埃及人似乎也觉得这样的屠杀毫无意义。当他们在这场战斗，以及此后的追击中获得了足够多的复仇快感之后，他们便从极端敌对状态中走了出来。埃及大军俘获了无数利比亚人，并用烧红的烙铁在他们身上烙下印记，这也是波斯人对待犯人的一贯做法。利比亚人被迫成为埃及舰船上的船员；他们的领导者被关押在牢固的军事堡垒中；女人和孩子则成了奴仆；"数不清"的牛被送进了底比斯的祭司神学院。

拉美西斯三世可谓战功赫赫。然而没过几年，他不得不又一次披坚执锐地走上战场，去面对一个新生的联合军队，并最终做出了妥协。如果不是因为这场战争，他或许可以骄傲地为自己的军事生涯贴上光荣的标签。

混乱的国际形势早已令身处远方的异族蠢蠢欲动，所以当战乱的消息传遍世界各地之后，欧洲东南沿海地区的岛国，以及位于小亚细亚西部地区的国家立刻有了反应。而后，七国决定联合出兵，派出步兵与舰队，由海陆两线对埃及发起攻击。当然，联合军队并没有挺进埃及西北边境，毕竟曾有大军在那里功亏一篑；他们反其道而行之，借道叙利亚、巴勒斯坦进入埃及。七国中有三个与埃及素有仇怨，它们是麦伦普塔时期的舍克鲁沙、沙塔纳、图尔沙。其余四国都是第一次进攻埃及：塔纳乌纳，在他们的队伍里可以看到在荷马时代极负盛名的，生活于伯罗奔尼撒地区的达纳伊（Danai）人，以及生活在意大利东南地区的道尼人，这支队伍来自地处边境的雅皮吉（Lapyges）；泰卡鲁，又被称为特洛伊，生活在特洛德的一个部落；乌阿沙沙，他们与奥斯坎人（Oscans）或奥索尼斯人（Ausones），道尼安人的邻居是一回事；普鲁沙塔，有的地方称他们为贝拉斯基人（Pelasgi），有的则称其为非利士人。他们战胜了拉美西斯三世远征军的先遣部队，而后又召唤来了海盗部落——来自地中海沿海地区及附近岛屿。他们在海上所向披靡，并建起了密不透风的海上堡垒——塔纳乌纳、沙塔纳、舍克鲁沙、图尔沙、乌阿沙沙的小规模舰队在经过整合后变身为一支实力强劲的大规模舰队，与此同时，普鲁沙塔、泰卡鲁的士兵们正在陆地上沿着海岸线向埃及挺进。这当中，普鲁沙塔部落最为野心勃勃，而且看上去胜券在握，他们拖家带口，赶着牛车，从小亚细亚启程，缓慢且笨重地向叙利亚北部地区走去。另外六个国家则干脆利落很多，只派出了步兵与舰队。普鲁沙塔士兵与泰卡鲁士兵一起突破了托罗斯关隘，冲入了叙利亚北部，并将希坦洗劫一空；此后，他们继续一路向东，并抵达了位于"幼发拉底河河畔"的卡尔凯美什。联合舰队沿着叙利亚海岸线轻松行进着。赫梯人与叙利亚人虽然做出了抵抗，但收效甚微，所有"反抗者都丢了性命"。

阿拉杜斯与卡迭石相继失守。联合军队继续挺进埃及，胜利的果实似乎唾手可得；他们或许从未想过，迎接自己的并非希望与梦想，而是绝望与颓丧。

拉美西斯三世已经听说了敌军的计划，以及敌人正步步逼近的消息，不过留给他的时间足够他做好准备。他加固了边境地区的防御体系；将最训练有素的部队集结到一起，并在尼罗河入海口布下重兵；在各军事要塞、城防驻地、河川流域内安排了用以防卫的舰队。他还准备在一个地理位置绝佳的地方——位于拉非亚（Rapha）与贝鲁西亚之间——和来自加沙沿海地区的敌军先遣部队一较高下；为此，他特地在这里修建了工事。他带兵盘踞于此，静静地"恭候"着敌人，并利用地形设下了一两个伏击点。最先进入埃及大军视线的是由陆路而来的普鲁沙塔人，队伍浩浩荡荡，行动迟缓，牛车上坐满了妇女儿童。埃及士兵当即便从伏击点一跃而出，向敌人发起攻击。普鲁沙塔人进退维谷，很快就在训练有素、经验老到的埃及人的冲锋下乱了阵脚，没过多久便宣告战败。在这场战斗中，约有 12500 名普鲁沙塔士兵战死，营地也被占领。侥幸逃生的普鲁沙塔人不得不缴械投降，俯首为奴。

困境还没有完全过去，"毒蛇虽然受伤，却没被杀死"。敌人的舰队并没有受到严重打击，无数敌方士兵或许会登陆埃及，在海岸附近作恶，甚至占领三角洲平原。塔纳乌纳及其盟友——舍克鲁沙人、沙塔纳人、图尔沙人——迅速来到尼罗河沿岸距离他们最近的河口佩罗锡克（Pelusiac），并拼尽全力想要登陆。拉美西斯三世早有防备，在那里布下了重兵，其实力足以抵挡敌军进攻。在佩罗锡克浅海地区，双方舰队狭路相逢，恶战了一场。后来，拉美西斯三世以这场战斗为题材创造了一件雕塑作品，那是我们今天能看到的历史最久远的海战雕塑。双方的舰船都需要借助船帆与船桨来驱动，不过在对垒时必须将船帆收起。所有舰船都带有一根帆桁，位于桅杆顶部下方，是用来悬挂大横帆的。桅杆顶端倒扣着一个像钟一样的一人大小的器具，一般来说，里面藏着弓箭手，或者投石手。这类士兵的功能和躲在主桅楼中的狙击手几乎一样：利用箭和石块打击对手。每艘舰船上都有 16 ~ 22 名负责划桨的船员，还有无数士兵，以及盾牌、长矛、铜剑、弓箭等武器。双方的舰队都在横冲直撞，场面一片混乱；所有舰船都在和旁边的敌船火拼，丝毫看不出任何战术，或者统一的行动。埃及舰队似乎击沉了一艘敌船，而剩下的船还需要血战到底。几艘敌船行驶到了潟湖湖畔，全副武装的士兵们企图登陆；在拉美西斯三世的亲自指挥下，埃及步兵团的利箭像冰雹一般扑向了敌人，粉碎了其上岸的梦想。

在完胜了普鲁沙塔人与泰卡鲁人后，拉美西斯三世带兵马不停蹄地奔赴贝鲁西亚。他这么着急是想快点赶去监督那里的海战，有必要的话还得亲自出征。此时此刻，入侵者依然优势明显，而且已突破了埃及舰队的包围，正逐渐靠近海岸；不过，他们接下来将要面临的将是一场失败。拉美西斯三世愤怒地说："把他们尘封在湖中，永世不得脱身。"埃及大军中的精锐部队在潟湖湖畔集结完毕，不管入侵者想要从哪里上岸都不可能成功。刀光剑影、万箭齐发，敌人溃不成军，节节败退，一个个接连倒下，"输不起的尸体如山丘伫立"。这次战役也被拉美西斯三世写进了碑文，他骄傲地说："步兵团与埃及精锐部队在湖畔整装待发，犹如躁动的雄狮。在这场战斗中，最迅猛的队伍是英雄的战车团，领导者是壮志凌云、百战不殆的将领；战马摩拳擦掌，兴奋地想要踏过这片土地。我像战神蒙图一样冲在前面，所有人都能看见我赢得的战果。我，法老拉美西斯，英雄一般，在这日奋战，敞开怀抱迎接我的人民。侵犯我领土的那些人，不会有任何收获，并将付出生命的代价以补偿过错；陆地上的胜者，将在岸边大败，死伤无数，尸山血海；我击沉了敌人的舰船，所有装备都落入了海中。"

这并不是一场持久的战斗，敌军很快就放弃了抵抗。一部分舰船空荡荡地漂浮在海面上，一部分则一头栽进了尼罗河，成为获胜方的战果之一。埃及人还在船里找到了更多的战利品。就这样，一场震惊世人的战役结束了；参战者来自多个国家，属于不同的民族。是的，那些本来互不了解，而且志不同道不合的国家或民族缔结为盟，和彼时世上最大的国家针锋相对。他们奔波了好几百英里，纵贯内陆或横渡海峡，途中没有产生分裂，没有遭遇自然灾害，最后成功抵达了目的地，然而连遭两次败局——在陆地上、在大海上，最终导致"他们的精神世界彻底崩塌，像丢了魂一样"。在此后的历史中，这些入侵者无一再敢挑战那个令他们魂飞魄散的强国了。

没过多久，埃及迎来了独立，并计划"报仇雪恨"。拉美西斯三世派出了一支舰队镇守在沿线，而后又派出了一支突袭部队经巴勒斯坦、叙利亚抵达黎巴嫩；突袭部队捕猎了那里的狮子，并暂时控制了黎巴嫩大部分地区。在第十八王朝与第十九王朝时期，埃及曾是这片土地的主人。依照拉美西斯三世的说法，埃及大军先后进驻了阿勒颇与卡尔凯美什，由此可见，埃及人战胜了赫梯人，否则他们不会再在战场上兵戎相见。在拉美西斯三世的清单上一共有 38 个被征服者，有的是国家，有的是部落；涉及的地区经推测应该是上叙利亚、小亚细亚南部，以及塞浦路斯的部分地区。我们在某些与拉美西斯三世有关的碑文中看到，他还控制了那哈来那、喀什、蓬特等地，不过我们没有找到确凿证据，所以不敢断定他是否征伐及征服了这些地方。

总的来看，拉美西斯三世度过了一段闲适的晚年岁月。非洲北部蛮族一度卷土重来，企图入侵尼罗河三角洲西部地区，在愿望落空后只好老老实实过自己的日子，不再觊觎埃及的土地；看上去他们倒也很乐意在地中海与撒哈拉沙漠之间的广袤大地上游荡。埃塞俄比亚地处埃及南面，此时毫无入侵之心。赫梯人生活在埃及东面，这时候正忙着建立新政权，在早些年，小亚细亚游牧民族曾屡次侵袭埃及，来来回回都要经过赫梯，如此就对赫梯政权造成了严重的影响。亚述人尚未北上或西进，为了保持独立，以及抵御巴比伦人的进犯，他们无心再做别的事。就这样，埃及迎来了几个世代的和平时期，既没有被他国侵略，也没有侵略他国，冲动地破坏世界和平。拉美西斯三世开始专注于建筑业、商业与种植业。在麦地那阿布，一座恢宏的阿蒙神庙拔地而起；在红海，一支船队横空出世，和蓬特人做起了买卖；在埃纳（Aina）（即巴勒斯坦南部地区），一座大型水库应运而生；"埃及上上下下种满了大树与灌木，树荫底下是人们消暑乘凉的好去处"。

尽管如此，从拉美西斯三世执政时期起，埃及就开始渐渐衰落了。东征虽然获胜，但巴勒斯坦与叙利亚不过是暂时屈服，并没有俯首称臣，换句话说，一切都只是表象，看似稳固的基础实则脆弱不堪。在拉美西斯三世执政后期的最后 20 ~ 25 年，埃及人的战斗力每况愈下。朝堂上充满了虚荣、阴谋和迷信，后宫女眷与官员们暗中勾结，图谋不轨。一部分权贵迷信并宣扬巫术，导致平民百姓以为借助咒语或蜡像就可以谋害他人，致人瘫痪或死亡。皇宫内廷中到处都是巫婆的身影，她们不但将巫术卖给出价最高者，还对法老的神圣地位不屑一顾，甚至内外勾结、密谋暗杀。如果不是皇家调查委员会查出、抓捕、严审，并处死了这些人，那么拉美西斯二世大概早就死在了他们手上。

从拉美西斯三世离世（公元前 1280 年左右）到公元前 1100 年，他的后人陆续登上了王位，其中有 10 人名为"拉美西斯"，有 1 人名叫迈力塔姆（Meri-Tum）。可惜，这些统治者个个都软弱无能、奢靡无度、不务正业、优柔寡断。有人曾用漫画的形式大肆讽刺拉美西斯三世的后宫生活——麦地那阿布宫墙上的画面，而他的继任者们无不纵情犬马，无心理政也无心战斗，甚至把权力委托给了他人。第二十王朝的统治者是个彻头彻尾的昏君，他将国家大权交给了底比斯阿蒙神庙的大祭司，"让他们担负起古代法国墨洛温王朝末期朝廷宰相所担负的责任"。

对于实行君主专制的国家而言，王权是掌控国家各个部门一举一动的主要力量；王权的衰落意味着国家的灭亡。这就好比身体被致命病菌侵入后，所有的部位与组织都会被渐渐侵蚀、萎缩、溃烂、坏死。自拉美西斯三世去世，直到索尚克执政时期，埃及的建筑艺术发展停滞不前；绘画艺术不再具有"恢宏之风"；浮雕作品皆以宗教为题材，毫无新意、枯燥乏味；雕塑作品不值一提；文学艺术发展甚至出现了倒退。在拉美西斯二世执政时期，以及麦伦普塔时代，文学艺术发展一度欣欣向荣。在统治者的支持下，埃及作家们专心致志地创作着各种题材与内容的作品：历史、神学、实用哲学、诗歌、书信、小说、游记、传记，等等。自拉美西斯三世执政时期，或者说自塞提二世执政时期起，文学艺术的发展还是原地踏步："没有了灵感，没有了真正意义上的诗歌"。作家们缄默不语，再没有人像庞达乌尔、卡卡布、奈布森恩、恩纳（Enna）等人一样写出令后世人津津乐道、细细品味的佳作。流传下来的都是官方文书，字里行间充满"无趣的官方辞令"，有审讯记录、有官员名单、有祭品清单，还有替法老歌功颂德、夸夸其谈的文章——一些出自法老之手，一些出自他人之手。这些账单似的记录居然没有被历史洪流带走，实在令人感慨。这一时期的埃及社会可以说道德缺失，权贵们过着骄奢淫逸的生活；官员们结党营私、图谋不轨；统治者沦落为流氓画家笔下的嘲讽对象。神圣的王权失去了光芒。除此之外，埃及境内还出现了一个"盗墓集团"，专门挖墓盗宝。统治者仿若众矢之的，阴谋者甚至通过祭司及高级神职人员对他施与巫术。总而言之，此时的埃及，旧秩序和旧理念都已经瓦解，可有效的新秩序与新理念却尚未到来。浮华过后，社会重归寂静，根基却早已有了裂缝，就算没有内忧外患，埃及也无法扭转覆灭的命运。

18　皮涅杰姆二世与所罗门的抗衡

在埃及的早期社会中，祭司们位高权重。准确地说，这是一个拥有特殊的身份、地位、权力，以及生活方式的社会阶层，而且这一职位是代代相传的，只能从近亲中产生。在禀赋制度的保护下，他们拥有超乎常人的独立性和自由权。在远古时代，埃及统治者就会将一大片土地——大概占所有土地的1/3都赐予祭司阶层；很多庄园都是由神庙监管的，是各个"学院"的资产。据历史记载，作为庄园的所有者，祭祀们不但不用交税，还常常获得虔诚且迷信的统治者们的拨款；法老们经常为自己最崇拜的神明献上"花园、果园、葡萄园、庄稼"，以及"城镇"。

法老们往往对祭司敬畏有加。他们自诩拥有一定神性，同时也承认这种神性是有缺陷的——"美中不足"——令人民无法全心全意地信任和依赖他们。他们深知，自己身上那所谓的神性都是拜伟大之神所赐；他们心想，有了超人类力量的加持，还有什么权力和影响力是祭司达不到的？他们可以借此机会对那些敬神者为所欲为。所以我们看到，埃及历史上的历任统治者都是崇敬祭司的。这种崇敬的维持主要有赖于身处上流社会的皇亲国戚，以及就职于国家崇拜中心，即三大神庙里的大祭司们。这三大神庙分别是位于黑里欧波里斯的拉神庙，又称塔姆神庙；位于孟菲斯的卜塔神庙；位于底比斯的阿蒙神庙。就彼时埃及首都的地理位置来看，这三座神庙内的大祭司个个都拥有超越百官的地位。在新王国时期末期，准确地说是在五世纪至六世纪，底比斯成为大主教辖区，阿蒙神庙大祭司则轻松登上了首席祭司之位，权力仅次于一国之君。

因为位高权重，所以这种权威身份的认定自然而然地走向了世袭制。在拉美西斯九世执政时期，大祭司以天赋神权为由将职位传给了他的儿子，尽管拉美西斯九世并没有这样的想法。那位大祭司名为阿蒙霍特普。拉美西斯九世将修复底比斯阿蒙神庙的任务交给了他的一个儿子，"固墙、翻新、建造塔器，以及在既有的大门内增加了一道用相思木打造的可以折叠的门"。在此之前，埃及统治者是神庙的建筑师，而大祭司则负责工程的实施，而后以神之名对统治者的虔诚与慷慨表示感谢。然而，在拉美西斯九世执政时期，二者的身份俨然互换了，"为了表达自己对阿蒙神庙大祭司的感激，法老对旧神庙进行了修复，并建造了新的神庙"。法老失去了主动权，而大祭司则反客为主了。一切荣光都属于阿蒙霍特普，拉美西斯九世只在竣工时象征性地参与了庆典，以便让自己沾染上些神性。

在新王朝时期，底比斯阿蒙神庙的最后一任大祭司是赫里霍尔。他看上去一表人才、性格温和，而且很招人喜欢；但实际上，他擅长权谋，手握神权，除了拥有高高在上的地位外，还控制着至少五国办事处。他的头衔有很多，如"上下埃及的统领""古什皇帝的儿子""法老右手边的梵拜勒（Fanbearer）""天下第一建筑师""粮仓总管"等，其中一些只是名誉，另一些则含金量十足，必须具备许多超凡的才能。赫里霍尔当然不是全才，他之所以要去争取这些头衔，其实是想得到尽可能多的权力，然后在法老去世后趁机利用这些权力坐上宝座。拉美西斯三世要是膝下无子的话很可能会将王权交给赫里霍尔。不管怎么说，赫里霍尔好像有办法轻松实现梦想。就像一部分人所说，拉美西斯三世的后人被他放逐到了大绿洲；赫里霍尔没有制造血腥事件，他不想在暴动和混乱中撕破脸皮，披荆斩棘地登上王位。他的统治得到了埃及人的默认，并且因强大与激情备受爱戴。

虽然成功上位，但赫里霍尔仍继续担任了一段时间的祭司。他会定期佩戴象征祭司身份的盾形配饰，完成阿蒙神庙大祭司的工作。神庙之外的他自诩为"赫里霍尔西阿蒙"，或者像前朝法老一样自称"阿蒙的儿子"；古埃及的统治者们大多觉得自己是神明拉的儿子、卜塔的儿子、蒙图的儿子、荷鲁斯的儿子。忽然有一天，赫里霍尔心中升起了率军出征叙利亚，重建埃及宗主国地位的想法，然而以大祭司的身份打打杀杀定然是不妥的，鉴于此，他把职位和相关权力都传给了长子皮安基。他赢得了叙利亚一役，不过战绩是好是坏尚无定论。身为法老，赫里霍尔对地名的使用很随意，他说自己是"征服鲁钝（Ruten）之人"，但被他打败的实际上是贝都因人，他们生活在埃及与巴勒斯坦之间的茫茫大漠上。希伯来圣经并没有着重讲述与他有关的战斗，由此可见，他并未长期统治巴勒斯坦。

皮安基只继承了其父阿蒙神庙大祭司的职位，而没能坐上宝座，因为他比赫里霍尔更早离开了人世。身为赫里霍尔的孙子，皮涅杰姆继承了王位。他是埃及法老中的特立独行者，执政时间应该不少于二十五年。皮涅杰姆的地位最初并不稳固，新王国时期法老们的后代对他并不服气。在这种情况下，他和一位拥有皇室血统的公主订了婚，她的名字是拉玛卡，或者拉卡玛。在他看来，这是巩固王权的办法之一，并在纪念碑上刻下了公主之名。然而，这种保守的做法不但没有奏效，反而令对手更加激进，更加放肆了。如果说此前的阴谋中心在绿洲地区，那么此时已转移至底比斯，而且其嚣张程度有过之而无不及，毕竟皮涅杰姆把中央政府迁到了位于绿洲上的坦尼斯，也就是其祖父赫里霍尔的故乡。如此一来，各种威胁更是层出不穷；皮涅杰姆甚至想让时任底比斯阿蒙神庙大祭司的儿子蒙凯普瑞拉（Menkhepene）前往位于南方的首都去避避风头。唯有如此，他才敢放手一搏，去查找那些隐秘的反对势力，去破解心怀鬼胎者的阴谋，并决定如何处置他们——是教化度人，还是严惩不贷。谁让他曾经是阿蒙神庙大祭司呢！一般情况下，他会暂时抛开神职人员的身份，以统治者身份巡查，并可以依照自己的想法赦免或严惩犯人。仇视皮涅杰姆的人并不少，但他们因忌惮法老之权威而未做反抗。皮涅杰姆处死了一些他心目中的罪大恶极之人，赦免了那些于政府无害的家伙。那些在他看来颇具威胁的人都被清扫得一干二净，而那些被卷进阴谋的人则有幸活了下来。除此之外，政治流亡者们则被批准返回底比斯自在生活。这就是皮涅杰姆在完成统治使命前所做的一切。

没过多久，身为阿蒙神庙大祭司的蒙凯普瑞拉登上了王位。后来，他和海斯埃姆科赫布（Lstemkheb）结了婚，而海斯埃姆科赫布很可能是塞提一世的后人。这样的婚姻无疑能让新任法老所建立的王朝更具权威性。因为海斯埃姆科赫布出生在科赫布城，所以蒙凯普瑞拉对那里的公共设施进行了修缮。我们对这位法老的执政情况不甚了解。新王朝的第二任统治者通常都没有前任那么上进和主动。他们在和平稳定中坐享其成，追求着王权所带来的快感，不愿将精力投入到建筑领域和军事领域。假如那些被历史遗忘的统治者觉得自己足够幸福，那么他们治下的埃及理应也足够繁荣，不过历史学家们或许并不这么认为。

埃及的无为之治于他国而言无疑是个绝佳的发展机会。在新王国末期，亚述迅速崛起，势力范围一度跨过了幼发拉底河，直抵地中海。随后，在一片混沌中，亚述日渐衰败，而叙利亚则趁机建立了新政权。在 11 世纪后半叶，埃及法老蒙凯普瑞拉执政时期，大卫踏上了征途，并最终创建了帝国，统一了自埃及河（阿里什[1]）至幼发拉底河之间的国家与部落。埃及选择静观其变；亚述在吃了一场败仗后放下了武器；所罗门最终征服了大卫所创建的帝国。以所罗门的身份和地位，和邻国建交并非难事，例如埃及。所罗门和埃及做起了生意，两国人民来往甚密，特别是马匹与战车之类的买卖。他们大概还与坦尼斯、耶路撒冷等地的皇室建立了联系。我们不太确定那时候的埃及法老是哪一位。考古学家们大多认为是皮涅杰姆二世，也就是法老蒙凯普瑞拉的继任者，也是该王朝的终结者。希伯来的君主派出使者拜见皮涅杰姆二世；皮涅杰姆二世兴高采烈地接见了。在他登上王位后，他的女儿，也就是埃及的公主很快就成为所罗门的妻子。那个时候，皮涅杰姆二世刚战胜了迦南人，重新夺回了吉萨，随后他把吉萨送给了所罗门，权当是女儿的嫁妆。这场联姻好坏参半。一方面，自拉美西斯二世起，统治者们过上了后宫三千的奢靡生活，而朱迪亚人[2]也沾染了这样的风气，"所罗门深爱法老之女，也深爱众多异族佳丽，譬如摩押女子、阿莫尼特女子、以东女子、西顿女子、赫梯女子……所罗门的七百位贵妃皆为公主之身，此外还有三百位嫔妃；他日日都沉浸在美人们的诱惑中"。另一方面，毫无疑问，埃及的商业因此而得到了长足发展，而朱迪亚人则很愿意向埃及的雕塑家、建筑师们学习技艺。埃及的建筑文化从其首都传播到了耶路撒冷，为那里的建筑注入了一股鲜活的力量，并使所罗门在所有希伯来统治者中独占鳌头。在其神庙的平面图上，我们可以看到，前面是开放式的庭院、门廊、圣殿、圣至所。内庭的制式与埃及同类建筑无异。门廊前立

---

[1] 西奈半岛上规模最大的城市。——译者注

[2] 即当时的犹太王国，后泛指犹太民族。——译者注

有两根石柱——雅斤、波阿斯，而非方尖碑；埃及的所有神庙都会在门口建造方尖碑。和埃及神庙一样，一条台阶通向王座，台阶上建有石狮雕像，不过埃及神庙中的石狮分立于王座左右。"黎巴嫩林宫"可以说是埃及"柱式大厅"的复制品。所罗门在建造神庙时还参照一些腓尼基建筑的样式，不过所用很少，大概是从亚述学来的；而整体的理念与制式都来自埃及建筑。

大祭司对埃及的统治随着法老普苏森尼斯（Psusennes）的去世而落下了帷幕。在皮涅杰姆二世之后，普苏森尼斯继承了王位。大祭司制度在埃及延续了一百二十五年左右。这些统治者在埃及历史上显得默默无闻，对埃及的发展而言也显得势单力薄，尽管如此，他们却不像大多数知名王朝的某些统治者那样，为了建功立业或永垂不朽而牺牲人民的幸福，因而也未曾遭受人民的指责。

19　示撒王朝的无限衰落

第二十二王朝的登场方式和前朝类似。旧政权懦弱无能，在国内革命中耗尽气力，从而被强悍的入侵者征服。让人觉得有些奇怪的是，埃及这个国家存在了这么长的时间，然而所有王朝都不曾长久，无不是迅猛崛起又迅速凋零，当统治者身心俱疲时，无须太多外力与胆识就能夺走王位。示撒[1]，闪米特人，生活在埃及布巴斯蒂斯（Bubastis），是一位官员。据我们推测，他出生贵族，家里或许是皇亲国戚，血统可追溯至巴比伦王朝或尼尼微王朝。这种推测不是不可能，虽然概率很小。示撒家族在当初移居埃及时并不引人注目，毕竟他们是闪米特人，而非巴比伦人或亚述人。我们曾听说这样一个惊人的看法：示撒家族从一长串埃及法老名单里衍生出了一位来自亚述的征服者，想以此为埃及法老体系注入一股来自美索不达米亚的力量，然而"历史是改变不了的"，臆造之物永远不可能成为历史的注脚。我们不得不面对这样两个事实：其一，在埃及各王朝历任法老中，从未出现过叙利亚人或巴比伦人。其二，那时候的叙利亚人和巴比伦人尚

---

[1]　出现在希伯来圣经中的首位古埃及法老，即第二十二王朝的创始人索尚克，史称索尚克一世（Shoshenq I）。——译者注

无实力远征埃及。直至纳波勃莱萨（Nabopolassar）执政时期，巴比伦人都还没有这样的能力。在公元前1150年前后至公元前1100年间，埃及被亚述人征服；后来亚述人失去了统治权，但在公元前890年又一次占领了埃及。除此之外，在亚述、巴比伦与埃及之间还横亘着一个所罗门帝国，所以那两个来自美索不达米亚平原的国家若想征伐埃及还得先征求所罗门的意见。

在理性的历史系学生们看来，示撒（也就是索尚克）不过是个定居埃及的异族人。在大祭司赫里霍尔执政时期，他努力进入了社会高层，并在布巴斯蒂斯——他在埃及的首个驻地找到了某种社会关系。他的祖父也叫索尚克，拥有一段皇室婚姻，其妻名叫迈赫腾鸿特，是皇族之女，但具体身份还有待考证。他的父亲叫纳姆鲁特（Nimlot），是一名身居要职的军官，曾统领利比亚雇佣兵，而利比亚雇佣兵则在埃及常备军体系内扮演着十分关键的角色。人们称示撒为"殿下"，可见其官职很是不小；他还享有"万王之王"之称，说明他是雇佣兵统领中的翘楚，称得上位极人臣。于是，在索尚克之子迎娶统治者之女的时候，没有人认为这场婚姻不合礼数，也没有人觉得示撒高估了自己家。如此一来，示撒家族除了有一个皇室祖母之外，又有了一个皇室儿媳，可以说和皇室亲上加亲。在苏瑟奈斯二世去世之后，示撒在众人的默认下顺利地登上了宝座；在人们看来，这不过是把皇冠转交给了另一位皇室成员而已。

埃及实行的是君主制，这意味着，一个有野心、有地位、有权力的人如果想要篡位并非难事。当然，篡位者想要把位置焐热可就没那么简单了，除非其行动、经历和能力足以征服所有人，要不然他将备受非议，甚至徒劳一场。他必须表现得足够仁慈、足够和善，他必须出台足够明智、足够长远的方针政策，否则就很难打消对手的偏见，很难揭穿敌对势力的阴谋。

示撒刚继位，一位不同寻常的难民——耶罗波安，邻国以色列的一位领袖人物——就来投奔他了。示撒对此事的处理既有远见又很严谨。身为以色列统治者的所罗门对耶罗波安充满了怀疑与敌意，因为曾有先知告诉他，耶罗波安日后将统一12个部落里的10个。视耶罗波安为友意味着与所罗门为敌，意味着破坏前朝政策，意味着这个最重要的邻国有可能和埃及分道扬镳。不过，他依然对耶罗波安热情相待，并准许他留在埃及。在那些心怀不轨的以色列人看来，这显然是个很好的机会，似乎可以采取进一步的措施打击王权了。不久，所罗门一命呜呼。得到示撒准许后，耶罗波安马上返回了巴勒斯坦，并极力煽动着民众的不满情绪，完全不顾家国分裂的可能。毫无疑问，他和示撒是商量好的。耶罗波安打算先尝试一下，看看仅凭一己之力能不能做成大事；如果不行，那就求助于强大的盟友。一旦埃及法老出面，希伯来人定会怀揣着一颗爱国之心揭竿而起。示撒期待耶罗波安能创建一个既崇拜希伯来神明，又崇拜埃及神明的新国家，为此他还在埃及各个社会阶层中做了一番支持率调查。而后，为了帮助耶罗波安，他组建了一支拥有1200辆战车、60000匹战马（或许是6000匹），以及无数步兵的大型部队；士兵主力是一批雇佣兵，有的来自利比亚，有的来自埃塞俄比亚。埃及大军被分作三路，同时挺进圣地，而后分散驻扎于整个国家南部。新任统治者罗波安[1]已准备就绪，其抗击能力不可小觑。自从得知耶罗波安回到了巴勒斯坦，他就预料到了之后的一切。他派出重兵驻

---

[1] 所罗门的儿子。所罗门去世后，以色列一分为二，南方王国史称犹大王国，即前文所说的朱迪亚，第一位统治者是罗波安；北方王国史称以色列王国，第一位统治者是耶罗波安。——译者注

守南方城市，如索苛、亚杜兰（Adullam）、阿泽卡（Azekah）、迦特（Gath）、玛利莎、西弗（Ziph）、提哥亚（Tekoa）、希伯伦（Hebron）等，并在这些地方筑造了防御工事。不过示撒大军毕竟实力超群。希伯来人从来没有和这个南方邻国大动干戈过，也从来没有迎战过素质如此之高、规模如此之大的军队，更何况此军队是由职业军人组成的。希伯来人，或者说犹太人的军队是由民兵组成的，那些人没有经受过专业训练，战斗力基本为零，甚至还不太懂得如何使用武器装备；他们刚刚经历了长达四十年的和平时期，"人人都安逸地享受着葡萄架、无花果树带来的清凉"。在埃及大军的战车、骑兵，以及精锐的步兵面前，他们胆战心惊，没有组织起有效的抵抗，所谓的奋战并没有实现。示撒大军顺利地向犹太人的首都挺进，而罗波安之前派重兵驻守的城镇要么城门大开，要么迅速失守。埃及人只用了很短的时间就来到了耶路撒冷；罗波安与"犹大的王子们"惊恐不安。所罗门之子俯首称臣，埃及大军冲入圣城，将神庙与皇宫洗劫一空，就连所罗门的防身金盾都掠走了。不过，他们只扫荡了神庙与皇宫，并没有打劫别的地方，更没有行杀戮之事。示撒接受了罗波安的臣服，准许他留在故地，不过要求他做自己的"仆人"，换句话说，罗波安必须承认埃及宗主国的地位，并向埃及进贡，听命于埃及统治者。

示撒的目标并未完全实现。他在回国路上撰写了一篇长长的碑文，并刻在了石碑上；碑文告诉我们，在征服了朱迪亚王国后，他又带领大军挺进了以色列王国，并攻陷了那里的很多城镇。生活在以色列王国北部的主要是利未人，他们一直反对耶罗波安推行宗教改革，于是，这位统治者对利未人生活的城镇很反感，视其为犯上作乱的据点。不过，耶罗波安克制住了大举进攻的冲动，毕竟那么做会引发内乱。如今，示撒带兵步步逼近，他马上意识到可以借埃及人之力清除他眼中的叛贼，同时又可以自保。示撒军队一鼓作气，攻占了利未人生活的利合（Rehob）、吉比恩（Gibeon）、玛哈念（Mahanaim）、伯禾仑（Beth-horon）、基底莫（Kedemoth）、巴兰（Bileam）或称以伯莲（Ibleam）、阿勒莫斯、他纳（Taanach）、戈兰高地（Golan）、阿乃穆等城镇；他们不仅扫荡了这些地方，还掳走了许多利未人。在他人的建议下，示撒还轻松征服了许多迦南地区的城镇，因为这些地方的人们对耶罗波安都怀恨在心。据历史记载，示撒大军在占领了米吉多、他纳、书念、伯珊后，又穿过约旦，抵达玛哈念、亚罗珥（Aroer）。为了帮助耶罗波安，他又越过约旦、以色列，攻打了阿拉伯部落，并最终征服了特曼底人（Temanites）、以东人、夏甲人（Hagarenes）。这样一来，埃及的势力范围延伸到了加利利（Galilee）一线，以及地中海至叙利亚沙漠一线。示撒大军凯旋，从亚洲带回了无数战俘与财宝。他像从前征服巴勒斯坦与叙利亚的埃及统治者一样，将自己的丰功伟绩刻在了纪念碑上，以便世人铭记他的功劳，并把自己的大名与先帝图特摩斯、阿蒙霍特普等放在一起。在卡纳克神庙南墙外侧，有两幅与示撒有关的雕塑作品：第一幅，他一手拎着32个亚洲人的头颅，一手高高举起权杖，威胁其他亚洲人；第二幅，他占领了133座城市或部落，并将这些城市与部落的名字以独一无二的方式表现出来，尽管不是特别完整。我们在雕塑中看到了"裕泰赫马利克"这样的说法，这是一种比喻，实际指的是朱迪亚王国。

就这样，在沉默了将近一百五十年后，埃及又一次成为西亚的主人。那个大卫艰难创建的，所罗门苦心经营的，耶罗波安策反撼动的帝国大厦在示撒面前轰然倒塌了。无与伦比的以色列帝国一去不复返，耶路撒冷再也不是亚述、巴比伦等辽阔国度的圣地，再也无法如埃及一样人丁兴旺。无论是骁勇善战的大卫，还是聪明绝顶的所罗门，恐怕都不曾想到自己打拼与守护的叙利亚王国在七年后会分崩离析，包括那些未被同化的地方在内。在亚述与埃及之间，在那幅员辽阔的土地上，又一次出现了众多小规模政权。然而它们好似"弱肉"般的存在，必定会成为猎食者的目标。

东征结束之后没几年，示撒就带着光荣与梦想结束了二十一年的统治，离开了人世。他的二儿子奥索尔孔（Osorkon）继承了王位，不久后迎娶了迈特卡拉公主，她是示撒前任法老之女。示撒王朝在埃及历史上存在了二百年左右，不过此后的统治者并无多大建树。示撒在西亚地区取得的统治权，在继任者奥索尔孔、塔克鲁特（Takelot）一世手中延续了大概三十年，不过在奥索尔孔二世（也就是塔克鲁特之子）继位之后，朱迪亚王国，也就是犹大王国的君主阿萨（Asa），即罗波安的孙子，带领国家挣脱了埃及的控制，重获了独立自主的权力。为了防患于未然，所有城镇中的所有被示撒摧毁的军防设施都得到了重建，并"修建城墙、塔楼、城门、栅栏"；全国男性都被征召入伍，有犹太历史学家认为，其人数大概在58万人。"犹大人民"手持长矛、标枪、圆形的小盾牌；"便雅悯人民"手持大盾牌、背着弓箭。"每个人，"历史学家表示，"都身强力壮、英勇无畏。"不难想象，面对这样的挑衅，埃及人怎么会忍气吞声，或者将统治权双手奉上？朱迪亚人将为独立而战，埃及人则将为统治而战。当时的埃及法老奥索尔孔二世很好地处理了这个问题。从军队人数上来看，埃及就占据了绝对优势；埃及大军有大概"100万人"，而且雇佣兵所占的比例史无前例。那些雇佣兵大多是喀什人、埃塞俄比亚人、路比人（Lubim），以及来自非洲北部沿海地区的土著。大军中还有一只精良的战车兵团，拥有300辆战车；军队指挥官是埃塞俄比亚将领泽拉（Zerah）。埃及大军信心满满地离开了安吉，抵达了朱迪亚王国南部，在玛利沙（Mareshah）和阿萨的军队大打出手。阿萨大军的具体情况我们不得而知，不过人数应该不多。阿萨不停地祈祷着，这样的祈祷未来还会在杰出的马卡比（Maccabee）[1]身上重演；他祈求耶和华能助自己一臂之力，抵抗那只从埃及来的"大军"。一番恶战，在所难免。虽然我众敌寡，但泽拉还是阴沟里翻船了。"无数古实人、路比人所组成的骑兵和战车兵团"临阵脱逃，留下的也都"倒地不起，在耶和华及其主人眼前命丧黄泉"。阿萨带兵穷追不舍，并在基拉耳（Gerar）追上了埃及大军，双方又一次展开了搏杀，最终阿萨攻占了埃及大军的营地，并收获了累累战果。我们不知道泽拉的下场，有可能死在了战场上，也有可能逃回了埃及，并告诉埃及统治者，那是一个自卫能力超强的民族，想要征服它简直是痴心妄想。

阿萨获胜了，这意味着埃及统治者们做了三百年的"亚洲美梦"化为泡影。落后的叙利亚王国在其君主的带领下，竟然可以击败埃及历史上规模最大的军团。照此说来，要是这样的君主再多一些，有20个或30个的话，那么埃及怎么可能有获胜的机会呢？从那天起，埃及不再对亚洲出兵，除非受到了侵袭。结束这种局面的是米底人（Medes），他们在后来推翻了亚述帝国的统治，开启了西亚地区的大革命时期。埃及的统治者们吸取了泽拉的失败教训，谨慎地回避了所有与巴勒斯坦有关的事务，除了对方提出请求；他们开始将以色列南北两个王国视为埃及抵御东方劲敌的天然堡垒，帮助两国抵御亚述人的入侵，并把这种帮助视为一项基本的国家政策。如果说埃及没能为上述两国提供多少实质性帮助，那也并非因为它虚情假意，而是因为它已落后于伟大的美索不达米亚平原，虽然它还是值得信赖

---

[1] 犹太民族英雄，生活于公元前2世纪。——译者注

的"弯下腰的芦苇"[1]。

自从示撒王朝的奥索尔孔二世登上了王位，埃及的国力就开始走下坡路。统治阶级开始实行封地制，这又进一步加快了国家分裂的进程。"为了杜绝诸如阿蒙神庙大祭司篡位之类的事件，"马斯佩罗指出，"示撒及其后人出台了一项规定：行政部门也好，军事部门也罢，其间要职只能由皇室成员出任，例如那些王子们。示撒的大儿子既是阿蒙神庙大祭司，又统领着底比斯；其他人则分别统领着塞嵩（也就是黑里欧波里斯）、哈克亨苏，以及尼罗河三角洲地区与上埃及的各大城市。所有王子都拥有几支利比亚军队——马特西欧、玛舒阿什，这些军队是当时埃及军团的中流砥柱，可靠且忠诚。没过多久，这项规定演变为一种世袭制度；因为对统治阶级有利，所以封建制度被重新建立起来。埃及统治者在孟菲斯或布巴斯提斯悠然自得地生活着，一边收着税金，一边管理着国家，偶尔主持下重大的宗教活动，比如阿比斯神牛的即位庆典或入葬仪式等。实际上，这时候的埃及已经分裂为许多公国，有的不过只圈起了几个城镇，有的横跨了好几个行政区。后来，这些公国的领导者们携起手来反对埃及法老的统治，并借助利比亚雇佣兵剥夺了皇室成员们的职位，甚至对王权造成了威胁。示撒王朝被禁锢在尼罗河三角洲地区的一个小角落里，努力维系着那所剩无几的威仪。"

分裂终将导致敌对和暴乱。作为奥索尔孔二世之孙，塔克鲁特二世

---

[1] 引自《圣经·马太福音》，"弯下腰的芦苇，不会被他折断；快燃尽的火焰，不会被他吹灭"，尽显耶稣的慈悲。作者将埃及喻为"弯下腰的芦苇"，意思是说，埃及决定支持以色列南北两国，无奈却实力不济。——译者注

在继位之后不得不面对南北两方的暴乱。当时的阿蒙神庙大祭司是其长子奥索尔孔，而奥索尔孔同时管理着底比斯与南方诸省的政务。塔克鲁特二世不得不在此起彼伏的内乱中努力维系国土的完整。此后，示撒三世（Sheshonk Ⅲ）、示撒四世（Sheshonk Ⅳ）、帕迈（Pamy）相继执政，期间内乱愈演愈烈。在底比斯、坦尼斯、孟菲斯，在其他许多地方都出现了新政权。埃及颓势难挡，埃塞俄比亚却蒸蒸日上。没过多久，埃塞俄比亚人便在尼罗河河谷地带建立了属于自己的政权。与此同时，埃及王子们还在内斗，完全忽视了潜藏在外围的危险。权力被彻底分散，就像瘟疫般铺天盖地。在 8 世纪中叶，亚述人统一了长期分裂的西亚国家与部落，而埃及却裂变出了 20 个新政权！

对于文学与艺术而言，则是再糟糕不过的局面了。有人说得很对，"无限度的衰落无异于灭亡"。示撒一世的继任者们没有为后世人留下值得赞叹的作品，无论是建筑还是雕塑。他们的陵墓十分简单，虽然复制了前朝的制式，但没能继承传统的精神。就连那些阿匹斯神牛的拱形陵墓，也是直接开凿于孟菲斯的塞拉比尤姆（Serapeum）地区的岩石山上，而石棺则是用一整块岩石打造的。纪念碑是有的，但丝毫谈不上精美和品位；碑文也是有的，但内容枯燥无趣，例如，"次年梅其尔月（Mechir）[1] 首日，在法老皮迈（Pimai）的指引下，神明阿匹斯被恭送至位于西部的安身之处，那座高大美观的陵墓，那间永不覆灭的房屋。神明阿匹斯出生在前任法老示撒三世在位的第 28 年；光芒照耀了整个下埃及，以及那里的人们。

---

[1] 长出谷子的第二个月，因为尼罗河水位下降，所以农作物有了生长的机会。——译者注

数月后，在哈舍达布城，人们看到了神明阿匹斯。第28年泡皮月（Paopi）[1]首日，在卜塔神庙大祭司（伟大的玛舒阿什之子皮提斯）、孟菲斯阿蒙神庙大祭司之子（伟大的玛舒阿什之子塔克鲁特）、公主塞伊斯巴斯特珀尔的指引下，神明阿匹斯来到了卜塔神庙，肃穆地站在其父——孟菲斯的神明——卜塔的身旁。他在世二十五年。"

这一时期留给我们的只有这样的文学作品，一切与历史有关。这些文字被称为"神奇文字"，例如如下篇章："霍恩斯（Horns）的眼泪幻化为植物，于是有了芬芳。堤丰（Typhon）的鼻血幻化为植物，于是有了香柏，又有了松节油，而非水。舒和泰芙努特（Tefnut）的眼泪幻化为植物，于是有了香料。太阳又哭了，眼泪幻化为勤劳的蜜蜂，在似锦繁华中劳动，于是有了蜜与蜡，而非水"；"制作一种充满魔力的混合物：取来两颗香料蒸煮两次，在你手心抹上两坛松柏油、两坛塔斯（tas）和两坛酒，然后你将遭遇不测，你不会意外身亡，不会遇到火灾，不会消亡于人世，你将去往天堂"。

---

[1] 尼罗河泛滥的第二个月，洪水将淹没四周土地。——译者注

20　统治埃及的埃塞俄比亚人

　　这里所说的"埃塞俄比亚"也就是现在的"苏丹"，位于非洲东部，埃及南部，地处北纬9°～24°之间：一片蛮荒之地，满目沙地、岩石、沙漠，只有很少一些绿洲。不过，尼罗河沿岸狭长地带的南部及东南部却土地肥沃。那里是阿特巴拉河（Atbara）与尼罗河的交汇处，所以溪流众多，灌溉无忧，群山绵延，林地茂盛，而且矿产资源也很充足，实为一片丰裕之地。这是一片长1000英里、宽800～900英里的辽阔地带，而且从来没有被哪个统治者或部落首领统一过。这里的国家及部落众多，有游牧民族，也有渔猎民族，相互之间总是有嫌隙，所以战事不断。在众多部落中，可以看到一个体貌与用语都和古埃及人大同小异的民族。他们和埃及人是近邻，埃及人叫他们喀什（Kashi）或库什（Kushi），而希伯来人则称他们为古实（Cush）或库施（Cushi）。他们和埃及人同根同源，不过皮肤的颜色更深一些，面部线条也更粗犷一些；他们不属于黑种人，不过相较于埃及人，他们更像黑人。他们繁衍至今，并衍生出了拥有纯正血统的阿比西尼亚人、加拉人（Gallas）、沃莱扎斯人（Wo1a1tzas）……他们的祖先很有可能是喀什人。

　　埃塞俄比亚境内与埃及接壤的地区早已深受埃及影响。辛努塞尔特一世曾与"可悲的喀什人"兵刃相见；辛努塞尔特三世曾带兵跨过第二瀑布，攻占了埃塞俄比亚北部地区。第十八王朝的统治者图特摩斯三世、阿蒙霍特普二世、阿蒙霍特普三世相继南下征战；阿蒙霍特普三世还在纳帕塔地区，即如今的博卡尔山（Gebel Berkal）附近建造了一座阿蒙神庙。那里的埃塞俄比亚人可塑性极强；他们敞开怀抱迎接了埃及文明，走进埃及神庙，跪拜埃及神明，采用埃及的象形文字篆刻碑文。生活在尼罗河流域与纳帕塔的人们已有半数接受了埃及文明。示撒王朝建立之初，赫里霍尔的后人毅然决然地离开家乡，前往埃塞俄比亚定居。埃塞俄比亚人并不排斥他们，因为他们或许有人已经与纳帕塔的贵族家族喜结连理了；另外，他们毕竟是大祭司的后人，这样的身份足以迷惑许多虔诚的人。"挪弗（Noph）王子"接纳了他们，并给予了最高级别的优待：准许他们保留祭司职务，并授予他们国家最高职位。他们摇身一变成了埃塞俄比亚的领导者，同时还是纳帕塔阿蒙神庙——阿蒙霍特普三世所建——的大祭司。他们治下的纳帕塔形势大好，并为建筑界贡献了新的神庙；神庙内供奉着埃及神明，此时，埃及神明和埃塞俄比亚神明已经融为一体。神庙前方的大道上矗立着狮身人面像。以金字塔作为皇家陵墓的传统重新回归，纳帕塔大陵园横空出世，和曾经的孟菲斯大陵园一样璀璨夺目。

作为一个王国，纳帕塔十分富足。它的南面是今日的喀土穆，东面是阿比西尼亚高地，境内有阿特巴拉河及其支流，除了坐拥丰裕的河谷之外，还占有阿特巴拉河至青尼罗河一线的广袤土地。纳帕塔拥有极其丰富的自然资源——金矿、铁矿、铜矿、盐矿；无以计数的椰枣树、杏树、冬青树；绝佳的牧场、繁茂的草原；大片高粱（sorghum bicolor）地，以及种植着其他谷类的良田。阿特巴拉河及其支流不仅盛产多种鱼类，还常能捕到海龟。那里的人们和身处内陆的部落做着生意，并在贸易往来中占据优势，获得了大量的象牙、兽皮、鸵鸟毛等。

纳帕塔王国的第一位统治者被后世人称为"皮安基"，而他称自己为迈阿蒙（Mi-Ammon），或者迈力阿蒙（Meri-Ammon），即"备受爱戴的阿蒙"。有人提出，他的祖先是赫里霍尔，而他自己则在公元前755年前后登上了王位。如前文所述，此时的埃及已四分五裂：来自利比亚的塔夫奈克赫特占领了尼罗河三角洲西部地区，并盘踞在塞伊斯与孟菲斯两地；奥索尔孔占据着尼罗河三角洲东部地区，以布巴斯提斯为国都；帕特斯伊斯在尼罗河三角洲北部地区建立了阿斯利比斯（Athribis）王国；澳珀特，或舒珀特的王子统治着同一个地区的某个地方。由澳珀特统治的帕菲巴斯特王国位于埃及中部，距离孟菲斯很近，境内有法尤姆；他本人生活在苏腾塞纳，或称希利奥坡里麦格纳（Heliopolis Magna）。纳姆鲁特占据着尼罗河山谷南端一带，以赛森努，或称荷莫波里斯（Hemopolis）为都城。除此之外，拜肯奈菲与另一位示撒也建立了小王国，不过具体地点我们无法确定。大大小小的城镇，如门德斯（Mendes）等皆有雇佣兵统帅坐镇，据我们估计，这样的统帅大概有十几个。至于底比斯与埃及南部地区，则以荷莫波里斯一带为界，被划入了纳帕塔王国，归皮安基管辖。

皮安基登上王位时所看到的便是如上景象。他兢兢业业地担当了二十一年的统治者，一直在努力让纳帕塔王国变得强大，削弱他国实力，将他国变成属国或封城。我们不知道他有没有为此而发动战争。与此同时（公元前745－公元前730年），提革拉帕拉萨二世（Tigraparatha Ⅱ）带领亚述人侵入了叙利亚与巴勒斯坦，这可把属国主公们吓得不轻。他们似乎以为皮安基是埃及人，而非异族统治者，所以毫不犹豫地向皮安基求助了。直到这个时候，皮安基应该还从未动用过武力。然后，一场叛乱悄然而至。在其执政的第21年，孟菲斯与塞伊斯的统治者塔夫奈克赫特率先挑起了战火，紧跟着，皮安基也对那些埃及属国发起了进攻，以期借此机会统治整个埃及。他率兵攻打了帕菲巴斯特王国，迫使澳珀特很快低头，然后又沿着尼罗河一路向前。随后，纳姆鲁特也加入了混战。假如不做抵抗，那么皮安基大军要不了多久就会兵临底比斯城下。最初，皮安基并没有将纳姆鲁特放在眼里，以为只需要派上两员大将，领兵沿河进发就能将叛军击退。就这样，远征军从底比斯出发，沿着尼罗河前行，并在半道上遭遇了叛军的一支舰队，不过最终还是取得了胜利。叛军的各位首领，帕特斯伊斯、奥索尔孔、澳珀特、塔夫奈克赫特、帕菲巴斯特、纳姆鲁特，纷纷带兵撤出了荷莫波里斯与尼罗河三角洲地区中部，而后在苏特塞勒，或称希利奥坡里麦格纳重新集结，计划发动二次进攻。不久，皮安基大军及舰队围攻了荷莫波里斯，在获胜后继续沿着尼罗河来到了苏腾塞勒；舰队先是在岸边将叛军打得七零八落，而后士兵们冲上了岸，一番穷追猛打，最后将叛军赶到了下埃及，以及希利奥坡里河下游附近的城镇。就在这个时候，身为荷莫波里斯王国的统治者，纳姆鲁特居然交上了好运。在听说首都被占之后，他决意要夺回城池，于是集结了一批士兵与舰船，与盟友们挥手告别，而后逆流而上，包围了那座城市，摧毁了埃塞俄比亚人修建的工事，征服了驻军，夺回了首都。

或许只是一场意外，但足以令皮安基清醒过来。他又一次集结起大军，1月从纳帕塔启程，于2月抵达了底比斯。他在那里稍微修整了一下，组织了几次宗教活动，然后又沿着尼罗河逼近了荷莫波里斯。在他的命令下，大军对荷莫波里斯发起了围攻；士兵们将可移动的塔楼搭在城墙上，然后躲在塔楼里，利用机器射出利箭或投出石块。守军死伤无数，迅速败下阵来。在纳姆鲁特之妻，以及皮安基的妻妾、姐妹、女儿的劝说下，两位统治者达成了一致意见。皮安基同意纳姆鲁特前往透特神庙祭拜他们的神明；纳姆鲁特一手牵着战马，一手摇着叉铃——用来接近神明的器具——去了神庙。荷莫波里斯城门大开，皮安基先后检视了国库、粮仓、马厩，并看到很多因这次围城之战而几近饿死的战马。大概是受到了这种景象的冲击，皮安基对纳姆鲁特相当厌恶，拖了很久才承认了其王者身份。

　　皮安基并没有就此停下脚步，他继续向北征伐，一路上招安了希利奥坡里、帕菲巴斯特，以及尼罗河沿岸许多城市。没过多久，他来到了孟菲斯，然而这一次的招安并没能得到预期的回应。塔夫奈克赫特早已决定亲自坐镇，他不但加固了军防设施，补充了战时物资，还增派了 8000 兵马前往军事重镇驻守；士气大振，士兵们准备奋战到底。皮安基率军兵临城下，只见孟菲斯城门紧闭，城墙上密密麻麻全是守军士兵。对于皮安基而言，这将是最具挑战性的一场战斗。"转瞬之间，王者如黑豹一般发起了凶猛的攻势"。皮安基兵分两路，由海陆两线同时发起了进攻。在他的领导下，舰队顺着尼罗河来到了城墙底下，士兵们在岸边搭建起塔楼，以桅杆与帆桁为梯，攀上了守军的壁垒，杀死守军好几千人，然后攻破了城门。孟菲斯失守。皮安基入城之后来到了卜塔神庙，并祭拜神明。包括澳珀特在内的一帮属国领袖前来投诚，身为雇佣兵统领的莫卡奈舒也表示了臣服，然而两个最重要的叛军首领——塔夫奈克赫特和布巴斯提斯王国的君主奥索尔孔——却迟迟不肯低头投降。皮安基决定先攻打布巴斯提斯。他带兵挺进黑里欧波里斯，一路上不但没有遭遇抵抗，反而受到了民众的欢迎，无论是平民，还是祭司，抑或是士兵，都在拥戴他，可以说是"不战而屈人之兵"。与此同时，其他王国也开始追随于他。皮安基不战而胜，这让他成了埃及人心目中神一般的统治者。黑里欧波里斯的人民欢迎他，崇拜他，赞美他是"不可战胜的荷鲁斯"。神庙圣湖中摇曳着圣船，圣船里坐着神明拉与塔姆，而人们却允许皮安基在圣湖中沐浴，允许他祭拜神明拉，允许他穿过那道折叠门，走进中央神殿。失败的奥索尔孔深知抵抗无用，索性从布巴斯提斯启程，前往黑里欧波里斯向皮安基投诚，并表达了埃及之意。

与此同时，阿斯利比斯王国的君主佩提西斯也举起了白旗。

此时，唯一还在负隅顽抗的就是塔夫奈克赫特了，他也是最早跳出来的叛乱者。在孟菲斯失守之后，塔夫奈克赫特落荒而逃，藏身于尼罗河三角洲附近的一座小岛，也有可能躲在红海彼岸的阿拉杜斯、塞浦路斯等地。后来，他终于想明白了，如果可以继续管辖一个埃及公国的话，那么自己好歹也还是一位属国君主。所以他也投降了，回到了原来的位置上。皮安基乘船驶向位于尼罗河上游的纳帕塔，一路享受着各地人民的喝彩与歌唱，然而那喝彩与歌唱中蕴含的究竟是真心实意，还是虚情假意，恐怕没有人能分辨得清。对于这次出征，我们所看到的描述是："王者逆流而上，心怀喜悦，两岸乐声荡漾。沿岸的人民唱着歌、跳着舞，欢迎着王者的到来。他们在乐声中歌唱：'啊，君王，卓越的征服者！啊，皮安基，不败的君王！您击败了下埃及的主公，那些无恶不作的人变得像女人一样听话。你的母亲将倍感骄傲，因为你把恶人送进了死亡之谷。您带来了幸福，啊，让母牛变为公牛！您将永垂不朽。您将永远立于不败之地！啊，底比斯的君王，底比斯的朋友！'"

不过，这样的和谐局面可谓转瞬即逝。在返回首都后，皮安基很快就去世了；无儿无女的他就此终结了赫里霍尔家族。无奈之下，埃塞俄比亚人只好从本民族的贵族里推选出了新任统治者：卡施塔（Kashta）。可惜卡施塔是一个庸才，在面对埃及人的反叛时手足无措，而埃及人则成功挣脱了埃塞俄比亚人的控制。这次叛乱的领导者名叫贝肯兰夫，塔夫奈克赫特是他的父亲。据记载，贝肯兰夫曾做过六年埃及法老，他的名字含有智慧与公平之意，纵然如此，他终究还是没能抵挡住历史的洪流。在众多未知因素的共同作用下，埃塞俄比亚实力大增，同时埃及则实力锐减。三十年河东，三十年河西，此时的埃塞俄比亚俨然是一位强者，自然要重新定义自身的权力与地位。在贝肯兰夫执政的第 7 年，他们得偿所愿。身为卡施塔之子，沙巴克要比他父亲强硬许多；在成为埃塞俄比亚的统治者后，他向上埃及发起了袭击；之后他又对塞伊斯进行了围攻，并烧死了被困的贝肯兰夫，理由是惩治叛国者。他不俗的外表下隐藏着一颗残暴之心；埃及人对他心生畏惧，因而选择了委曲求全。埃塞俄比亚人建立的政权就此稳固下来，并存在了五十年左右。在埃塞俄比亚人眼中，沙巴克缔造的王朝并没有什么不合理之处。历史学家都曼涅托指出，该王朝一共诞生了三位统治者：沙巴克(Sabacos)、沙巴托克(Shabataka)、塔哈尔卡(Taharka)。我们可以在留存于世的纪念碑上找到他们的名字，以及"出场顺序"。相较于埃及本土的统治者，他们显得要粗俗无礼一些，不过并没有站在埃及文明的对立面。恰恰相反的是，他们恭敬地祭拜着埃及神明，对埃及神庙进行了修复及装饰。在统治埃及时，他们并没有视自己为征服者；他们在埃及生活，最起码偶尔会出现在埃及首都底比斯，或者孟菲斯。另有迹象显示，他们或许在一定程度上沿用了皮安基的治国之策，接受属国的进贡，并以此统领下埃及地区，以及在塞伊斯、坦尼斯、布巴斯提斯修建皇宫。当然，他们对埃及王子们仍然很不放心，一边心怀嫉妒，一边严加看管，不给任何人留下可乘之机。

巧合的是，在南方王国埃塞俄比亚深刻影响埃及之时，北方邻国亚述也对埃及产生了深远影响。如此这般，矛盾自然就产生了。这两个日后声名显赫的军事大国，为了争夺衰败的埃及闹得不可开交，这就好比，为了争夺帕特洛克罗斯的尸首，阿基里斯与赫克托不惜针锋相对。沙巴克征服下埃及的时间是公元前 725 年至公元前 724 年，与此同时，萨尔玛那萨尔四世（Shalmaneser Ⅳ）正在疯狂攻打以色列的南北两个王国，也就是那两个横在亚述和埃及之间的小障碍。以色列的末代统治者何细亚（Hoshea）

向沙巴克求助。为了确保自身利益不受损，沙巴克答应了何细亚的请求，决定保护以色列。然而，在撒玛利亚受到攻击（公元前723年）且即将失守的时候，沙巴克却突然失去了勇气，没有出手相助。以色列首都撒玛利亚在长达两年有余的抵抗中，始终没能等到埃塞俄比亚统治者的帮助。孤立无援的何细亚不得不在公元前722年缴械投降。首都被扫荡，人民被掳走；亚述人成为这座城市的新主人，撒玛利亚成了亚述的领土。毫无疑问，亚述和埃及之间的距离又被拉进了一点，矛盾冲突已不可避免。

公元前720年，冲突一触即发。亚述历史上最伟大的君主，也是最后一任君主萨尔贡将目标锁定在了非利士王国身上，那是进军埃及之路的最后一个阻碍。公元前722年，萨尔玛那萨尔四世去世，萨尔贡继位，开始取代哈麦斯在撒玛利亚处理政务。作为加沙王国统治者哈嫩（Hanun）的盟友，沙巴克向非利士王国派驻了援军。在洛派赫，即希腊拉菲亚沙漠边界处，双方进行了激烈的战斗。一方是萨尔贡亲自率领的大军，另一方是沙巴克与哈嫩派出的联合军队。几个回合下来，双方胜负难分；最终，亚述人凭借更强的实力，更精锐的武器，以及更有组织的军队赢得了战斗。历史再一次证明，亚洲人比非洲人更厉害一些。埃及人与非利士人放弃了抵抗，四散逃去。随之而来的是谈判与签约，埃塞俄比亚人也好，亚述人也罢，都在和约上签了字。A. 莱亚德（A.Layard）在尼尼微发现的"木头人(The Lump of Clay)"令人叹为观止，这个文物现在藏于大英博物馆。

沙巴克没过多久便与世长辞了，时间在公元前712年前后。他的儿子沙巴托克继承了对埃及部分区域的统治权，而塔哈尔卡则继承了对埃塞俄比亚的统治权。据说塔哈尔卡是沙巴克的外甥。身为国家最高领导人的塔哈尔卡将皇宫建在了纳帕塔，而代表塔哈尔卡管理下埃及地区的沙巴托克则把宫殿建在了孟菲斯。亚述人并未停下征伐的脚步。公元前711年，萨尔贡在拿下阿什杜德后宣称要出征埃及。听闻这个消息，沙巴托克很快派出了使者，命他们携带厚礼赶去求和。

在萨尔贡去世六年后，其子西拿基立（Sennacheri）才正式坐上了亚述王的宝座。一夜之间，西南亚国家开始蠢蠢欲动。提格拉帕拉萨一世治下的腓尼基，以及萨尔贡治下的非利士率先跳了出来。犹大王国的统治者希西家（Hezekiah）随后也加入其中。他们恳请埃及出兵相助，塔哈尔卡、沙巴托克以及其他省市的领导者纷纷答应提供支援。公元前701年，西拿基立亲率大军赶赴叙利亚平叛，在战胜腓尼基人后夺回了阿什杜德、阿蒙、摩押及其以东地区，并征服了阿斯卡隆（Ascalon）、哈佐尔（Hatzor）、雅法（Joppa），而后又攻占了以革伦（Ekron）。

他首次感觉到敌人的强大是在以革伦战役中。当时，一支埃及精兵和一支埃塞俄比亚小分队陆续抵达非利士王国，并和以革伦的守军成功会合；他们计划在伊利提基（Eltekeh）附近伏击亚述人。这支大军拥有大规模的步兵、骑兵，以及战车，就连西拿基立都说那是一支"庞大到无以计数的军队"。可是，非洲人再次被迫低头。西拿基立在伊利提基轻而易举地战胜了埃及人与埃塞俄比亚人，如同萨尔贡当年大破拉菲亚。非洲大军溃不成军，士兵们如鸟兽散，无数战车落入敌手，数位儿子被擒获。

在经历了多次失败之后，塔哈尔卡彻底放弃了。不过，希西家率领的叛军却还在竭力挣扎。埃及人撤退至边境，准备迎接接下来的战斗。看上去亚述人很想早点结束战斗，很想把束缚自己的枷锁卸下，套在朱迪亚人、埃及人、纳帕塔人的脖子上，然而，一场出人意料的灾难打乱了他们的计划，并给埃及人与埃塞俄比亚人提供了三十四年的休整期。西拿基立的20万大军一夜陨落。"上帝派出使者，潜入亚述人的军营，结束了185000人的生命。翌日清晨，如梦方醒的人们发现，四周全是尸体。"不管这场灾难背后的原因到底是热风沙，还是瘟疫，抑或是神的旨意，总之这件事确凿无疑，而且有据可查。因此，亚述人不得不停下入侵的步伐，而朱迪亚人则有幸躲过了一场劫难。在接下来的三四十年中，亚述人再也没有在尼罗河沿岸出现。埃及人认为这都是神的功劳，并在无数年后依然津津乐道。这无疑是一个重大事件，事实证明，亚述历史上的最强军队莫名其妙地被毁灭了。

　　同一时期，塔哈尔卡在统治方面成绩卓然。在朱迪亚人看来，他是守护神般的存在，其势力范围囊括了从叙利亚至托罗斯一线、努尔山脉，以及幼发拉底河流域。他征服了生活在非洲北部沿海地区的部分土著部落。有历史学家认为，塔哈尔卡甚至率兵抵达过赫耳枯勒斯之柱所在的地方。在麦地那的阿布神庙里，矗立着塔哈尔卡雕像；他身着盔甲，正在用权杖击打 10 个异族战俘。在底比斯、孟菲斯、纳帕塔，我们可以看到纪念塔哈尔卡的埃及风格的纪念碑。在所有统治过埃及的埃塞俄比亚人当中，他毫无疑问是最卓越的一位。然而，他在晚年时却遭遇了一场惊天逆转。关于这件事，我们将在下一章中进行讨论。

21　捕猎者亚述人和埃塞俄比亚人的争斗

　　在西拿基立看来，这突如其来的打击是神的旨意，神要求他放下武器，不得再进军西南。在此后的十七年中，他东征过、北伐过，也打到过东北部，但是始终谨慎地避开埃及与巴勒斯坦。公元前 681 年，在他离世后，其子以撒哈顿（Esarhaddon）继位。新任统治者一上任便开始计划改变国策，打算攻占上叙利亚、腓尼基，以及腓尼基以东地区。不过，在最初的九年中，西拿基立大军莫名被毁的阴影尚未抹去，以致于撒哈顿不敢贸然进军埃及与朱迪亚。不过，迷信的玛拿西（Manasseh）[1] 却"夺走了无辜者的生命，让耶路撒冷血流成河"。玛拿西让朱迪亚王国陷入了混乱。屡战屡胜的以撒哈顿备受鼓舞，他认为塔哈尔卡已经老了，不用再惧怕他了。公元前 672 年，他终于重新踏上了其父亲与祖父心心念念的征途：攻打埃及。他把玛拿西抓回了巴比伦，从而扫除了征途中的一个障碍。然后，他领兵从出亚弗（Aphek）出发，沿着巴勒斯坦海岸线来到了拉非亚（Raphia），并在那里扎营布防。亚述人梦想已久的埃及近在咫尺。以撒哈顿的一举一动都被塔哈尔卡（Tirhakah）看在眼里。塔哈尔卡迅速调集可用兵马，在

---

　　[1] 犹大王国统治者，希西家王的后人。——译者注

东北边境、贝鲁西亚等地布下重兵。以撒哈顿做出一个惊人的决定：一路向南穿越无人区，即希伯来人口中的"舒尔沙漠"，然后绕过塔哈尔卡前往比东，再经古运河抵达孟菲斯。在他们的威逼利诱下，阿拉伯酋长为他们提供了满载水囊的骆驼队，以保证他们在穿越沙漠时有足够的水喝。即便是这样，大军在途中依然遭遇了严重的干渴，并被许多毒蛇围攻。

塔哈尔卡可以说是当机立断，在听闻以撒哈顿改变了行军计划后，立刻从贝鲁西亚启程，带兵横穿尼罗河三角洲东部地区，驻守在孟菲斯与亚述之间。英国将领加尼特·约瑟夫·沃尔斯利（Garnet Joseh Wolseley）在 1884 年也走过这一路线，并在最后战胜了艾哈迈德·奥拉比（Ahmed Urabi）大军[1]。亚非之间的第三次对抗即将上演。亚述大军至少有 20 万人，其中有实力强劲的战车兵团与步兵团各一个，以及多种武器装备。一些士兵身穿战衣、手持巨大的盾牌；另一些不负甲胄，一手拿着圆盾，一手持着标枪；还有些则只拿着吊索。尽管如此，相较于埃及人，亚述人似乎还是少一些。埃及步兵团有一部分轻型武器，另外，埃及大军中的大多数士兵都是雇佣兵，他们来到这里或许并不完全是为了御敌；埃及人没有骑兵团，力量集中在战车兵团上。在辽阔的平原上作战，武器更好、战斗力更强的一方自然更占优势。所以，骑兵团的作用至为关键，同时单兵作战能力则可决定成败。亚述人比埃及人更强壮一些，并且经受过专业军事训练，战衣更多、盾牌更大、长矛也更长；精良的武器大大增加了他们作战的便利性。令人惋惜的是，古人没有将这场战争记录下来，不过可以肯定最后是亚述人获得了胜利，埃及军队一溃千里，人仰马翻。

---

[1] 19 世纪后期，英国与埃及对战中的泰勒凯比尔战役。——译者注

　　亚述人继而围攻并洗劫了孟菲斯。他们抢走了金子、银子、绿松石、天青石、花瓶、香炉、坛子、酒杯、酒罐、象牙、黑檀、肉桂、乳香、亚麻细布、水晶、碧玉、汉白玉、刺绣，等等。那些都是过去15～20个世纪以来，虔诚的埃及法老们献给神明——几乎都在卜塔神庙里——的供品，如今被入侵者掠夺，成为尼尼微神庙里的装饰物，或者被装进了无名小卒的口袋。塔哈尔卡逃走了，没有带走妻妾、孩子，以及众多官员，这些人都成了战俘。塔哈尔卡在潜入底比斯后又逃往了纳帕塔。以撒哈顿大军紧随其后，闯入尼罗河上游地区，在辽阔的平原上仔细搜查，并攻陷了部分城镇，例如底比斯。底比斯"四周有多条河流环护，宛在水中央，而尼罗河仿若其护城河"。亚述大军占领了此处的埃及领地，在地中海与第一大瀑布之间的广袤土地上肆虐，俘虏了无数埃及人。至此，从密夺至赛伊尼，从贝鲁西亚至鳄鱼城（City of Crocodiles），麦西（Mizraim）[1] 成了亚述王的领地。

　　后续要做的事情是重组国家机构。了不起的亚述王不仅想征服埃及，更想统治埃及。他按照罗马人一贯的"分治"原则，把埃及划分为了20个相对独立的公国；所有公国均有各自的主公和首都，且每座首都建有军防设施。大多数主公都是埃及人，少数为亚述人。旧时代的省份大多被保留了下来，不过有的两两合并，有的数个合并为一个，接受某位主公管理。其中管理塞伊斯至孟菲斯一线的主公名叫尼科，这也是一位法老的名字；蒙图埃姆昂科赫是底比斯、埃及南部地区，以及象岛地区的主公。万事俱备，以撒哈顿返回尼尼微，而后立刻在纳赫雷尔凯尔卜（Nahr-el-Kelb）河口

---

　　[1] 希伯来人与亚拉姆语人统称上下埃及为麦西。——译者注

为自己建造了雕像，并把自己的征战过程写进了碑文。

亚述王在埃及的统治持续了三四年时间（公元前672－公元前669年），而塔哈尔卡始终在静观其变。当他听闻以撒哈顿身患绝症后，连忙带兵离开了位于埃塞俄比亚的军营（公元前669年），攻占了备受争议的尼罗河河谷地带，驱逐了以撒哈顿安排的主公。他来到了底比斯，那里的人们很是欢迎他，如同欢迎太阳神阿蒙一般。他来到了孟菲斯，卜塔神庙的祭司不顾尼科及亚述驻军的阻拦，为他打开城门。埃塞俄比亚人与埃及人在宗教方面的惺惺相惜，是这场势均力敌之战的关键因素，同时也推动了埃塞俄比亚的发展。不过，感性的东西毕竟无法左右战争的成败，其影响力总是小到可以忽略不计。成败的决定因素还是武力，除非有奇迹发生。

在这个时候，疯狂的爱国主义反而波澜不惊。埃塞俄比亚人与亚述人的关注点都是军事和猎物——物华天宝却脆弱不堪的埃及；他们都想做埃及的主人。被迫离开孟菲斯的主公在亚述统治者面前控诉了塔哈尔卡的行为。亚述人勃然大怒，他们哪里愿意看到以撒哈顿的战果得而复失。公元前668年，以撒哈顿去世，亚述迎来了史上最后一任统治者亚述巴尼帕（Ashurbanipal）。亚述巴尼帕又一次带兵奔赴埃及并点燃了战火。他战胜了管理着尼罗河三角洲地区的塔哈尔卡，不仅攻下了孟菲斯、底比斯，还建立了20个新的公国，让埃及回到了以撒哈顿时代的面貌。塔哈尔卡不得不躲到纳帕塔。就这样，埃及再度成为亚述人的领土。见猎物已经落入亚述人之手，埃塞俄比亚无奈退出了竞争。

不过，事情并没有这么简单。有主公与塔哈尔卡取得了联系，想要与他联手谋反；他们表示无论如何也要把亚述人赶下台。亚述王参透了阴谋，下令抓捕了尼科（Neco）等三位涉事者，并用铁链将他们拴起来，带到了尼尼微。然而，阴谋并未因这次抓捕行动而结束，人们反而越来越不满了。

亚述人想用铁蹄来平息骚乱，他们扫荡了尼罗河三角洲地区的各大城镇，例如塞伊斯、门德斯，以及坦尼斯，或称索安，等等，然而一切都是徒劳。塔哈尔卡亲自出征，赶赴尼罗河河谷，在收复底比斯后又挺进了孟菲斯。亚述巴尼帕赶紧派出军中大将尼科带着亚述人的威仪自尼尼微出发应战。尼科对这样的安排很是满意，因为身在尼尼微的亚述统治者给予了他各公国首领的身份，同时还赐封其子普萨美提克（Psamtik）。塔哈尔卡觉得此次出击似乎有些冒失，于是撤离了底比斯，返回了营地。然而，没过多久（公元前 667 年），他就撒手人寰了。

　　塔哈尔卡的继任者是其继子鲁特阿蒙。在纳帕塔，年纪轻轻的鲁特阿蒙成为新任统治者，在此之前，他是位热血好战的王子。他带领埃塞俄比亚大军又一次踏足尼罗河河谷，夺取了底比斯，并在孟菲斯城外战胜了由埃及人与亚述人组成的联合军队，闯入了这座首都，包围了驻军营地。随后，他成功占领了尼罗河三角洲大部分地区。埃塞俄比亚人抓住了尼科，然后毫不留情地处死了他；尼科之子普萨美提克幸运地逃了出来。

　　历史有时候像是"轮回"。公元前 666 年，亚述巴尼帕再度出兵征伐埃及，并在边境战胜了鲁特阿蒙，拿下孟菲斯后挺进底比斯。在他的逼迫下，鲁特阿蒙节节败退。对于底比斯而言，亚述人的到来犹如无情的狂风暴雨，神庙被毁，宝藏被夺，人民被奴役。亚述人获得了胜利。很快，埃及人放弃了抵抗。主公们又一次找到了自己的位置。亚述巴尼帕得偿所愿，成为公认的王者。埃塞俄比亚则退出了争斗，至少看上去是这样。

　　不过，南方的统治者并没有死心。埃塞俄比亚统治者鲁特阿蒙去世后，迈阿蒙努特（据说是塔哈尔卡之子）继承了王位，并打算重燃战火。亚述人丝毫不关心神庙是否破败，神像是否倾倒，而是要求神庙将收入上缴，并限制了祭司在主持宗教活动时的行动。迈阿蒙努特则自诩太阳神阿蒙亲自指定的埃及诸神中的王者，每到一处都会前往当地有名的神庙进行祭拜，并献上礼物，供奉神明，同时也很尊重神学院中的祭司们。他的言行深得民心。所以，当他率兵挺进尼罗河河谷时，收获了一路欢呼。"以您之名，前行在和平之中，"人们呐喊着，"以您之名，前行在和平之中。将生命播撒在每一寸土地上——修复即将坍塌的神庙，建造传统的神像；将神庙收入还给诸神、女神，将祭品还给去世的人；让祭司得以履行职务，主持那神圣的仪式。"众多本想负隅顽抗的城市居民，在知晓他的虔诚之后都对他另眼相待，"人们本想拿起武器抵抗到底，却被他的行为感动，最终接受了他的到来。"在抵达孟菲斯北部地区之前，他没有遭遇任何抵抗。亚述人在那里严防死守，在他们看来，下埃及王子仍是可靠的。兵临城下，刀光剑影，最终迈阿蒙努特获胜。埃及人大概心有旁骛，不过亚述人已对盟友失去了信心，早早地就投降了，并打开了孟菲斯的城门。没过多久，尼罗河三角洲地区的各位主公都陆续举起了白旗。亚述人低下了头，迈阿蒙努特获得了统治权，凡是接受其统治的主公都保住了政权。

迈阿蒙努特的统治并不长久，并且是埃塞俄比亚人最后一次征服埃及。他很快就抛下荣耀一命呜呼了。无人可以继承他在埃及的王位，或者说，埃及人认为他后继无人。然而，埃及人竟然懦弱到认为自己没有独立的能力，于是亚述再一次接收了这片土地；当然，或许是埃及人只想安安稳稳地生活下去，所以不在乎成为别国的依附者。截至公元前650年前后，两国已针锋相对了二十年，先后五六次派出的大军可以纵贯整个尼罗河河谷。半数城镇被毁，庄稼连年遭殃，树木被砍倒，神庙被洗劫，家园变作废墟，屋宅座座倒塌。底比斯，拥有数以百计的工事，历经年复一年的建设，堪称世界上最恢宏的城市，被夷为平地。孟菲斯、黑里欧波里斯、坦尼斯、塞伊斯、门德斯、布巴斯提斯、希利奥坡里、荷莫波里斯、克罗科第洛坡里（Crocodilopolis）[1] 等地不断被占领又不断被收复，历代建筑与纪念碑在战争中被毁，而来去匆匆的统治者们却无心修缮，只顾着修建毫无价值的复制品。埃及"坠入深渊——神圣地位一落千丈"。

这片土地忽然变得冷漠，充斥着死寂。文学不值一提，艺术化作灰烬，而且看不到重生的希望。然而，生命之火绝不会就此熄灭，就连最具洞察力的人也不知道公元前750年至公元前650年的生命之火何时会重新燃烧起来；而在历史上，在公元前650年至公元前530年的这段时间里，埃及苏醒了。

---

[1] 希腊语中的法尤姆。——译者注

22 普萨美提克一世与尼科：帝国梦碎

一个衰落的国家，譬如此时此刻的埃及，在不借助外力的情况下是很难复兴的，这就好比僵尸无法行走，重患无法自愈一样。一切生命都在凋零，一切精神都在涣散，这个国家坠入了深渊；就要来不及了，除非那未被污染过的外部血统遵从神旨从天而降。"救世主"自海外而来，重新点燃即将覆灭的生命之火，为僵尸带来了新鲜活力，让这个国家重生、呼吸、行走、思考、呐喊。不过"救世主"不能是入侵者，因为在入侵者的压迫下，这个国家只会更虚弱；亲缘关系亦不能太远，要不然就无法充分理解并同情自己将要救赎的国家；他必须知道这个国家近年来的经历，要不然就会酿成大祸，损失惨重。这个国家需要遇见一位拥有外来血统的后人，并通过婚姻将他的命运和自己的命运联系起来。他必须足够了解这个国家。假如真有此人，那么他必将和这个等待觉醒的国家一起砥砺前行。

在普萨美提克一世的带领下，埃及迎来了复苏时期。普萨美提克一世的长相和埃及人很不一样；他拥有外族血统；"普萨美提克"之名，以及"尼科"之名都是埃及历史上从未有过的；而且他们不会说埃及语。他可能和"利比亚的伊纳鲁斯"同承一脉，毕竟伊纳鲁斯父亲的名字也是"普萨美提克"。所以，普萨美提克一世应该是利比亚人，而利比亚人和埃及人曾几度融合。他的家庭一直生活在塞伊斯，长辈中有人和塞伊斯人结过婚，而塞伊斯人身上流淌的主要是埃及人的血。他在埃及政府部门中任职长达二十余年；自公元前 672 年至公元前 667 年，他和父亲一起管理着一个公国。公元前 667 年，也可能是公元前 666 年，他继承了其父的统治权，由此开始对塞伊斯进行十六七年的统治。后来，他似乎受到了某种召唤，觉得自己应该寻求一些改变。

普萨美提克一世很了解埃及政体。他虽然拥有利比亚血统，不过在对待埃及人时向来都很公正。他年轻有为、朝气蓬勃、心怀壮志，誓要尽快赶走亚述人，并由自己重新统一并统治埃及。尽管他初出茅庐，缺乏经验，而且道阻且艰，但是他一心求变。到时间走到公元前 7 世纪后半叶的时候，他心心念念的机会终于来了。公元前 651 年前后，古巴比伦人和埃兰人的联合出击使亚述人遭受重创，完全放弃了在偏远地带的抵抗。因为亚述军队的大多数士兵都被调回了中心地区，所以普萨美提克一世所在的要塞兵力大减。同一时期，位于小亚细亚地区的吕底亚正在崛起；它曾在最糟糕的时候不得不向亚述俯首称臣。现在，它走出了困境，急不可待地想要攻击亚述，寻求独立。普萨美提克一世对此心知肚明。他需要找到一个心甘情愿的、有能力且可以马上帮助自己的人，而吕底亚的古阿斯显然是最佳人选。在普萨美提克一世看来，古阿斯或许可以成为他的最佳拍档，于是，他立即派人赶赴小亚细亚。古阿斯没有拒绝普萨美提克一世，并且马上援助了一支由亚洲人——主要是卡里亚人（khaia）与爱奥尼亚人（Ionians）——组成的实力强劲小分队。无论是卡里亚人，还是爱奥尼亚人，皆是好战之徒，单是那盔甲就比埃及人的要厚重、坚固许多。在外族军队的支援下，普萨美提克一世自称是"两国之王"，这无疑是在挑衅作为宗主国的亚述帝国，以及另外 19 个公国。

亚述人自身难保，无暇顾及这样的挑衅；它正被来自三个方向的敌人搞得焦头烂额：来自南面的巴比伦尼亚人、来自东南面的埃兰人、来自东面的米堤亚人。亚述人早已精疲力尽，日日奔波于边境之地，抵御着近邻的侵扰，就连开疆拓土的机会也没有，更别说去"关心"一个地处偏远的、深陷泥潭的属国。不过，其他公国的管理者倒是对此做出了抗议了，毕竟对他们来说这事关生死；如果不赶走企图篡位夺权之人，那么自己就只有死路一条。在这种情况下，各方兵马集结在一起，形成了一个军事联盟。我们可以看到，皮萨布图的巴克鲁尔、坦尼斯的佩图巴斯特、布西里斯的示撒、普洛索披提斯的塔夫奈克赫特、阿斯利比斯的贝肯奈菲、希利奥坡里的奈克赫、门德的皮迈、黑里欧波里斯的拉门图、底比斯的门图昂科赫等人共同组建起一支规模颇大的队伍。然而，这支队伍在抵达孟菲斯一带后，却被困在了利比亚沙漠边境，也就是如今位于尼罗河三角洲西部地区的迈努弗（Menouf）。一番激战过后，装备精良且英勇无畏的古希腊卡里亚人赢得了战争，而制胜的因素之一是普萨美提克一世。首尝胜果的他并没有任由敌人逃窜，而是继续摧城拔寨，见一个杀一个，就连影子也没放过。

普萨美提克一世将埃及从将近百年的分裂中拯救出来。布西里斯、坦尼斯、塞伊斯、门德、希利奥坡里、底比斯，所有的公国都一去不返！十二人集团一去不返！七国联盟一去不返！埃及迎来了君主制！无论是赛伊尼大瀑布至地中海一线，还是贝鲁西亚至密夺一线，抑或是孟菲斯、梅瑞埃（Marea）[1]，从此之后，埃及这片土地上只会有一位君王。当然，如此巨大的胜利定然意味着巨大的牺牲。不过，埃及人终于明白，只有团结

---

[1] 一个半咸水湖，地处埃及北部。——译者注

一致才能获得胜利，孤军作战是无法保护自己的；唯有携起手来，才能所向披靡。

普萨美提克一世达到了最终目的——成为整个埃及的统治者。接下来，他需要做的是巩固自己的统治。他用武力打下江山，也将用武力守住江山。他把古阿斯的军队重新组建了一番，而后纳入了常备军。埃及大军的驻地是最南端的象岛、尼罗河三角洲地区以西，以及平原最东端的梅瑞埃与达夫尼（Daphnae）[1] 两地。新兵团长期驻扎于尼罗河支流佩罗锡克河沿岸，即布巴斯提斯附近，距离首都颇近。有这样一种说法，在普萨美提克一世将保护首都的任务安排给新兵团之后，埃及大军认为自己受到了侮辱，以致后来有20万士兵被调遣至埃塞俄比亚。这种说法或许有些夸大其词，毕竟埃塞俄比亚和埃及之后并没有发生冲突。

以巩固统治为目的，普萨美提克一世的择偶条件十分明确且明智，另一半必须拥有受人尊敬的皇室血统。迈特微丝赫特（Mehytenweskhet）是一位公主，她的父亲名叫皮安基。他自称是贝肯兰夫的后人，而贝肯兰夫之前则死在沙巴克手里；如此说来，他算是埃塞俄比亚皇室后裔。在迎娶了迈特微丝赫特之后，普萨美提克一世坐稳了王位。他一手掌握了第二十四王朝、第二十五王朝，以及塞伊斯、埃塞俄比亚的统治权，是当时唯一被公认的法老与统领。

见事态已稳定，普萨美提克一世开始着手重塑皇室和振兴民族，他从始至终都认为这才是自己最应该做的事情。他此时所看到的埃及凄惨且落后——千疮百孔、苟延残喘。他陷入了深思，怎样才能让它重新闪耀光芒？

---

[1] 埃及古城，境内有苏伊士运河穿过。——译者注

在年复一年的战火中，每一座规模较大城市都经受过劫难：孟菲斯被洗劫过6次；底比斯遭遇过2次大火和掠夺；从赛伊尼至贝鲁西亚，所有城市都遍体鳞伤。沙巴克费尽心思建造的干道与运河，在他去世后被彻底遗忘；良田化作瘠土；人口数量不定期锐减。普萨美提克一世的使命是在那些七零八落的瓦砾上重建一个新生的埃及。他要让埃及远离死亡，给它带去新的活力。他满怀激情，毅然决然地行动起来。他对被损毁或破旧的建筑进行修复或重建；重新修建干道与运河；以各种方式发展农业；采取惠民措施以推动人口发展。一座座被损毁的城镇在他的建设下重新发展起来。他还耗费大量精力修复、扩建及装修了各地的神庙。他为源远流长的孟菲斯卜塔神庙建造了南大门，令它更加完备；阿比斯神牛的宫殿有了新的华美庭院，庭院四周建有柱廊，而柱廊的石礅上皆伫立着巨大的欧西里斯雕像，高度均在18～20英尺之间。亚述人曾经毁坏了底比斯卡纳克神庙的一部分，如今普萨美提克一世也对这部分进行了重建。在塞伊斯、门德、黑里欧波里斯、菲莱等地，他也付诸了大量实践。尼罗河河谷俨然成了一个规模庞大的工厂，里面的石匠、泥瓦匠、砖瓦匠、木匠们夜以继日地忙碌着。普萨美提克一世是位虚怀若谷的领导者，在他及其属下的推动下，埃及的艺术发展逐渐恢复了生气。象形文字再一次出现在雕刻作品和绘画作品中，而且细致入微、精妙绝伦、令人啧啧称奇。普萨美提克一世时期的浅浮雕作品与众不同之处在于，其美感和精细程度都超越了以往，例如一些作品"仿若女性般柔和精细，概念也好，表现力也罢，都十分卓越"。我们还看到了许多出自这一时期的雕像，其中一些小型雕像极具历史价值。普萨美提克一世重新推动了"萨伊提艺术"的发展，这种艺术的特点是：画面及线条都十分简洁，与印章篆刻很类似，讲究精细、雅致、柔和，以及古朴。孟菲斯时期的现实主义艺术，就风格而言，不如新王国时期的艺术那般天马行空、活力四射，不过更加安宁、美好、单纯、细致、精巧。

此后，埃及回归了欣欣向荣的道路：包括壮丽的神庙在内，各式建筑都换上了新的面容；城市里，工业与交通业重新发展起来；原野上，阡陌纵横、五谷丰登；人口数量逐渐回升，民族面貌也大为不同了。不过，普萨美提克一世拥有更长远的目标。在他手下，来自希腊与卡里亚的雇佣兵可谓数量惊人，这意味着，他与外族人士交往密切，所以他也为外族人士的生存做了些努力；不仅他的前任们从来没有如此做过，恐怕就连埃及平民也不曾这么做过。古代埃及和古代中国有很多相似的地方，它们都长期闭关锁国，排斥外来者，并认为外国人是异类。在普萨美提克一世登上王位之前，拥有外国血统的人被禁止进入尼罗河沿岸各大口岸城市及港口，就连靠近都不行。普萨美提克一世认为，埃及需要与时俱进，大胆地除旧革新，既然雇佣兵们在这里定居，就不应禁止他们与祖国及其城市进行往来，另外还应该鼓励埃及与希腊的交流。在这种情况下，希腊人接受了普萨美提克一世的邀请，迁徙到了专门为他们敞开的尼罗河三角洲地区，以及尼罗河支流卡诺皮克（Canopic）河流域的瑙克拉提斯（Naucratis），并在那里安居乐业。在那个时候，大多数商贸国家都会借助此类开放政策增强国力。米利都（Miletus）、福西亚（Phocaea）、罗兹岛（Rhodes）、萨摩斯（Samos）、希俄斯岛（Chios）、米蒂利尼（Mytilene）、哈利卡尔那索斯（Halicarnassus）、埃伊纳岛（Aegina）等地都辟出专区开办工厂，以及建造希腊神庙，派驻了人员。两国间的商业贸易活动发展得如火如荼。埃及的上层人士特别爱喝希腊酒，所以酒类成为大宗进口商品；一些埃及人还对希腊的陶器与雕塑情有独钟。而埃及卖给希腊的主要是玉米、明矾、棉布、亚麻织品，以及优质的莎草纸。

上述只是一部分交易活动，总之，埃及人已经进入了希腊南部的商贸市场。埃及人对大海没什么特殊感情，对商业贸易也没什么特殊要求，不过对外贸易活动终归还是渐渐地发展起来了。在和希腊人的交流过程中，埃及人逐渐了解了希腊的传统、语言（并非所有埃及人都会）、祭祀礼仪、绘画艺术、雕塑艺术，以及希腊人的思维方式，并开始相仿相效。埃及人的性格因此而受到了影响，他们逐渐摆脱了旧习，生出了好奇心和求知欲。当然，消极影响也是存在的。埃及人在此之前一直过着保守、封闭的生活，而新鲜事物的到来对旧思想与旧信仰造成了极大的冲击，与此同时，许多迷信思想乘虚而入。尽管希腊人天性纯良、生来聪慧、精力无限、热爱真理，不过埃及人却更多地沾染了他们的贪污腐败之风。普萨美提克一世为埃及人创造了新的生活，而埃及人对这种新的生活却生出了新的认知。宁静的生活被打破，人们沉溺于亢奋与骚动之中。由于本土军队被雇佣兵取而代之，因此埃及士兵的训练时有时无，他们逐渐失去了战斗的能力，以及作为一名军人应有的尊严。与此同时，在来自东方的希腊传统观念的影响下，女性在埃及社会中的地位被削弱了。平民对来自异域的传统文化既嫉妒又嫌弃，但皇室却表现出无比推崇之意，这无疑是对民族精神的重创。在普萨美提克一世执政期间，埃及人的生活看起来有了些许改善，例如大型活动的举行，上进心的提升，以及交流创造的增多等。尽管如此，埃及内在的状况却越来越差了，而这种情况又直接关系着它的兴衰成败。

在普萨美提克一世执政后期，亚洲地区的形势一片混乱，纷争不断。同时，亚述帝国放弃了君主制；米底王国与巴比伦王国平分了亚洲的西南部地区。心有猛虎的普萨美提克一世开始觊觎富饶的叙利亚，以及整个美索不达米亚平原，甚至想要像塞蒂、图特摩斯、阿蒙霍特普一样缔造伟大的事业。普萨美提克一世攻击了非利士，不过没能成功。于是，他不得不束缚住自己心中的猛虎，任由亚洲各国的统治者们自行解决各自的问题。

据史料记载，阿什杜德人用了二十九年时间攻打埃及，虽然最后无功而返，不过先后6次围攻着实令埃及应接不暇。在亚述人的帝国大厦颓然倒塌时，普萨美提克一世已经步入晚年，无论如何也不敢经历千难万险贸然远征。他把征战的机会留给了儿子尼科，尽管没有寄希望于尼科能替自己实现梦想，不过他还是努力攻下了非利士的军事重镇，为尼科打开了一扇通往亚洲的大门。

普萨美提克一世之子继承的王位，史称尼科二世。为了普萨美提克一世的心愿，自登上王位的第一天起，尼科二世就开始付诸行动。在他看来，以雇佣兵为主的步兵团实力足够强大，但海军队伍不仅规模太小，而且编制落后，所以他对海军队伍进行了扩充。海洋事业的迅猛发展有赖于腓尼基人的一项发明：双排桨快艇。在希腊人的改造下，这种快艇又升级为三列桨座舰船。借助希腊工匠的支持，尼科二世组建了两支三列桨座舰船舰队，一支驻守在通往红海的港口内，另一支驻守在通往地中海的港口内。为了让两支舰队在必要时能顺利会合，他尝试着对尼罗河与红海间的运河进行重建。那条运河始建于塞蒂一世时代，竣工于拉美西斯二世时代，后来因缺乏维护，河道渐渐被尼罗河中的泥沙，以及沙漠中的沙砾阻塞。尼科二世在原有河道上进行了大量的挖掘工作，同时还拓宽了河道，以便让三列桨座舰船能通行无阻，并顺利回合，而无须借助人力划桨前行。不过好景不长，随着大批苦力陆续死亡，这项工程最终被迫终止；尼科二世未能如愿以偿。对此，希罗多德的观点是，运河工程夺走了12万人的生命。无论如何，尼科二世没有固执己见，而是改用其他方式来达到目的。

自然界中并不会有天然的水上交通。埃及这片土地既与红海相连，又与地中海毗邻，而无论是红海还是地中海，又都连接着公海；在希腊地理学家眼中，海水是围绕地球流动的。尼科打算试着环绕非洲大陆做一次航海探险。他雇用了一批勇敢且航海经验资深的腓尼基人，这些水手常年出没于赫丘利斯之柱（Pillars of Hercules）界外的浩瀚大西洋。在尼科二世的授意下，探险者们从红海的一个港口离开了，一路向南，沿着非洲海岸左侧，尝试从地中海返回埃及。最后，他们真的做到了。在腓尼基人娴熟地操作下，船队完成了既定任务，这同时也是瓦斯科·达·伽马（Vasco di Gama）后来实现的目标：绕过位于斯托姆斯的好望角，经大西洋、直布罗陀海峡、地中海，返回始发地。不过，腓尼基人这一去一回足足花了三年之久，因此就算完成了任务，也对埃及统治者的征服计划无甚助益。因为距离太过漫长，而且危机四伏，所以尼科二世只好放弃了将两只舰队会合的计划。

不过，尼科二世依然行走在征战之路上。与此同时，叙利亚、腓尼基、巴勒斯坦才从亚述人手中挣脱出来，局势不甚稳定，而巴比伦则尚未摆脱束缚。约西亚在撒玛利亚的权力日益扩大；腓尼基人则在纠结，是应该寻求独立，还是向纳波帕拉萨尔（Nabopolassar）低头。东部地区乱作一团。公元前 608 年，尼科二世下定决心做出尝试。在他的率领下，以雇佣兵为主的埃及大军沿着海岸线来到叙利亚；凭借驻守在地中海港口的埃及舰队沿途所提供的物资，埃及大军得以顺利穿越地势平缓的非利士与沙仑，并计划翻越南部厄斯垂伊伦（Esdraelon）平原周边的高山。然后，在群山之中，他们遭遇了不测。

可能是担心尼科二世的成功会动摇自身权力，也可能是和纳波帕拉萨尔有约在先，约西亚下定决心要阻止埃及大军的进攻。他带兵率先占领了米吉多一带，也就是南部平原的边缘地带。尼科二世劝约西亚让路，可是约西亚并没有听从劝告。一场激烈的战斗一触即发。无须多言，犹太人的军队败下了阵，尼科二世跨过障碍继续前行。约西亚身受重伤，躺在后备战车里被护送回了耶路撒冷。获胜军来到了幼发拉底河岸边，掠夺了卡尔凯美什，继而统治了叙利亚。经过 3 个月的持久战，尼科二世带着胜利回到了埃及。约西亚的二儿子约哈斯（Jehoahaz）被尼科二世带回作为人质；其长子约雅敬（Jehoiakim）被留在耶路撒冷，成为属国的管理者。

胜战带来的欢喜只存在了三年；埃及人以为自己又一次征服了世界，并拥有了与世界强国抗衡的能力，殊不知复仇女神涅墨西斯（Nemesis）并没有放过它。公元前 605 年，巴比伦统治者纳波帕拉萨尔发现自己的权力地位已名存实亡，便决议要重整旗鼓。因为年纪大了，不能亲自出征，所以他派儿子尼布甲尼撒（Nebuchadnezzar）率军挺进叙利亚，以收复失地。巴比伦人在幼发拉底河上遭遇了尼科二世大军。两军在卡尔凯美什决一死战。最终，埃及落败。人们虽然没有发现任何与该战役有关的历史记录，不过先知耶利米（Jeremiah）倒是留下了一段记述：

"你们拿起大大小小的盾牌，冲锋！你们套好战车，骑上战马，全副武装，摩拳擦掌！我为什么见到了，他们在惶恐地退缩？他们那些英勇的战士输了，四散逃开，头也不回，周围慌乱一片，"耶和华说着，"别让逃兵跑掉，别让勇士逃离，他们倒在了北方幼发拉底河河畔。如尼罗河泛滥，如江河奔涌的，究竟为何？埃及如尼罗河泛滥，如江河奔涌，他说，'我要掩盖所有土地，摧毁所有城市，以及居住在那里的人们'。战马冲上前去吧！战车冲上前去吧！勇猛的都是，拿着盾牌的古实人和弗人，张弓搭箭的路德族，都冲上前去吧！那天，万军之主耶和华要复仇，要向敌人讨回公道。在北方幼发拉底河河畔，刀剑无情，血流遍地，万军之主耶和华在献祭。埃及人，去基列拿乳香吧！尽管你吃了许多灵丹妙药，但一切都是徒劳，你的病治不好。他国听闻你蒙羞，你唉声叹气，勇士和勇士撞到一起，都倒在地。"

这是一场毫无挽回余地的战争，除了"赶快逃走"别无他法。埃及人不得不退到沙漠与尼罗河的另一边，举起白旗以平息战火。尼科二世低下了头，带兵退出了叙利亚与巴勒斯坦，匆匆忙忙地逃回埃及。尼布甲尼撒之父纳波帕拉萨尔此时离开了人世，若非如此，尼科二世休想逃出尼布甲尼撒二世的掌心。为了继承王位，尼布甲尼撒不得不赶回巴比伦；对于埃及统治者而言，这无疑是个修正的机会。

普萨美提克一世也好，尼科二世也罢，埃及人想要重建亚洲帝国的梦想终究未能实现。卡尔凯美什输得如此彻底，法老们因此而深受打击，不再痴心妄想，以至于这个风雨飘摇的帝国迅速地走向了灭亡。

23　塞伊斯的王者：繁荣假象一戳就破

在普萨美提克一世及其继任者执政时期，塞伊斯的艺术、建筑、商业重新发展并逐渐繁荣起来。普萨美提克一世的执政时间并不长，不过却在阿拜多斯、菲莱等地凿刻了很多碑文、浅浮雕与雕塑。而今，这一时期的许多精美艺术品都收藏在梵蒂冈。在阿普里埃斯，他们建造了数不清的石柱，以及两座以上成对的方尖碑，这些建筑都是用来衬托奈斯神庙的。雅赫摩斯二世积极地推动着艺术发展与建筑发展。他对奈斯神庙进行了扩建，增加了入口与庭院，而且新入口的尺寸与以往很是不同。此外，他在神庙地道两旁建造了许多狮身人面像，在内部建造了巨型雕塑，并将一个由整体岩石凿刻的神龛，或者巨大的岩石房间从象岛运到了尼罗河彼岸。他还在孟菲斯、底比斯、阿拜多斯、布巴斯提斯、特慕斯（Thmms）、利安托波利斯（Leontopolis）大兴土木。同一时期，雕像艺术也得到了快速的发展。另外，这位统治者还对肖像画产生了兴趣，并将个人的肖像画赠予昔兰尼人当作礼物。在雅赫摩斯二世执政时期，埃及蒸蒸日上，生产力得以提高，城市越来越多，人们获得了前所未有的幸福感；商业贸易活动十分繁荣，和来自希腊小亚细亚洲、昔兰尼等地的移民交流频繁，并特许瑙克拉提斯贸易区拥有更多非同一般的权力利。

在军事方面，遭遇重创后的卡尔凯美什渐渐恢复过来。在尼布甲尼撒二世执政期间，巴比伦帝国尚未建成或稳固，而这对尼布甲尼撒二世的征服计划相当有利。在向更远处进发前，尼布甲尼撒二世的精力主要集中在埃兰、小亚细亚、腓尼基、巴勒斯坦等地。卡尔凯美什之战结束后，朱迪亚人花了三年时间逃离了巴比伦人的控制。数年后，腓尼基人奋起反抗推罗政权；尼布甲尼撒二世轻松地平息了犹太人的叛乱，却遭遇了推罗的誓死抵抗。直至十三年后，叛乱再起，他才再度收复了腓尼基。就算到了那个时候，朱迪亚的情况仍不明朗，它不满于现状，苦苦等待着下一次机会。由此可见，尼布甲尼撒二世在执政时期一直困于各种麻烦事之中，而埃及则因此有了重建社会经济、重塑军事权威的机会。

战败八九年后，尼科二世离世。在此期间，他养精蓄锐，放弃了征战。公元前590年，阿普里埃斯（Apries）继承了王位，他是尼科之孙、普萨美提克二世之子。不久之后，他带兵攻打了埃塞俄比亚，并侵入了努比亚。他手下有两员大将，一位是来自希腊的阿波罗尼，另一位是埃及人雅赫摩斯。他们的纪念碑至今仍矗立在阿布辛贝的岩石上。我们在上面看到了迄今为止最早使用希腊文篆刻的碑文，缩小比例后摹本的意思如下：

公元前590年，阿普里埃斯初登王位。他预感尼布甲尼撒二世没有办法拿下腓尼基，所以大着胆子在公元前588年和犹大王国的统治者西底迦缔结为友，并承诺，只要西底迦愿意和自己一同抵抗巴比伦，就会积极支援犹大。西底迦点头答应。在此后的战争中，巴比伦人不仅占领并毁灭了耶路撒冷，还俘虏了所有犹太人。

没有人知道阿普里埃斯这次攻陷的城市都有哪些；不过可以肯定的是，在听闻西底迦受到威胁时，他立刻调集兵马直奔巴勒斯坦前去搭救。他带兵向耶路撒冷逼近，从而对尼布甲尼撒二世造成了巨大威胁；尼布甲尼撒二世不得不暂时停火。至于后续之事，我们不太确定，也不清楚阿普里埃斯有没有意识到迦勒底人在兵临耶路撒冷之前就已兵分几路围攻他。在敌人面前，他或许表现得颇为慌张，甚至很不光彩地选择了退守；或许英勇向前，和巴比伦人一决高下，然而终究败北，不得不逃亡回国。一切皆有可能。约瑟夫斯倾向于更勇猛、更荣耀的理由：《圣经》对所有战争都保持了沉默，而这暗示了阿普里埃斯的怯懦退让。不管出于什么原因，总之结局就摆在眼前，面对巴比伦人，埃及人选择了后退；他们从巴勒斯坦撤军，留下了孤立无援的西底迦。耶路撒冷在公元前 586 年再度失守，巴比伦人擒获了西底迦，并挖去了他的两只眼睛；他们摧毁了城市，破坏了神庙，抓走了许多犹太人。西南边境上仅剩一个国家在挣扎着保持独立。巴比伦人在攻占它之后，终于完成了统治该地区的夙愿。在这里，因为存在某种政治上的"缓冲"作用，两个强大的国家从来没有直接接触过；而这时，它们被关联到一起了。不难想象，在未来很长一段时间内，双方必然会冲突不断。

阿普里埃斯意识到矛盾已经萌生，于是计划出兵攻占叙利亚沿海地区的腓尼基人聚居地，以提升防御能力和保持海上优势。他带兵从海陆两线分别攻打了推罗与西顿。经过一番激战，他战胜了腓尼基人与塞浦路斯人的联合舰队，将西顿团团包围，致使敌军缴械。然后，他花了大量精力巩固陆上势力，并对希腊境内的发达城市昔兰尼发起攻击，不过这次他没能如愿。他败给了昔兰尼人，士兵死伤无数，并因此在国内遭遇了信任危机——有埃及人控诉他肆意妄为，毁掉了军队。依照希罗多德的观点，内乱随之而来，阿普里埃斯的统治被推翻，并赔上了性命。不过，希罗多德的说法并不完全可靠，毕竟人们陆续发现了一些不同的线索。

公元前 568 年，尼布甲尼撒二世出兵攻打埃及。彼时，阿普里埃斯仍坐在埃及法老之位上。不过，与尼布甲尼撒二世抗衡的并非阿普里埃斯，而是其继任者雅赫摩斯二世。雅赫摩斯二世大战尼布甲尼撒二世之时，阿普里埃斯正在塞伊斯皇宫中待着。公元前571年至公元前565年，是阿普里埃斯与雅赫摩斯二世共同执政的时期。一开始，尼布甲尼撒二世并没有将塞伊斯放在眼里，而是经黑里欧波里斯、布巴斯提斯，挺进埃及以前的首都孟菲斯与底比斯；在顺利占领了孟菲斯与底比斯之后，他"摧毁了偶像，破坏了神像"。接着，他带兵沿尼罗河河谷直奔象岛，拿下象岛后又打算入侵努比亚。不过，他遭遇了南方君主奈斯霍尔的暴击，所以不得不撤离努比亚，返回尼罗河河谷，终止了肆虐埃及的计划。我们可以在《耶利米书》与《以西结书》等历史著作中看到相关描述。有一种说法是，尼布甲尼撒二世在公元前565年，即攻打埃及的第3年里拿下了塞伊斯；垂垂老矣的阿普里埃斯被处死，雅赫摩斯二世则得以以属国君主的身份治理埃及。于是，告别了往日荣光，埃及沦为"卑微的国度"，甚至"最卑微的国度"。

不过，这个地位"卑微的国度"在经济方面依然欣欣向荣。因为再无外患，所以内部环境变得安全许多，企业因此而得到了长足发展的机会。因为再无花销巨大的远征行动，所以埃及的财政状况得以恢复与改善，那些浪费在征战上的资金被投入到生产建设中。在雅赫摩斯二世执政期间，农业领域发展出了优秀的管理模式。就连大自然都好像在配合埃及的发展，尼罗河河水既充沛又守规矩，人们因此而喜获丰收。希罗多德认为，这一时期的埃及拥有"20000座城市"，这或许只是个传说。当然，不可否认的是，即便是坊间传闻也是有现实依据的，那便是该时期史无前例地昌盛。雅赫摩斯二世颁布了法令，要求所有埃及人每年都必须向行政长官汇报一次自己的营生手段；工业因此而得到了一定程度的发展。雅赫摩斯二世以身作则，以积极的态度和满腹热情推动了艺术与建筑的进步。他建造了许多工程，为人们提供了很多收入稳定的工作，譬如采石工、船工、砖瓦工、粉刷匠、泥瓦匠、木匠，以及建筑承包商，等等。他在艺术领域投入了巨大的精力，艺术家们因此而有了用武之地，权贵们因此而成了时尚领袖，艺术品的市场需求猛增百倍。雅赫摩斯二世乐此不疲地建造着神庙与巨型雕像，还将个人肖像画或个人雕像作为礼物赠予外国人，或者外国神庙。对于埃及的画家与雕塑家而言，这段日子无疑是十分幸福的。

在雅赫摩斯二世执政时期，埃及在外交方面有了突破，且收获满满。不过，就像 M. 雷诺曼所看到的那样，在繁荣的背后，实则是爱国主义的凋零，以及国家各个系统的崩塌。塞伊斯王朝的统治者们一心想要复兴埃及，所以没有禁止希腊"自由思想"的融入及其在埃及的发展，因此也算是为美尼斯式的传统君主制统治吸纳了新活力，可是他们没有想过，同时来到埃及的还有一些"致命因素"。埃及的重建工作似乎只是在延续统治和保持传统，却没能做到与时俱进，所以埃及文明落入了固步自封的境地，甚至可以说在苟延残喘。相较而言，希腊思想更加进步，希腊文明更加人性化，当希腊人带着这一切来到埃及人身边后，埃及的结局便已注定。究其缘由，埃及既无法放弃旧的方向，选择新的方向，又没有能力沿着老路走下去。所以，在希腊文明的冲击下，埃及文明就快要分崩离析、穷途末路了。我们将在接下来的篇章里详细讲述：埃及政权在考验来临时一朝倾覆；在千钧一发之际，雅赫摩斯二世所缔造的繁荣假象一戳就破。

24 波斯人带来了乌云

公元前565年，埃及接受了巴比伦的统治，但只是表面上的。埃及人没有所谓的荣誉感，所以也没有挣脱控制的欲望。他们每年都得向巴比伦进贡，但贡品很少，基本上毫无压力。巴比伦的政府也好，教会也罢，都没有插手埃及国内事务，例如派驻新的管理者、税吏，以及军队。时间就这样过了七年，直到尼布甲尼撒二世离世。此后，巴比伦陷入了动荡：六年内更换了4位统治者，甚至有两位性命不保。与此形成鲜明对比的是，雅赫摩斯二世对此毫无反应，仍然过着安静祥和的日子，毫无挣脱束缚、争取独立的想法。然而，外部势力可不会让他好过，他必须看清形势并做出决定。他忽然发现自己能够在风险极小的情况下让埃及重新独立。截至此时，这段附庸关系已经存在了二十几年，虽然雅赫摩斯二世在第7年时就有机会终止这一关系，使埃及独立于世。

不妨来看看当时的大致情况。在尼布甲尼撒二世统治埃及十年后，也就是公元前558年前后，一个亚洲新政权横空出世——波斯摆脱了米底王国的统治，成为一个独立王国。此后，波斯统治者冈比西斯一世之子居鲁士踏上了征途。他称自己是埃兰之主，是"安善（Ansan）之王"，并和米底统治者阿斯提阿格斯（Astyages）针锋相对，打起了一场持久战。公元前549年，他擒获了阿斯提阿格斯，并开始统治米底。来自亚洲的新危机接踵而来。米底人属于高山民族，向来英勇无畏，而且体力超乎常人，并被时人视为西亚最强者。然而，一个更为强悍的民族及其意气风发、有胆有识，且充满野心与活力的君王征服了他们。自然而然地，比邻而居的巴比伦人与吕底亚人都感受到了巨大压力。吕底亚统治者克罗伊斯（Croesus）率先沉不住气，千方百计地采取措施以自保。他想出了一个计划：将深陷"波斯危机"的几个国家联合起来，一同御敌。为了达到目的，他在公元前547年派出使者奔赴埃及与巴比伦，力求建立起三国联盟。雅赫摩斯二世必须做出抉择，是拒绝结盟，并和巴比伦保持既有关系，还是接受建议，并宣告独立。使者告诉雅赫摩斯二世，巴比伦统治者那伯纳迪厄斯（Nabonadius）此时正进退维谷，他如果得知结盟之事，不但不会责难雅赫摩斯二世，还会以为雅赫摩斯二世是出于善意才加入的，而不是带着恶意。经过深思熟虑之后，雅赫摩斯二世决定听从克罗伊斯的建议。克罗伊斯统治着小亚细亚地区，未经他许可，爱奥尼亚君主和卡里亚君王都不能通过大规模招募雇佣兵的形式来巩固政权。雅赫摩斯二世不想与这个大人物产生矛盾，所以答应结盟，并做出承诺，当盟友遇袭时会伸出援手。显然，其他两个国家也做出了这样的承诺，不过由于埃及的地理位置相对较远，因此它们践行盟约的可能性基本为零。

雅赫摩斯二世显然真的没有办法给予及时的支援。公元前546年，在未告知盟友的情况下，克罗伊斯带兵横渡哈里斯河（Halys），对波斯发起了进攻，并闯入了居鲁士治下的卡帕多西亚（Cappadocia）。不过，他在卡帕多西亚的普铁里亚（Pteria）大败，并在回国途中派人向埃及等地通风报信以求支援。我们不知道雅赫摩斯二世当时作何回应，或者想要作何回应，不过毫无疑问的是，他在调兵遣将之前就已经心知肚明，就算埃及前去支援也无法扭转局面。居鲁士人穷追不舍，并在抵达萨迪斯（Sardis）之前，于平原上再次大胜克罗伊斯军队，继而花了不到 14 天的时间围攻萨迪斯，并将其洗劫一空。克罗伊斯被生擒，尽管未遭折磨，不过其国家已落入敌手。雅赫摩斯二世的援军姗姗而来，无奈一切都已来不及。三国联盟就此分崩离析，雅赫摩斯二世摇身一变，成为自由且独立的统治者。

波斯在公元前 538 年征服了那伯纳迪厄斯统治下的新巴比伦王国，波斯又斩获了一个战利品。历经将近 20 个世纪的风吹雨打，迦勒底（Chaldaean）君主国[1]最终还是没能逃过灭亡的命运。强国们还在你争我夺，此间有王国先后分裂。腓尼基成为独立王国；塞浦路斯作为腓尼基人的聚居地，像其祖国那样获得了一定程度的独立。见此情形，雅赫摩斯二世深知机不可失，于是挑起了海上战争，收服了大批岛民。那些悲苦之人还不知道发生了什么就成了雅赫摩斯二世的属民。此时，埃及统治者做了件蠢事，他告诉居鲁士，自己还没来得及讨伐某个众人皆知的敌人：那个敌人在十年前就联合其他国家与埃及为敌，而今又迫不及待地阻止埃及收获胜战果实。不可否认的是，波斯王对此心知肚明，而且对那些想要入侵波斯的人深恶痛绝；不过谁也不知道，他到底有没有做出反击。有这样一种说法，波斯王提出与雅赫摩斯二世联姻，但只能让其女儿做妾；雅赫摩斯二世倍感屈辱，不过最终选择委曲求全。埃及落到如此境地，身为埃及法老的雅赫摩斯二世责任重大，然而他却通过别的方式洗脱了"罪名"。

唯一说得通的是，居鲁士在最后的日子里疲于应战，完全没空搭理雅赫摩斯二世。一开始，他被困在了里海与印度洋之间，被那里的国家拖住了进程；接着，东北边境地带又被侵犯，他耗费了大量精力以解决争

---

[1] 即新巴比伦王国。——译者注

端，而且差点死在那里。对于伊朗高原上的政权而言，生活在奥克苏斯河（Oxus）[1] 及锡尔河（Jaxartes）沿岸地区的各个部落自始至终都困扰和威胁着自己的统治，他们抵制居鲁士，并令居鲁士受挫。面对一代枭雄居鲁士的落败与死亡，雅赫摩斯二世大概会高兴地喝上两杯，不过对于在暴戾狂徒冈比西斯二世治下苟延残喘的埃及来说，接受宽仁高贵的居鲁士所放弃的挑战似乎是更好的选择。

公元前 529 年，居鲁士离世，冈比西斯二世继位。此后，他很快征服了腓尼基。不过想要征服埃及的话，恐怕还得组建起一支有实力的舰队才行，一来能为军队运送物资与饮水，二来指挥者可以驻守在尼罗河沿岸要塞发布命令，如此一来便能兵分两路，由水上和陆上抢占各大城市，例如贝鲁西亚、坦尼斯、塞伊斯、布巴斯提斯、孟菲斯等。冈比西斯二世走马上任的时候，波斯还未组建起舰队。冈比西斯二世的陆军顺利降服了腓尼基的重要城市。因为得到了腓尼基人的协助，冈比西斯二世又征服了埃及治下的塞浦路斯；塞浦路斯有一支小型舰队，在其协助下，冈比西斯二世又制服了一批希腊舰船，换句话说，冈比西斯二世成了海上霸主；尼罗河沿岸各大口岸都落入他之手，他的舰队得以驶向尼罗河上游，对孟菲斯造成威胁。

不过，攻坚之路，荆棘密布。在埃及和巴勒斯坦之间，横亘着一大片沙漠；想要穿过这里，军队必须借助海上舰队，或者沙漠驼队来运送士兵、随军民众，以及饮用水，所以负责运送物资的骆驼兵是不可或缺，且为数不少的。波斯大军为了完成远征而雇用了规模庞大的驼队，不过谁也不知

---

[1] 阿姆河以前的称呼。——译者注

道骆驼是否够用，幸运的是，他们在沙漠附近找到了足够多的强壮的骆驼，以及皮质水袋。波斯王和当地势力最大的部落首领结为了同盟，并将供水的重任交给了他。就这样，冈比西斯二世大军成功穿越了茫茫大漠，并顺利抵达尼罗河支流佩洛锡克河，再往前走就是尼罗河入海口，以及辽阔的地中海。

雅赫摩斯二世在距此6个月前撒手人寰。普萨美提克三世登上了王位。虽然缺乏经验，但这位年纪轻轻的法老想方设法地保护着自己的国土。他调集起所有来自希腊与卡里亚的雇佣兵，又组建了一支大规模的本土军队，并将这些兵力全都安排在了贝鲁西亚附近，以占据有利地位。事实上，他应该把希望全都寄托在雇佣兵身上，虽然他们很少冲锋陷阵，但总比一无是处的埃及士兵要强一些；埃及士兵对雇佣兵心生不满，原因是自从雇佣兵成为正规军后，他们在将近四十年的时间里再也没有正式上过战场。可以说，埃及士兵丝毫无法和冈比西斯二世大军中的士兵相比。在冈比西斯二世的大军里，可以看到波斯人、米底人、赫卡尼亚人（Hyrcanians）、马甸人（Mardians），以及希腊人；这些士兵在居鲁士手下接受过正规训练，不仅对武器无比熟悉，而且对拿下埃及胸有成竹。普萨美提克三世手下的埃及士兵似乎连普通百姓都比不上，不仅缺乏作战经验，更缺乏爱国之心，甚至不怎么听从统治者的命令。双方在贝鲁西亚展开了激战，与其说是战斗，不如说是屠杀。雇佣兵们积极奋战，无奈实力悬殊，寡不敌众；埃及士兵则全是待宰的羔羊。对此，克特西亚斯（Ctesias）的观点是，普萨美提克三世损失了5万士兵，而冈比西斯二世大军则只有6000人伤亡。普萨美提克三世的军队节节败退，很快就溃不成军，一路退守至孟菲斯，然后闭门不出。

或许是命中注定，埃及的命运由此而转变。这是一个易攻难守的地方，尼罗河三角洲地区可谓一马平川,无一处高地;尼罗河河谷虽狭长却不狭窄,无论何种规模的军队在进攻时都不用担心遭遇阻碍或限制;尼罗河河谷沿岸的崇山峻岭中无食无水,在那里设伏几乎是自掘坟墓。入侵者唯一要想清楚的是:自己有没有能力在毫无屏障的平原上一击即中,并拿下整个埃及军团? 在埃及境内,战争胜败往往取决于某一场战斗。尽管战败方可以逃进某座城来拖延时间,但是如果援军迟迟不来,那么结局恐怕并不会有什么两样。可是,战败的将领们要么没能意识到这一点,要么意识到了却无计可施。这让我们想起曾经的埃及法老普萨美提克三世在带兵逃回孟菲斯后却被困在了城里,而随之而来的是敌军疯狂的围攻。

波斯大军步步逼近,他们的步兵很快就包围了孟菲斯,而他们的舰队则扼守在河道旁。一艘希腊舰船驶入城中招降,守军进行了有力反击,抓获并杀戮了船上的士兵。无论哪个国家的法律都会对使者及其随从的安全做出保障,然而希腊舰船上的船员却身首异处,埃及人显然触犯了法律。冈比西斯二世怒火中烧,发誓要以牙还牙。不久,孟菲斯失守。因为感觉被冒犯,所以这位波斯统治者怀着一颗复仇之心公开杀戮了2000人,听说其中一位还是埃及法老普萨美提克三世之子。普萨美提克三世并没有被立刻处死,甚至未被剥夺法老地位,当然,条件是向波斯进贡。不过,他后来意欲谋反,计划发动叛乱,最终还是死在了冈比西斯二世手下。

对于这场失败,身为先知的以西结曾经做出预言:

> 那是悲惨的一天!
> 那天即将到来! 甚至,上帝的那一天也即将到来,那天必定乌云漫天;
> 这是属于异教徒的一天。

一支锐利的剑劈向了埃及，埃塞俄比亚一定会痛苦至极；

杀戮开始了，埃及人血流成河，埃及遭受重创。

埃塞俄比亚、普特、卢德，以及查布，这片土地所孕育的结盟的孩子，也将和埃及人一同倒下……

我把恐惧带到了埃及。

巴忒罗（Pathros）[1]将成为蛮荒之地，索安将付之一炬，挪弗（Noph）[2]将遭受酷刑。

贝鲁西亚（Pelusium）[3]将堕入痛苦的深渊。

到了那个时候，挪弗将化为废墟，敌人出现在白日。

亚文、比伯实（Pi-beseth）[4]的青年，一个个死在剑下。

城市座座失守，答比匿（Tehaphnehes）的白天变短。

到了那个时候，我会切断束缚埃及的脖套，埃及的神圣权势将就此消失。

希罗多德认为，心怀不满的冈比西斯二世在对埃及实施了上述暴行之后，还通过其他惩罚方式彰显着其征服者的身份及权力。在当时当刻，这样的做法情有可原。他命人从陵墓中挖出了最后一位国王（法老）的木乃伊，并在光天化日之下对木乃伊进行羞辱；除此之外，还有许多木乃伊被他挖了出来，而他不过是想看一看而已。刚刚在首都举行的隆重仪式中愉

---

[1] 即希伯来人口中的孟菲斯。——译者注

[2] 下埃及地区，通常被视为埃及人的诞生地。——译者注

[3] 是尼罗河三角洲地区最东端的要塞，也是普萨美提克三世败给冈比西斯二世的地方。——译者注

[4] 即布巴斯提斯（Bubastis），位于尼罗河三角洲地区——译者注

快上任的阿匹斯神牛被他刺伤了大腿，因为在他看来欢庆神牛上任只是借口，人们实际上是在取笑他从阿蒙绿洲、埃塞俄比亚等地战败而归。在孟菲斯卜塔神庙里，他把神像当作了玩笑；在另一个神庙中，他烧毁了卡贝洛伊（Cabeiri）[1]。阿匹斯神牛身边的祭司遭到了他的鞭笞，参加庆典活动的人则当街被杀。假如希罗多德所言不虚，那么可以看出，冈比西斯二世是在鄙视和践踏埃及宗教，或者说鄙视和践踏埃及人的宗教信仰。

冈比西斯二世依照古埃及传统，继续沿用着"王名"[2]。在塞伊斯，他清理了奈斯神庙里的外国人，并把管理权交给了一位颇有声望的埃及官员。此外，他还参加了一个颇为神秘的宗教组织。这或许并不值得我们惊奇。冈比西斯二世具有强烈的宗教破坏倾向，在亢奋的时候会疯狂打击埃及宗教。然而，亢奋并非常态，他在清醒的时候看上去无异于其他管理者或政治家。埃及人被冈比西斯二世的举动激怒了，开始奋然反击。见此情形，他打算在离开埃及前，好好安慰一下那些深受其伤害与冒犯的民众与祭司。他妥协了，除了在塞伊斯正式加入奈斯教之外，他继续沿用着王名，并允许塞伊斯的神庙举办宗教活动。后来，大流士继承了他的王位，并继续实施着上述政策。在卡尔葛哈（Karga）绿洲，大流士修建了一座阿蒙神庙，并屡次向埃及神明表达敬意。在执政初期，当阿匹斯神牛升天之后，他承诺将奖励100位率先找到新任阿匹斯的人。除此之外，为了美化底比斯阿蒙神庙，他还打算建造新的方尖碑。他在行使统治权时，会顾及和维护埃及人的切身利益：他安排阿律安戴斯（Aryandes）为总督，在设置

[1] 一对地府鬼神。——译者注

[2] 古埃及法老有五个王名，每个王名都代表不同的含义，象征着法老的地位。——译者注

总督辖区的时候，尽量减轻埃及人的负担。为了推动埃及的商业贸易发展，他再次启动了尼罗河至红海的运河；他扩大了舰队规模；他会时不时地出现在某些活动中，以此令埃及人倍感荣耀。不过，冈比西斯二世的暴戾行为所引发的民愤及憎恨并不是这么容易就能抹去的，那些恶行已成为埃及人心中永远的痛。当机会来临时，埃及人必将在沉默中爆发，将那倒行逆施的统治者驱逐出境。

25　埃及人的三次反抗

对于埃及人来说，第一次反击入侵者的行动是从另一场持久战衍生而出的。公元前490年，大流士大军在希腊战败；波斯人与米底人组成的军队足有20万人之众，却输给了2万名雅典人与普拉图亚人的军队。不难推断出，大流士一定心怀怨念，也一定会找机会一雪前耻。他调集波斯帝国所有人马齐赴西部，于是，南方出现了一个极好的反击机会。埃及人花了三年时间静静地厉兵秣马，在公元前487年发动了起义，且军事力量远在敌人之上。驻守在孟菲斯的波斯卫戍军队被屠杀，死亡人数在12万左右。埃及随即宣布了独立。

我们在该时期所建造的纪念碑的碑文上看到，此时的埃及法老名叫克哈巴什（Khabash）。这个名字似乎来自外族。为了抵抗波斯舰队的进攻，他在埃及海岸线附近建造了军事防御工程，同时也在陆地上做足了防备，不过，这些措施效果堪忧。公元前486年，叛乱被平息后，大流士也去世了，其子薛西斯继承了王位。新任统治者没有放过埃及，继位次年就发起了进攻，并轻松地击破了埃及的防御体系。对于埃及而言，薛西斯的统治更加残酷，而且新任总督阿契美尼斯（Achaemenes）还是他的弟弟。

此后二十五年，风平浪静。埃及人不但没有过多挣扎，还成了波斯人四处征伐的好帮手，他们英勇无畏，充满战斗力。在拥有200艘三列桨

座舰船的埃及舰队的帮助下，阿契美尼斯得以出征希腊，并在阿提米西恩
（Artemisium）海峡之战中顺利缴获了5艘希腊舰船，俘虏了上面的船员，
可谓大获全胜。除此之外，埃及舰船上的海军陆战队士兵的非凡表现引起
了马尔多尼乌斯（Mardonius）的关注，在打完萨拉米斯（Salamis）之战
并返回亚洲后，他将这些士兵都调到了步兵团。

在薛西斯执政期间，埃及人再未奋起反抗。不过，在公元前460年，
也就是其子亚达薛西（Artaxerxes）登上王位五年之后，他们又一次发动
了叛乱。这次反抗的时间比较长，斗争也比较激烈。领导者是伊纳鲁斯
（Inarus），据说他的先祖是普萨美提克一世，他自己则是埃及西部边境
一部分非洲部落的统领。他与埃及人阿米尔塔尼乌斯（Amyrtaeus）志同
道合，两人领兵12万对驻守于埃及的波斯卫戍军队发起突袭。在位于尼
罗河三角洲地区的帕普雷米斯（Papremis），双方展开了激烈的战斗。
波斯人兵挫地削，阿契美尼斯也死在了伊纳鲁斯之手。不过，驻守在首都
孟菲斯的波斯军队仍在负隅顽抗，这让我们对此次战役产生了一些疑问。
伊纳鲁斯和阿米尔塔尼乌斯求助于雅典人。那个时候，雅典海军在世上所
向披靡，是否伸出援手，对埃及人的命运而言至为关键。身为雅典的统治
者，伯里克利（Pericles）是个充满智慧、眼光长远的领袖；他答应援助，
并派出了一支规模颇大的军队：士兵不少于4万，以及三列桨座舰船200
艘，竭力攻击波斯人。雅典舰队沿着尼罗河一路向上游驶去，在流域内遭
遇了一支整装待发的波斯舰队，并轻而易举地获得了胜利。孟菲斯在海陆
两线的围攻下失守了。此后，争夺"白色要塞"与军事堡垒的战役又打响
了，不过联合军队花了好几个月都没能结束战斗。与此同时，亚达薛西马
不停蹄地组建了一支拥有30万兵马的军队，并任命杰出将领迈加比佐斯
（Megabyzus）担任指挥官，前去埃及镇压叛乱。迈加比佐斯率兵直抵孟菲斯，

战胜了埃及人的联合军队，替城中守军解了围，收复了失地。雅典人选择了撤退，他们来到了普洛索披提斯（Prosopitis），驻守在舰船上。普洛索披提斯是一个小岛，位于尼罗河三角洲地区附近，四周有两条支流绕过。迈加比佐斯在此驻守了 18 个月之久，却什么也没有等到，最后他采取了一个策略——在历史上，居鲁士进攻巴比伦的时候似乎也使用过。迈加比佐斯将一条支流的河水引流至新河道，让原有河道暴露无遗。敌人的三列桨座舰船陷入了淤泥，只能任其缴获。而后，他带兵登陆，以众敌寡，击败了那些可怜的希腊人，除了少数人找到机会逃往昔兰尼之外，迈加比佐斯收获了 200 艘舰船及其船员。此后，有 50 艘前来救援的舰船也遭遇了突袭，大败而归，死伤过半。身为利比亚君王的伊纳鲁斯落荒而逃，后因心腹之人的背叛而不得不跪地求饶，但最终仍旧被钉在十字架上受死。抗战持续了六年之久，在此期间，身为埃及法老的阿米尔塔尼乌斯（Amynaeus）躲在尼罗河沼泽地带苟且偷生。最终，埃及人还是放弃了抵抗，并于公元前 455 年又一次接受了波斯属国的命运。

此时，打算著论立说的希罗多德——希腊有史以来最早的历史学家——为了收集材料来到了埃及。那时的他还不满 30 岁，是位青年才俊（他出生的时候，马拉松之战已经过去，但温泉关之战尚未打响）。他遍历埃及，远足象岛，洞察了《埃及史》所陈述的一切，并怀揣着万般激情将所见所闻记录在案。他目睹了刚刚令伊纳鲁斯命丧黄泉的战场——遍地尸首无人掩埋。他大部分时间都待在孟菲斯；他去过位于尼罗河东岸的采石场，那里出产着修建金字塔的石材；他去过尼罗河西岸，那里矗立着壮观的纪念碑；他去过摩里斯湖，那里有举世闻名的"迷宫"，在他看来，"迷宫"之伟大与奇特尤胜于金字塔；他还乘船前往了推罗，见证了埃及大门的关闭，而希腊人再也无法进入了。

　　在这五十年左右的和平时期里，与埃及有关的史料很少。它好像已向命运低头，独立之梦已然破灭。这些年来，它安分守己，就算是在亚达薛西离世至大流士二世登上王位期间，在那段混乱时期里，也没有奢求过独立。然而实际上，对于征服者的统治，它早有二心。它不过是在等待，然后在最后一刻破釜沉舟。

　　在大流士二世即将退出历史舞台前，也就是公元前406年，或者公元前405年，埃及人发起了第三次反对波斯统治的战争。这场独立战争的领导人是来自门德斯的尼斐利提斯（Nepherites）。这一打又是好几年，最后，埃及人终于把波斯人赶了出去，并重建了法老制。令人惋惜的是，我们尚未看到与此有关的确凿的历史记载，只是大体上知晓，不久之后，尼斐利提斯建立了政权，统治了埃及，而且并未遭遇波斯人的阻挠；他对埃及的和平统治持续了六年，并将主要精力放在了修复和重建卡纳克阿蒙神庙这件事上。在尼斐利提斯执政时期，埃及尚未真正复苏，或者复兴；尼斐利提斯之所以能登上王位并非因为他胆识过人，而是因为波斯由盛转衰。不管怎么说，他终归还是为埃及人赢得了将近六年的独立与和平，为这个命运多舛的君主制国家带来了一丝希望。在这转瞬即逝的时光中，埃及人似乎望见了从前的辉煌与幸福。

26　收官人奈克塔内博一世

　　尼斐利提斯成为埃及统治者，史称尼斐利提斯一世（Nepherites I），然而在登上王位后，他遭遇了一连串的麻烦。埃及统治者们向来很依赖希腊雇佣兵，然而这些雇佣兵的性情总是令人捉摸不透，稍微有些不痛快就会歇斯底里。法老们从不敢违逆他们的心意，惹他们生气，要不然就有可能王位不保，所以在这 25 年中，埃及陆续迎来了 5 位法老。这些法老没有时间复兴家国、大兴土木，只来得及顾全当下，竭力挣脱困境；他们从不去想未来，毕竟他们不知道自己会在何时一命呜呼。征服者令他们担惊受怕，他们不得不和他国保持附庸关系，心甘情愿寄人篱下；在他们看来，这是避免被侵略的上上策。

　　公元前 350 年前后，奈克塔内博一世（Nectanebo I）登上了王位，而后局面稍有好转。这位法老拥有过人的精力，不仅将雇佣兵牢牢掌控在手中，还建立起了一支大规模的埃及本土军队。在他看来，埃及只有在拥有一定防御能力之后，才能凭一己之力独立于世，而无须任由他国或盟友主宰自身命运。他为尼罗河沿岸的 7 个河口加固了既有的防御工事，并在所有河口的两岸各增建了一座要塞，以及连接两座要塞的桥梁。他加强了易攻难守的贝鲁西亚的防御体系，在其东面挖了一条战壕，谨慎地切断了出入城的陆上通道、海上通道，以及堡垒、河坝、路堤，等等。另外，他还费尽心思地引来河水淹没了周边地区。因为在公元前 376 年前后，波斯人一度计划再度攻打埃及。毫无疑问，奈克塔内博一世所采取的防御措施都是针对波斯人量身打造的。

不出埃及人之所料，波斯人在次年发起了进攻。亚达薛西二世（Artaxerxes Ⅱ）的后台是手握 2 万名希腊雇佣兵的雅典将领伊菲克拉特斯（Iphicrates）。公元前 375 年，一支实力强劲、规模庞大的军队——拥有士兵 22 万、舰船 500 艘，以及大量运送军需的供给船——对埃及发起了猛攻。春日阑珊，在阿克里（Acre），波斯军队在法纳巴祖斯（Pharnabazus）的率领下，和伊菲克拉特斯所率领的希腊雇佣兵顺利会师，并在夏天初到时启程，而后不疾不徐地经过了非利士，穿越了大沙漠；在海岸线上，一支舰队正和他们一样在默默前进。他们在抵达贝鲁西亚后发现那里壁垒森严，固若金汤；因为攻城无望，所以他们决定改变计划。于是，一支载着 3000 名士兵的舰队小分队驶向背面，待到夕阳西下，天地朦胧之时忽然掉转船头，驶向西南面，直指位于尼罗河三角洲地区的门提西亚河（Mendesian）河口，那里除了有两座要塞和一座桥梁之外，别无其他防御工事。未见刀剑交锋，舰船上的士兵们已在河口处顺利登岸。双方在城外展开了战斗，守军被击溃，要塞被占领，埃及损失惨重。波斯军团的其他士兵陆续乘船而来，同样轻而易举地上了岸，到了这个时候，门提西亚河河口已全然落入了敌手，并成为波斯人的军事基地；从这里，波斯人可以任意侵袭那些在他们看来既重要又易攻的城市。

雅典将领伊菲克拉特斯极力建议集中火力攻打孟菲斯，理由是其精锐部队已经控制了尼罗河沿岸的另一河口，他有信心一举歼灭孟菲斯守军，而且只需要来一场突袭就可以做到。如果说希腊人是急脾气，那么波斯人就是慢性子，而且总是瞻前顾后；他们的节奏总是不同。法纳巴祖斯没有采纳这个建议，他比较保守——我众敌寡之下，何必要激进冒险？他打算待到大军顺利集结后再挺进孟菲斯，以规避不必要的风险；到那个时候，攻破孟菲斯并非难事，征服埃及是大势所趋。就算伊菲克拉特斯一意孤行，想率领雇佣兵偷袭孟菲斯，大概波斯人也不会同意。希腊人焦虑不安，坐也不是站也不是；波斯人却依然小心翼翼，冷漠沉静。波斯人暗自揣测着，希腊人是不是想率先拿下孟菲斯，而后自己坐上王位？不管怎么说，法纳巴祖斯坚信集结后总攻才是万无一失的方法，所以他严词拒绝了雅典将领的建议。

与此同时，奈克塔内博一世一面派重兵严防死守孟菲斯，一面派大军从贝鲁西亚启程，穿越尼罗河三角洲地区抵达门提西亚河河口，集结于被占领的要塞附近，准备对入侵者进行反击。此前，埃及大军已经通过一场场小型战斗耗费了敌人大部分的精力，对战时间拖得越久，波斯人的损失就越惨重。盛夏将至，这片土地上又刮起了季风，尼罗河河水又开始猛涨，无垠的尼罗河三角洲平原又一次没入水中；河水淹没了道路，泥沙堵塞了河道，行军打仗者错过了最好的时机；入侵者无可奈何地退出了阵地。伊菲克拉特斯和法纳巴祖斯彼此不满，相互推诿着战败的责任。

在埃及人眼中，这次成功堪比当初希腊人赶走薛西斯。人们将奈克塔内博一世奉为民族英雄，视他为神一般的存在。奈克塔内博一世得以巩固自身的统治地位，而且人们都认为他的胜利足以弥补埃及曾经经历的一切失败，他为埃及找回了从前的尊严与辉煌。如此这般，在一片祥和、光荣和昌盛之中，他又统治了"两地"整整九年。在此期间，他重新建设了埃及的艺术领域和建筑领域。在底比斯，他对卡纳克神庙进行了扩建，对孔苏（Konsu）神庙进行了修复，并采用浮雕对拉美西斯十二世时期所建的神庙进行了美化。他在孟菲斯留下了更多的痕迹：在塞拉皮雍（Serapeum）

附近，以及阿匹斯粮仓周围，神牛纪念碑高高矗立；在桃拉采石场，两座由黑色花岗岩打造的小型方尖碑上刻满了他的大名。他还在埃德富（Edfu）、阿拜多斯、尼罗河三角洲上的布巴斯提斯、罗塞塔（Rosetta）、泰勒艾尔玛丝库塔等地留下了建筑。在后世人看来，这一时期的艺术成就是自第二十六王朝（也就是普萨美提克一世执政时期）以来最杰出的。那两座方尖碑现已被大英博物馆收藏，它们是该时期艺术的典型代表。另外，奈克塔内博一世还为自己打造了一口华美无比的棺椁。

　　奈克塔内博一世去世之后，埃及人将其供奉如神。在暮年时，他还曾出任过大祭司一职，并为后人留下了宝贵的祭礼。显而易见，埃及人将永远不会忘记他的功勋。

27　落幕，烟消云散

　　奈克塔内博一世之后的埃及统治者既缺少眼光，又缺乏活力。公元前 366 年 [1]，埃及法老的皇冠落在了一个希腊人的头上，他就是塔克霍斯（Tackhos）。他有意对波斯人发起挑衅，撺掇总督与阿塔塞克西斯曼尼门对立，并获得了卡布里亚斯（Chabrias）与阿格斯拉乌斯（Agesilaus）的援助。不仅如此，他还胆大包天地对腓尼基发起了进攻，想要削弱腓尼基人的势力。然而，塔克霍斯在埃及的统治地位其实并不牢固，所以我们无法判定他的征伐是否于他有益。在他抵达叙利亚之前，后院就起了火。在出征之前，他将国事委托给了摄政王；历史告诉我们，这位摄政王很不靠谱。在他的煽风点火下，未来的奈克塔内博二世（Nectanebo Ⅱ）奋起反抗起了其父塔克霍斯。年纪轻轻的王子像着了魔一般在埃及国内兴风作浪。幸好英勇不凡的阿格斯拉乌斯出手相助，塔克霍斯才得以逃出生天。这位斯巴达将领赢得了两场至关重要的决定性战役，尽管叛军在人数上占尽优势，而后取代了王座岌岌可危的国王。叛军经过休整卷土重来，在此之前没多久，阿格斯拉乌斯率大军转移至昔兰尼；他没有被叛军劝服，也

---

[1] 另有记载为公元前 361 年。——译者注

没有退出争斗，然而却因为年事已高，在昔兰尼一命呼呜。在这种情况下，孤立无援的塔克霍斯不得不离开埃及，逃往西顿，而后穿过大沙漠，投诚于亚达薛西三世。身为曼尼门人的伟大领袖，善良的亚达薛西三世允许塔克霍斯留下来，并表示定会助他一臂之力；当然，这种口头的善意并未落到实处。在亚达薛西三世的保护下，塔克霍斯在那里生活了很久，并放弃了夺回王位的行动。最后，他死于痢疾，而那位曾经逼走他的篡位者则名正言顺地成为一代统治者。

我们的述说即将结束。奈克塔内博一世在继位之后对自身地位进行了巩固，清除了冒名顶替者，并再次踏上先辈们的征程。他借口亚达薛西三世曾经攻打埃及，与反对波斯统治的西顿及其邻国携起手来。曾几何时，亚达薛西三世派出远征军入侵埃及，奈克塔内博二世手下的雅典将军丢番图（Diophantus）与斯巴达将领拉缪斯（Lamius）领兵对抗，最终，两位希腊统帅将远征军赶出了埃及。不过那已是陈年旧事，而且对埃及影响甚微，根本谈不上报仇雪恨。公元前346年，反抗同盟一边在波斯境内揭竿为旗，发动起义，一边竭力召集更多的盟友。未被邀请的奈克塔内博二世草率且主动地加入了战斗，并且还支援了西顿起义军4000名希腊雇佣兵，以及军队统帅——来自罗兹岛的曼托尔（Mentor）。在希腊雇佣军的协助下，西顿王国的统治者特内斯（Tenes）完败亚达薛西三世的军队。由此，波斯人被赶出了腓尼基。

波斯统治者深受刺激，并启了歇斯底里的复仇模式。在他看来，首先要清除的自然是那个惹是生非的带头人。鉴于事关重大，他决定亲赴战场。准备工作异常繁复：囤积足够多的装备、供给、军需；调集各方精兵；给舰队配备足够多的船员。除了以君王之名积极备战之外，别无他法能够蓄积起灭敌之力。亚达薛西三世十分顺利地在国内各处征募了步兵30

万、战马 3 万、三列桨座舰船 300 艘，以及供给船 500 艘。他还曾求助于希腊，尽管雅典人与斯巴达人没有答应，但他得到了底比斯将领拉克拉特斯（Lacratus）麾下的重型装备团，团内士兵有 1000 人；尼科特拉特斯（Nicostratus）所率领的阿尔戈斯（Argos）士兵 3000 人，以及一支小亚细亚部队，士兵们分别来自希腊的伊奥利亚（Aeolian）、爱奥尼亚、多利安，共计 6000 人。支援问题总算解决了，尽管人数仅有万人，尚不足其本土士兵的 1/30，不过他们与来自埃及的希腊雇佣兵（后来归顺于他的）一样，是波斯军团中最可信也最坚实的力量，并帮助波斯军团赢得了战争。

亚达薛西三世大军浩浩荡荡地来到了叙利亚，反抗同盟的军队将领们被吓得目瞪口呆、不知所措，特别是西顿的统治者特内斯。他失去了抵抗之心，选择了背叛，举起了白旗，想用投降来换取亚达薛西三世的暂时息怒，以保全自身。他将自己的想法告诉了曼托尔，也就是埃及派来的希腊雇佣兵的统领；没想到，两人的心思如出一辙。西顿人不仅被这两人抛弃了，还被他们出卖了，在波斯人的攻势下，所有的防御都成了徒劳。西顿人曾经体会过波斯人的冷漠与残暴，于是在毫无希望的情况下，干脆放了一把火，和整座城一起灰飞烟灭了。令人稍感宽慰的是，作为这次悲剧的始作俑者，以及懦弱不堪的背叛者，特内斯非但没有丝毫收获，反而在西顿沦陷后被亚达薛西三世大军的将领杀死。

在占领西顿后，波斯人乘胜追击攻打了埃及。除了原本的 33 万亚洲兵勇之外，亚达薛西三世现在还多了一个筹码：投诚的曼托尔所率领的 14000 名希腊雇佣兵。所有人马被他分为 4 个师，其中第一师、第二师、第三师分别都含有一支希腊分队和一支亚洲分队，指挥官分别是一位希腊将领与一位波斯将领。在第一师中，希腊分队的将领是拉克拉特斯，士兵们主要是维奥蒂亚人（Bceotians）与自称"第二个大力神"的底比斯人；

他们身穿传统的狮皮英雄战衣，手里拿着棍棒。亚洲分队的将领是赫萨克斯（Rhosaces），他同时也是爱奥尼亚与吕底亚的总督，自称是"七将军"——戳穿玛奇阴谋的将领——的后人。在第二师中，雇佣兵多为阿尔戈斯人，其将领曾是希腊宫廷中的一位迎宾，名为尼科特拉特斯；亚洲分队的将领则是波斯王的密友阿里斯塔赞尼斯。第三师的将领有曼托尔、阉人巴戈阿斯（Bagoas），以及亚达薛西三世手下那位上了年纪的首席部长。曼托尔除了统领自己带来的雇佣兵之外，还统领着被亚达薛西三世劝服的希腊人巴戈阿斯，以及众多亚洲士兵。波斯王是总指挥，兼第四师的将领。奈克塔内博二世手中的人马顶多只有波斯大军的1/3，尽管他拥有6万本土士兵，2万希腊雇佣兵，以及2万利比亚士兵。

一如既往地，贝鲁西亚成为首个攻击对象。亚达薛西三世及其军队之前在叙利亚驻留了较长一段时间，而奈克塔内博二世在此期间已做足准备，并在尼罗河沿岸7个河口附近设下埋伏，特别是贝鲁西亚，可谓壁垒森严。不出其所料，亚达薛西三世大军沿着海岸线向贝鲁西亚步步逼近，其中部分兵力已穿越塞波尼斯（Serbonis）的沼泽，以及地中海的地峡，不过这些士兵将"如临大敌"，地中海的海水将随着狂躁的北风来到燥热的沙漠里，在海水、海岸、湖水的共同作用下，这支分队必将有去无回。不过，主力军顺利地自右方绕过了塞波尼斯沼泽，在抵达目的地后和拉克拉特斯所率领的第一师底比斯分队成功会合。他们和菲勒普隆（Phileplon）所率领的贝鲁西亚卫戍队小打小闹了一场。在第一回合的战斗中，双方旗鼓相当。

双方在尼罗河支流佩洛西克河流域内僵持不下，对于埃及人来说，要塞、壁垒森严的城镇，以及四周错综复杂的水系无疑构成了一个坚固的防御系统。奈克塔内博二世小心翼翼地调动着所有资源严防死守，如此这般，就算无法一举击退波斯大军，也能保证长时间的有效抵抗。然而，奈克塔内博二世向来刚愎自用又谨小慎微，这意味着他注定壮志难酬。他自以为是，不听取希腊将领们的建议，缺乏优秀指挥官应有的素质，最终身陷维谷，无力为继。因为尼科特拉特斯所率领的阿尔戈斯小分队擅自采取了不当行动，波斯大军已部分突破了埃及大军筑起的第一道防线。在这种情况下，奈克塔内博二世非但没有想办法弥补过错，反而把抗击重任交给了各位将领，然后独自率兵退至孟菲斯，准备集中火力突破重围。

与此同时，波斯人步步为营，统领底比斯士兵的拉克拉特斯决定攻占贝鲁西亚。他派人抽干了某条水渠中的水，并拆毁城墙。可是，他们尚未拆完原来的城墙，守军就在里面又筑起了一道新的城墙；攻城的塔楼尚未搭好，守军就已将可移动的塔楼放好了位置。波斯人止步不前，就在这个时候，守军莫名其妙地减弱了抵抗。究其原因，不言而喻，既然奈克塔内博二世已带兵撤退，既然埃及法老都绝望而逃了，那么剩下的人为何还要去送死呢？所以，守军选择了有条件投降，尽管他们所提出的条件遭到了巴戈阿斯的质疑，不过亚达薛西三世还是应允了。最后，在波斯人的准许下，他们离开埃及返回希腊，并带走了一切能带走的东西。波斯人接管了贝鲁西亚，没有在这里流一滴血。

同一时刻，曼托尔还在南面攻打布巴斯提斯。在得知城中详情后，他派出密探到城里散播消息：亚达薛西三世已做出决定，主动臣服者将被赦免，而负隅顽抗者将被严惩。城里的人们意见不一，且矛盾逐渐升级，毕竟埃及士兵与希腊雇佣兵之间本就毫无信任可言。在被围攻之初，埃及人就立刻派出了使者，前去与巴戈阿斯谈判，而巴戈阿斯则是曼托尔的同僚。尽管埃及人愿意打开城门，可他们忽略了希腊人的想法；希腊人将使者逮了个正着，并诱骗出了投诚的信息，而后不仅偷袭了埃及驻军，还屠杀了许多埃及人。纵然被人插了一刀，但埃及人依然想办法和巴戈阿斯取得了联系，并与对方商量好，在特定的日子为其打开城门。然而，曼托尔可不想将布巴斯提斯投降的莫大功劳算在巴戈阿斯的头上，他请希腊的朋友对布巴斯提斯进行严密的监视，并在时机成熟时想办法阻止埃及人的行动。曼托尔如愿以偿地打乱了埃及人的计划，并当场抓获了"通敌"的巴戈阿斯。无奈之下，巴戈阿斯只好请求同僚们替自己说几句好话，并心有不甘地表示，从此之后再不自作主张，除非曼托尔事先知情并赞成。曼托尔成功地将功劳都揽在了自己身上，并有效地控制了巴戈阿斯。不得不承认，假如埃及军队的统领拥有足够的能力和积极的心态，那么他们或许能够利用敌方阵营的不和来动摇波斯人与希腊人的联盟，将波斯远征军引入绝境。

令人惋惜的是，埃及法老们大多都没有胆量，也没有能力；他们不敢奋力一搏，也不知该怎么加强防御，以避免首都遭遇入侵。贝鲁西亚与布巴斯提斯相继失守之后，波斯人的征途便再无阻碍；他们可以轻而易举地来到孟菲斯城下。奈克塔内博二世对此心知肚明，于是携带着所有财产向埃塞俄比亚逃去，一路上竟然没有遭到亚达薛西三世的追杀。对于亚达薛西三世来说，收获了这样一个无价之地已令他心满意足。半个世纪以来，波斯人在这里从未损兵折将，它一直是波斯皇冠上的一颗明珠。在希腊作家笔下，亚达薛西斯三世在完成此次征战后做出了许多有辱埃及宗教之事，例如刺伤阿匹斯神牛、对神庙不敬，等等。刺伤阿匹斯神牛这件事未必是真的，而对神庙不敬这件事，准确地说为了获得供奉，而非有意冒犯埃及神明。尚无史料表明他对埃及人实施了暴政。实际上，即便是拆除城墙等工事，他都会尽量小心。不过，在贪念的支配下，他把奈克塔内博二世没法带走的所有金银珠宝都运了回去，甚至将神庙中的无价的圣书据为己有。史料中并未记载他是否带走了战俘，或者是否严惩过埃及的反抗者，以及是否增加了贡品数量。

在压制住奋起反抗的省份后，波斯人只花了数月时间就全面结束了征战。这并不奇怪，毕竟它手中的人力和物力资源都远超埃及，我们甚至不该将二者相提并论。埃及之所以没有走向覆灭，究其缘由是波斯拥有太多敌人，要应付太多的战争，以及拥有一位骁勇善战、意气风发的统治者。阿契美尼德王朝（Achaemenid）的实力不言而喻，倘若它想要集中火力来对付这个分崩离析又相对独立的小国，其结果自不待言。埃及就算全力以赴也没有办法战胜波斯，这就好比山猫终究没有办法赢过狮子。不过，埃及人在为自身统治画上句号时本来可以采用更为体面且庄重的方式。身为末代法老，奈克塔内博二世毫无王者之资，甚至没想过在失败时守住一丝尊严。他若是能调集全部人马奔赴沙场，和亚达薛西三世在辽阔的平原上一较高下，为帝王之威严战斗到底；或是与孟菲斯共进退，不到最后决不退缩，那么必有荣光照拂于他。然而结局不可改变，埃及以很不光彩的形式灭亡了，埃及艺术、埃及文学、埃及精神如云烟消失殆尽；埃及人如此早地退出了世界民族之林。

图书在版编目（CIP）数据

古埃及史/（英）乔治·罗林森著；马小燕译. --
北京：应急管理出版社，2021
ISBN 978 – 7 – 5020 – 8547 – 6

Ⅰ.①古… Ⅱ.①乔… ②马… Ⅲ.①埃及—古代史
Ⅳ.①K411.2

中国版本图书馆 CIP 数据核字（2021）第 001396 号

古埃及史

著　　者	（英）乔治·罗林森
译　　者	马小燕
责任编辑	高红勤
封面设计	主语设计

出版发行　应急管理出版社（北京市朝阳区芍药居 35 号　100029）
电　　话　010 – 84657898（总编室）　010 – 84657880（读者服务部）
网　　址　www.cciph.com.cn
印　　刷　北京楠萍印刷有限公司
经　　销　全国新华书店

开　　本　710mm×1000mm$^1/_{16}$　印张　16　字数　210 千字
版　　次　2021 年 6 月第 1 版　2021 年 6 月第 1 次印刷
社内编号　20201227　　　　　定价　68.00 元